张 欢 ◎ 著

双碳目标与中国经济绿色转型研究

Research on the Dual Carbon Target and China's Green Economic Transformation

中国财经出版传媒集团

经济科学出版社
Economic Science Press

·北京·

图书在版编目（CIP）数据

双碳目标与中国经济绿色转型研究／张欢著．

北京：经济科学出版社，2025.1. -- ISBN 978 - 7 - 5218 -
6710 - 7

Ⅰ. F124. 5

中国国家版本馆 CIP 数据核字第 20255S3W58 号

责任编辑：杜　鹏　常家凤
责任校对：王肖楠
责任印制：邱　天

双碳目标与中国经济绿色转型研究

SHUANGTAN MUBIAO YU ZHONGGUO JINGJI LÜSE ZHUANXING YANJIU

张　欢◎著

经济科学出版社出版、发行　新华书店经销

社址：北京市海淀区阜成路甲 28 号　邮编：100142

编辑部电话：010 - 88191441　发行部电话：010 - 88191522

网址：www. esp. com. cn

电子邮箱：esp_bj@ 163. com

天猫网店：经济科学出版社旗舰店

网址：http：//jjkxcbs. tmall. com

固安华明印业有限公司印装

710 × 1000　16 开　15. 25 印张　260000 字

2025 年 1 月第 1 版　2025 年 1 月第 1 次印刷

ISBN 978 - 7 - 5218 - 6710 - 7　定价：118. 00 元

（图书出现印装问题，本社负责调换。电话：010 - 88191545）

（版权所有　侵权必究　打击盗版　举报热线：010 - 88191661

QQ：2242791300　营销中心电话：010 - 88191537

电子邮箱：dbts@ esp. com. cn）

前　　言

　　本书旨在对双碳目标与中国经济绿色转型进行深入研究，并探讨相关议题的影响、挑战与机遇。通过系统性的分析和综合研究，我们希望能够更好地理解双碳目标对中国经济和社会的影响，并提供相应的政策建议，以引领中国经济朝着绿色、可持续的发展方向前进。

　　在全球生态环境问题日益严峻的大背景下，双碳目标的提出，不仅是中国对全球气候治理的庄严承诺，更是国内经济实现可持续、高质量发展的内在要求与必然选择，深刻影响着中国未来经济社会发展的格局。本书聚焦于双碳目标与中国经济绿色转型展开深入研究，全面剖析这一宏大战略给中国经济带来的机遇与挑战，探寻切实可行的转型路径。

　　近年来，极端气候事件频发，冰川融化加速、海平面上升、生物多样性受损等问题不断给人类敲响警钟。在此形势下，减少温室气体排放、实现碳中和成为国际社会的广泛共识。中国作为负责任的大国，积极响应全球绿色发展号召，明确提出双碳目标，彰显了引领全球生态文明建设的坚定决心。这一目标的设定，绝非简单的能源领域变革，而是涉及经济、社会、环境等多个维度的系统性、深层次变革，对中国经济发展模式转变具有里程碑式的意义。

从国内经济发展现状来看，长期以来，我国经济增长高度依赖传统化石能源，由此带来的资源短缺、环境污染等问题愈发突出，严重制约经济的可持续发展。实现双碳目标，推动经济绿色转型，是化解资源环境约束、提升经济发展质量、培育新经济增长点的必由之路。它将促使我国加快能源结构调整，提高清洁能源占比，推动产业结构优化升级，催生绿色新兴产业蓬勃发展，同时也为技术创新提供强大动力，加速绿色技术在各领域的应用与推广。

本书在撰写过程中，综合运用了多种研究方法。通过对大量宏观经济数据的整理与分析，把握中国经济发展趋势以及碳排放的总体特征；采用案例研究的方式，深入剖析不同地区、不同行业在绿色转型过程中的实践经验与面临的困境；借助理论模型，对双碳目标下经济转型的影响机制进行量化分析，力求为研究结论提供坚实的理论支撑。

书中内容涵盖了双碳目标的内涵、背景与意义，系统梳理了中国碳排放现状与经济发展模式的关联；深入分析能源、工业、城市等重点领域的碳排放特征与绿色转型路径；探讨了绿色金融、技术创新、政策体系等对经济绿色转型的支撑作用；同时，对国际上其他国家在应对气候变化、推动经济绿色发展方面的先进经验进行总结与借鉴，以期为中国提供有益启示。

最后，本书将通过案例分析和国际经验借鉴，分享其他国家在绿色转型方面的成功实践和经验教训，以期为中国的绿色转型提供借鉴与启示。本书的创作凝聚了众多学者与研究人员的心血。在研究过程中，我们参考了大量国内外相关文献资料，在此向这些文献的作者表示衷心感谢。同时，我们也相信本书能够为政府相关部门顶层设计、企业探索绿色发展道路、科研人员开展深入研究提供有益参考。然而，由于双碳目标下中国经济绿色转型是一个不断发展的动态过程，且涉及领域极为广泛，书中难免存在不足之处，恳请广大读者批评指正。

希望本书能够为政策制定者、学者、从业人员和广大读者提供有益的参考，促进双碳目标的实现，推动中国经济朝着更加绿色、可持续的未来发展。我们相信，在全球合作与努力下，中国可以为全球的气候变化问题做出积极的贡献，实现经济繁荣与环境可持续发展的双赢局面。相信在全社会的共同努力下，中国一定能够实现双碳目标，成功走出一条经济发展与生态环境保护协同共进的绿色转型之路，为全球可持续发展贡献中国智慧与中国方案。

张　欢

2025 年 1 月

目　录

| 第1章 |

导　　论

自工业革命以来，全球面临着严峻的气候变化和环境问题，这为人类社会的可持续发展带来了巨大挑战。为了应对这一挑战，各国纷纷制定并实施了减少碳排放、推动绿色发展的政策措施。其中，双碳目标成为了全球范围内的重要议题，旨在实现碳达峰与碳中和、减缓气候变化的速度与规模。作为全球最大的发展中国家，中国在应对气候变化和推动绿色转型方面承担着重要责任。中国政府积极响应国际社会的倡议，提出了符合中国国情的双碳目标，并逐步加大对绿色发展的支持力度。因此，深入研究双碳目标与中国经济绿色转型的关系，具有重要的理论和实践意义。我国高度重视应对气候变化工作，坚持将绿色、循环、低碳发展作为推动高质量可持续发展的重要战略举措，并已将应对气候变化纳入社会经济发展全局。中国已确立碳排放达到峰值目标，并采取调整产业结构、节约能源资源、提高能源资源利用效率、优化能源结构、发展非化石燃料、发展循环经济、增加森林碳汇、建立和运营碳市场、开展"南南合作"等各项政策措施，推动全社会绿色低碳转型。需要注意的是，应对气候变化的政策和行动不仅不会阻碍经济发展，而且还会实现提高经济增长质量、培育新产业和新市场、促进就业、改善民生、保护环境、增强人民健康的协同效益。

中国面临着全球应对气候变化和世界向低碳经济转型带来的挑战和机

遇。低碳发展也被确定为促进能源技术创新、转变经济发展模式、保护全球气候关系的重要战略。因此，我们可以认为，低碳发展是一种必然趋势。在这条道路上，中国与世界上许多国家建立合作，实现应对全球气候变化的共赢，实现国内可持续发展。本书探索了中国经济绿色转型的一些路径。首先，我们研究应对气候变化问题的各种可用战略，特别是从适应和缓解的角度。其次，我们将深入探讨低碳转型，并梳理世界范围内现有的一些举措。最后，我们简要分析全球和中国的低碳转型。在解释中国对碳中和计划的承诺及其目标之前，本章将通过简要分析探讨这两种背景。这一讨论观点随后在本章的其余部分展开，通过这一观点，我们将这一话题与可持续发展目标、低碳目标和中国发展远景目标联系起来。此外，我们在看到碳减排潜力的同时，也应该看到中国的低碳转型面临着巨大的挑战。

构建绿色低碳经济体系任重而道远。应对气候变化是中国可持续发展的内在要求。面向未来，中国特色社会主义进入新时代，建设现代化经济体系，向绿色低碳发展转型，是解决发展不平衡不充分问题，统筹推进经济发展、改善民生、防治污染以及巩固拓展脱贫攻坚成果的根本途径。本书旨在深入探讨双碳目标与中国经济绿色转型的关系，分析双碳目标对能源转型、产业升级、城市化和农业等领域的影响和挑战，并提出相应的政策建议和展望。通过深入研究和实践，为中国实现双碳目标、推动可持续发展提供理论支撑和政策建议，促进中国经济由高速增长转向高质量发展，助力全球应对气候变化和实现可持续发展的目标。

1.1　研究背景与意义

1.1.1　研究背景

虽然大多数研究认为双碳目标主要可以通过放缓经济增长、促进能源转型、调整产业结构来实现，但对于提高经济发展质量对中国碳排放和实现碳中和目标的影响却知之甚少。因此，我们基于环境库兹涅茨曲线模型和情景分析，探讨在不同经济发展质量情景下，中国碳中和在二氧化碳排放方面的未来走向。与此同时，越来越多的研究综合了实现碳中和的挑战和策略，跟踪了碳中和的进展和路径，并讨论了通过应用多种脱碳技术和措施实现碳中和的可行性。我们可以看到，导致中国碳达峰和碳中和的因素应该是上述诸多方面的结合，而这些因素本质上构成了经济发展质量的重要组成部分。

随着全球气候变化加剧，环境问题与粮食安全、教育、健康、贫困等问题一起成为世界上最紧迫的问题。导致气候变化的一个重要因素是温室气体的排放，而二氧化碳是温室气体的主要组成部分，因此，碳排放成为学者们关注的热门话题。如今，加快转变经济发展方式已成为实现碳达峰和碳中和目标的重要手段。需要指出的是，设法保持碳排放峰值和碳中和，并不是一味地追求节能减排。它旨在应用一种既能实现人与自然和谐相处，又能保证经济稳定发展的绿色经济发展模式，是一种可持续发展的经济模式。绿色经济由社会政治和经济要素组成，两者的平衡使经济发展可持续。当前绿色经济已成为各国追求的经济发展模式，也是学术界的热门研究领域。有的学者提出了区域绿色经济标准评价的主要原则和方法，并结合绿色经济的当前状态和动态进行评价和预测。通过分析就业和环境政策之间的联系，研究欧盟层面上的绿色就业情况以及环境和就业之间的关系。还有学者分析了亚洲国家在实现绿色经济过程中金融工具的作用。想要推动绿色经济，实现经济可持续发展，首要问题是控制温室气体排放。因此，有必要对减少二氧化碳排放进行深入研究。此前，学术界虽然从经济发展质量的某些方面考察了中国碳峰值和中性的可能性，但尚未全面研究经济发展质量对中国碳峰值的整体影响。同时，对关于提高经济发展质量对碳中和的影响，以及中国能否通过提高经济发展质量在2060年之前达到碳中和的研究也很少。这在很大程度上是因为缺乏对经济发展质量与碳排放之间联系的全面认识。我们迫切需要这样的信息，因为研究经济发展质量与碳排放之间的关系，可以为缓解经济发展与碳排放之间的矛盾提供有用的信息和指导，甚至有助于创造经济系统与气候系统之间的双赢协同格局。为了在 2060 年实现碳中和，中国有哪些可行的碳减排策略？不同的减排策略对碳排放、能源需求和宏观经济有什么影响？中国能否通过现有的战略到 2060 年实现碳中和？成本是多少？在全球变暖和实现可持续发展目标的背景下，这些信息对国际社会协同减排意义重大。一场彻底的绿色革命即将来临，机遇与挑战并存，这意味着经济、能源消费、基础设施等领域的全面改革。

1.1.2　研究意义

中国在研究制定 21 世纪中叶长期低碳发展战略中，紧跟并引领全球能源和经济低碳转型潮流，为维护地球生态安全、促进全人类生存发展作出了贡献，体现了中国的内在实力和国际影响力。此外，这也有助于培育中国自身的经济、贸易和技术竞争优势，确保可持续发展，提高中国的全球竞争力和影响力。各国的低碳转型措施主要集中在提出转型规划、优化能源体系、发展循环经济等方面。

中国资源丰富，煤炭、水、石油、天然气等能源存量居世界前列。独特的资源禀赋在一定程度上决定了中国经济的发展。为了推动经济发展，中国曾有过一段不顾资源环境制约，优先发展高能耗、污染严重的重化工产业的时期。经济迅速发展的同时，资源和环境遭受了许多不可弥补的破坏，逐渐成为中国经济发展的瓶颈。"对外开放""一带一路"等政策为中国提供了前所未有的发展机遇。然而，全球化带来的不仅有机遇，也有挑战。发达国家继续向包括中国在内的发展中国家转移高污染、高排放产业，中国的碳排放量逐年上升，距离实现"十三五"期间提出的碳排放在 2030 年左右达到峰值的目标，我们还有很长的路要走。要突破中国经济发展的瓶颈，必须探索碳排放的驱动因素和脱钩状态。目前，中国正处于产业转型的关键时期，经济发展的重心从第一、第二产业向第三产业转移。

碳强度变化与产业升级之间是否存在一定的联系？不同产业在碳强度变化中扮演着怎样的角色？这也是我们需要探索的问题。这一领域的研究工作具有以下重要意义：从纵向上看，碳强度变化对于突破中国经济发展的瓶颈，进一步实现经济高质量发展，制定节能减排相关政策具有重要意义；从横向上看，由于产业结构和资源禀赋的差异，中国各省份、各行业之间的碳强度存在显著差异。对中国各省份三大产业碳强度影响因素的深入研究，对于各省份制定未来发展战略、优化产业结构调整具有重要意义。而从技术进步、产业结构、区域规模等角度分析碳减排，有利于揭示中国碳减排的内在动力。

虽然学术界从经济发展质量的一些方面考察了中国碳达峰与碳中和的可能性，但尚未全面研究经济发展质量对中国碳峰值的整体影响。同时，关于提高经济发展质量对碳中和的影响，以及中国能否通过提高经济发展质量在2060年之前达到碳中和的研究也很少。虽然气候变化已成为一个重大的全球性挑战，但目前，很少有研究对碳中和的应用实践和理论研究进行综述。本书对碳中和的实践进展、碳中和的实现路径以及典型领域的碳中和研究进行了总结，认为前人的研究在国内外碳中和目标、碳中和的途径、各领域的碳中和问题等方面都取得了一定的进展。但是，本书也指出了这些研究中所存在的问题。首先，应采用各领域的经验数据和工具，开展更多关于碳中和定量评价的研究；其次，应更多关注路径与产业之间的相关性；最后，如何衡量碳中和能力、潜力和成本，对学术界和相关决策部门具有参考价值。

1.2　研究方法

中国的长期低碳发展战略应该为实现国内发展和全球应对气候变化提供支持。党的十九大报告提出了新时代实现社会主义现代化的目标、基本方略和主要任务。报告提出，到21世纪中叶把中国建设成富强民主文明和谐美丽的社会主义现代化强国，综合国力和国际影响力居世界前列，实现中华民族伟大复兴的中国梦。应对气候变化挑战是全人类的共同事业，中国将作为参与者、贡献者和火炬手在这一进程中发挥重要作用。到 21 世纪中叶，中国在实现建设社会主义现代化强国目标的同时，还要实现人与自然和谐共处、可持续发展，基于此，中国应建立绿色、低碳循环发展，以新能源和可再生能源为支柱的清洁、安全、高效的脱碳能源体系。在研究制定中国 2050 年发展战略时，要统筹国内和国际两个大局，推动国内和全球生态文明共同发展，实现国内可持续发展与全球生态安全的协同治理和共赢。党的十九大报告提出了社会主义现代化建设应分为两个阶段进行部署。我国长期低碳发展战略要按照这两个阶段安排和部署。目前是中国社会主义现代化建设的第一阶段，为了完成实现中国特色社会主义现代化的战略和任务，以及生态文明和建设美丽中国的目标和规划，中国不仅要从根本上改善生态环境，还要实现和加强国家减排承诺，以此来推动经济高质量发展与经济、能源、环境协调应对气候变化，实现共赢。

中国新公布的碳中和目标，体现了中国推进绿色低碳发展的决心。中国的目标是在 2030 年达到二氧化碳排放峰值，在 2060 年实现碳中和。与此同时，我国已经积极部署和发布相关的指导方针和行动计划。碳中和承诺（愿景）及其详细部署（行动）将有助于缓解气候变化和提高企业的市场价值。当碳中和承诺有着具体而详细的政策指导时，投资者的信心便会增加。相关事件反复发生后，碳中和目标的影响会变得更加积极和显著。与碳中和相关的电力行业和国有企业是这一脱碳目标的潜在受益者。我们的研究补充了气候政策及其经济价值的文献，可能有助于下一阶段的全球脱碳。在社会主义现代化建设的第二阶段，即 2035 ~ 2050 年，在基本实现现代化、进入后工业社会之后，中国经济社会发展将呈现高质量、内生密集增长的特点，此时，中国的碳排放已经达到峰值并有所降低，更有利于低碳转型。随着环境的实质性改善和环境压力的减轻，深度脱碳的目标和战略将优先于中国节约资源、保护环境和可持续发展的内生要求，更多地考虑承担与其不断增强的国家实力和国际影响力相适应的国际责任。中国要把深度脱碳目标作为全面建设社会主义现代化国家总体战略的重要组成部分，在维护地球生态安全、维护人类共同利益方面承担起责任和引领作用，为人类发展事业作出贡献。

本书拟采用理论研究与模拟分析相结合、定性与定量分析相结合的方法，对碳中和与碳排放交易进行规范、科学、系统地研究。具体方法包括：第一，数理分析方法，即借助数学模型构建碳中和影响碳排放交易的理论框架。数理分析的基础是要明确模型的约束和框架。模型的约束来源于对现实世界发展状况的总结。首先，本书将重塑低碳约束与碳排放的关系，揭示碳中和目标下碳排放交易的新特征。其次，根据碳中和与碳减排的典型事实，刻画理论模型的约束范围。第二，实证分析方法，即借助已有数据进行因果关系识别和作用机制检验。运用倾向得分匹配双重差分法（PSM-DID）等数据处理方法，并采用数值模拟、准自然实验以及纳入结构效应的回归分析等计量方法，为理论研究提供实证分析和经验证据。第三，模拟分析方法，借助软件模拟碳中和对碳排放交易的影响效应及趋势变动。数值模拟分析基于已建立的理论框架，通过对参数进行调整和校正，进行影响趋势模拟分析和反事实分析。本书将借鉴已有的研究，根据碳减排在中国发展的实际和趋势，对绿色全要素生产率分别进行参数设定，分析其在未来一个较长周期内的变化趋势。

全球工业化的加速导致了许多问题，如气候变化，威胁可持续发展。因此，有必要在全球范围内改变经济增长方式，探索绿色、可持续、低碳的发展道路。中国关于碳中和的承诺及相关部署体现出非凡的决心，对全球应对气候变化的努力至关重要。与以往的具体气候政策相比，碳中和战略是一个具有挑战性的长期气候目标，需要通过更实际、更有效的措施来实现，但需要在更短的时间内实现。尽管气候调节的经济和金融影响受到了关注，但碳中和承诺及其市场反应仍缺乏共识。本书旨在检验我国碳中和承诺的市场反应，以及由于事件内容和企业特征而产生的异质性。由此产生以下问题：宏观市场对我国碳中和承诺的反应如何？宏观市场对哪一种形式的碳中和相关事件反应更为积极？哪些产业特征会影响市场对碳中和承诺的反应？为了回答上述问题，我们将采用面板模型来观察碳中和相关事件的长期平均效应。

1.3　研究框架与内容

1.3.1　研究框架

首先要考虑的是定义"碳达峰""碳中和"这两个术语，这将对本次综述的范围和主题产生直接影响。根据联合国政府间气候变化专门委员会（IPCC）报告和世界范围内的共识，"碳达峰"被定义为二氧化碳达到顶点后，碳排放停止增长并开始下降；而"碳中和"指的是人为产生的二氧化碳达到的点与某一实体相关的排放在特定时期内通过人为清除达到平衡。其次要考虑的是碳达峰和碳中和目标之间的逻辑关系。在客观规律上，双碳目标具有深刻的理论和实践基础，反映了经济进步与碳排放脱钩理论等经济含义，以及环境库兹涅茨曲线（EKC）假说。在某种程度上，碳中和情景下的碳排放曲线峰值可以被视为 EKC 中的转折点。在主观上，双碳目标的愿景也符合人类在满足基本物质需求后寻求更好生活的愿望。此外，一个碳峰值的时间点和水平直接决定了碳减排的数量和从碳峰值过渡到碳中和所需的时间。因此，为达到碳峰值而采取的缓解行动必须以碳中和目标为指导进行安排。本书的目的是对碳达峰和碳中和的研究成果进行广泛的回顾，提炼碳中和的重要科学关注点和战略需求，并对未来的研究方向提供进一步的思考。

由于经济发展阶段、技术进步、能源需求、政策措施和气候风险等方面的不确定性，当前大部分的研究过于分散，且研究情境之间缺乏关联。即使是相同的情景和问题，研究结果也往往不一致，难以比较。尽管新的研究不断涌现，为碳达峰和碳中和提供了理论基础和科学见解，但复杂而分散的研究结果使人们难以确定如何实现碳中和。因此，需要对目前文献中所缺乏的关于这些主题的研究进行系统的回顾。这样的综述将使研究人员能够快速理解相关研究的发展脉络，确定关键点和研究障碍，并更高效、有针对性、系统地开展后续研究。因此，本书的目的在于解决两个问题：碳达峰与碳中和的研究现状如何？未来有哪些研究方向值得探讨？为了回答这些问题，首先，我们通过空间和时间追踪相关的国际趋势和发展原则，从产业的角度分析相关热点话题的研究现状和变化，并确定支持双碳目标的实施路径和重点。其次，我们考察了碳达峰和碳中和的学术含义，以及管理科学中的新挑战。最后，我们从实施路径、优先任务和政策影响等方面提出了与双碳目标相关的未来理论研究和行动对策。碳中和的推进，不仅可以不断减少碳排放，还可以降低空气污染物浓度，改善空气质量。一般来说，碳减排并非仅依赖于一条路径，还需要以减少碳排放为目标的多个策略的协同效应。

本书围绕中国长期低碳发展的战略和路径，涵盖多方面课题。从宏观角度看，研究领域包括中长期社会经济目标与战略，东、中、西部地区在城市化进程中的协调发展及其各自的低碳战略与路径，国际贸易与产业转移的影响等。从行业角度看，研究涵盖能源供电、建筑、交通等主要终端行业的低碳发展战略和路径。此外，本书还将介绍与能源相关的二氧化碳和其他温室气体减排战略、措施和途径。研究的政策相关主题包括碳减排潜力和路径、先进脱碳技术评估、基础设施投融资、消费模式转变，以及针对气候和环境的协调措施和效果分析研究。本书还将探索包括中长期低碳排放愿景声明的制定、政策与制度支持体系、全球气候治理与国际合作等综合性议题。从中国国情出发，对碳中和道路上的挑战和对策进行理论分析，可以丰富这一课题的研究，有助于推动能源革命，促进绿色、低碳的经济发展，并为应对气候变化提供指导。因此，本书通过考察碳中和的定义，分析中国在实现碳中和这一缓解气候变化、促进社会低碳转型的重要步骤中面临的挑战和解决方案。本书的主要贡献在于：第一，系统梳理了"碳中和"的定义，明确区分了碳中和、气候中和与净零排放之间的差异；第二，根据中国能源消费、二氧化碳排放和经济发展的国际数据，分析了中国实现碳中和面临的困难；第三，创新性地提出了中国实现碳中和的阶段和战略。

1.3.2　研究内容

本书回顾了不同国家和地区在应对气候变化方面所作出的决策和贡献，主要通过文献回顾和历史资料分析。前两章主要强调气候变化对城市和居民影响的紧迫性。作为理论部分，前两章还探讨了可持续和气候适应型发展的当前进展。作为补充，本章主要探索低碳发展研究的各种类别和领域，后续章节将更多地探索全球和中国的低碳转型。在本书的核心阶段，我们主要回顾中国的可持续发展历史，并根据一些典型的例子进一步分析中国的低碳发展。对此，我们将梳理中国可持续发展的起源、过程和目标计划，同时以中国取得的一些成就和尝试为例。在本书的最后一部分，我们将评估中国的可持续发展绩效，关于碳中和的研究方向会在此章作进一步讨论。因此，我们将不同国家或城市为实现碳中和所采取的措施与中国的进展进行比较，并提供一套建议和范式，以确保我们的讨论能引出潜在的方向、政策变化和切实可行的建议，还对中国如何实现或能够实现绿色、低碳、高质量的发展道路进行了总结，对中国在不同时期实现碳中和提出了一些建议。我们认为，中国低碳发展和气候适应性计划的经验与教训可以帮助其他仍在考虑低碳转型的国家。中国的研究成果对其他国家未来的研究具有启发性。在此过程中，我们还将归纳本书的结论，并提出低碳和气候适应性的可持续转型，以应对当前的环境危机和长期的气候变化挑战。我们预计这些转型会很艰难，但我们希望拥有正确的工具和政策来迅速实现这些转型。本书的总体框架和主要内容见图 1 - 1。

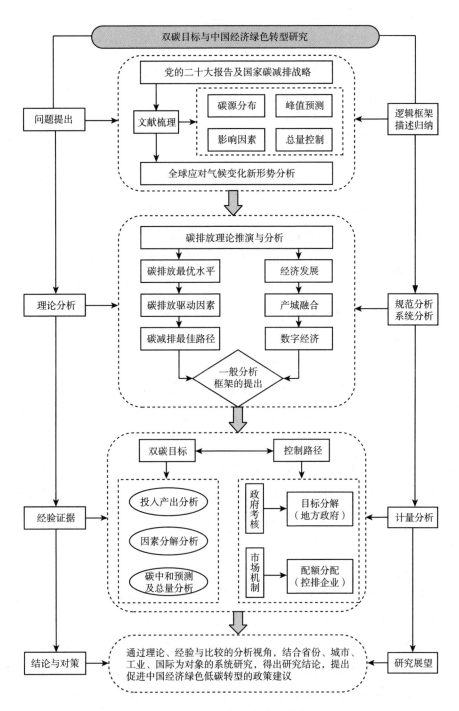

图 1 - 1 总体框架与主要内容

1.4　主要贡献与创新

1.4.1　主要贡献

第一，分析框架上的创新。从经济学成本—收益和环境经济学传统计量模型，构建"碳排放最优水平—碳排放驱动因素—碳减排最佳路径"的理论推演过程，建立区域碳排放分析的一个分析框架。

第二，研究思路的创新。建立了多维度的碳排放控制一般分析框架，从省份、城市、工业、国际四个维度，着重对城市碳排放投入产出、影响因素、碳排放影子价格以及控制机制进行系统性的研究，探寻中国碳减排和碳中和的对策。

第三，研究内容的创新。响应国家对新时代生态环境治理体系和治理能力现代化建设的要求，对区域控制温室气体排放的关键环节、实施重点、控制机制、治理体系等进行系统化研究。一是做到点位识别。研究内容能够从经济产出、影响因素的角度分析城市碳排放，识别出碳排放的关键环节。二是做到目标体系构建。研究能够对远期的碳排放潜力进行预测，建立远景目标体系，又能从近处着手，贴近国民经济社会五年规划，预测规划近阶段的碳排放总量目标，对碳排放实施阶段性的总量控制，建立净零碳排放的目标管理体系。三是做到控制机制设定。从政府管控和市场交易两个维度构建城市碳排放控制机制，能够全面系统地构建碳排放的管控路径。

本书的贡献主要包括以下两个方面。一方面，从能源效率的角度出发，本书关注中国碳排放交易试点的建立所带来的制度红利，并试图说明这一市场化的环境规制措施将对中国的环境治理和经济发展带来深刻而长期的影响。本书在现有文献中以单位国内生产总值（GDP）能耗衡量的能源效率的基础上，利用 Super-SBM 方法计算了包括不良产出在内的能源效率值，希望能够保证结论的稳健性。除了碳排放交易对能源效率的影响，我们还非常关注其影响的内部渠道。本书不仅验证了大多数研究提出的创新效应，还提出了资源配置优化的重要渠道，并通过一般均衡模型和中介效应模型进行了验证。认识到这一点，有利于更深入地理解环境调控政策，激发更多关于高质量绿色经济发展的后续讨论和研究。另一方面，本书试图进一步探索这一政策影响在城市间可能存在的异质性。因为数据有限，现有文献绝大多数采用中国各省份的数据进行研究。本书突破了这一局限，通过对城市夜间灯光数据的分解，为进一步优化市场化环境规制体系设计提供现实依据。

1.4.2　学术价值

1.4.2.1　理论价值

"十四五"时期我国宣布争取在 2060 年前实现碳中和的生态文明建设愿景，对碳中和目标下我国碳减排潜力与制度构造进行深入研究变得尤为迫切。在理论方面，本书融合环境经济学、科技管理学、公共管理学等交叉学科的理论，从碳中和的约束效应和激励效应切入，有助于厘清中国碳减排的可行路径。通过强调碳中和的目标约束，有助于拓展对外部性理论、科斯产权交易理论以及环境政策理论的应用范围，为理解中国碳减排的基本理论与政策运行机理提供新的研究视角和思路，为设计区域碳减排机制、落实国家宏观碳减排目标提供全面系统的方法论，因而具有一定的理论价值。

1.4.2.2　应用价值

国家和地区节能减排目标的确定、最少的二氧化碳排放投入创造最多的 GDP、发展低碳经济等都依赖于对二氧化碳排放效率的评估和其影响因素的分析。我国幅员辽阔，不同区域、不同省份的人口数量、经济发展水平、能源消费结构、资本投入等要素各有差异，如何在地方推动节能减排目标的落实，地方如何平衡低碳减排和经济发展之间的关系，一个很重要的方面就是要科学客观地评价碳排放的绩效水平和制约因素，研究分析影响碳排放效率的内在驱动因素和外在影响因素。这将为相关改善政策的制定提供有效的帮助，也能为地区转变经济发展方式提供有效的措施建议，推动资源节约型、环境友好型社会的建立。本书深入探讨碳中和愿景下的碳减排潜力与路径问题，具有十分重要的现实应用价值。

第 2 章

碳市场助力节能降碳的分析框架

经济增长、工业化、化石燃料和煤炭消费是二氧化碳排放的主要原因。因此，可再生能源必须发展和增长已成为一种共识，以此来应对近年来出现的令人担忧的全球变暖趋势。此外，可再生能源被认为是发电过程中二氧化碳减排的决定性驱动因素。可再生能源是传统化石燃料能源的有效替代品，并能有效地降低碳排放。从长远来看，增加可再生能源消耗和额外植树造林似乎对碳排放有显著的负面影响。受可再生能源在能源消费函数中所占比例的影响，可再生能源强度的增加将导致碳排放的下降。技术进步和成本通缩是为推广可再生能源带来经济可行性的变量，可以改善碳的抵消。因此，我们可以通过促进可再生能源的使用，逐步替代传统能源，以此来改善环境质量。

然而，对于可再生能源在污染预防方面的有效性，其他研究也有同样的疑问。由于中国发展可再生电力的政策正在大力推广和应用，预计二氧化碳排放量的减少将非常大。此外，阿波吉斯等（Apergis et al.，2018）对 19 个国家进行了检验，并指出核能消费的出现显著减少了二氧化碳的排放，尽管如此，可再生能源的消费产生了相反的影响。在这一情况下，未能达到减少二氧化碳排放门槛水平的有限的可再生能源份额可以为其情况提供解释。目前，化石燃料仍然主导着世界上最大、最重要的工业的最终能源消耗，而煤炭是迄今为止使用最多的能源来源。温室气体排放主要是由燃烧化石燃料产生的，然后用化石燃料生产能源。因此，小比例的可再生能源供应并没有产生真正的能源替代效应。在同样的立场上，董等（Dong et al.，2019）指出，不同地区的可再生能源可持续性水平存在差异。同时，林伯强和吴微（2018）也提出，可再生能源对碳排放的负面影响不显著，其原因可能是由于经济增长的不断增加和不可再生能源的消耗，减缓效应可能被掩盖。而且，可再生能源需要使用重金属来建设其基础设施，而开采这些矿产也会消耗相当多的能源。一些重金属（如铅和汞）不仅会污染土壤、水和食物等，而且会威胁人类健康。除此之外，由于对稀土需求的快速增长，采矿业也增加了对稀有矿产资源的开采，而这对原本生物多样性丰富的地区造成了严重的生态破坏。

推进碳排放交易体系是中国履行碳中和承诺的重要举措，其目的是通过交易碳排放权和减少温室气体排放，从而推动经济发展方式的绿色低碳转型。本章以 2013 年中国实施的碳排放交易制度为准自然实验，基于 2007~2021 年中国省级面板数据，采用双重差分法（DID）和合成控制法（SCM）评估了碳排放交易制度对试点省份节能减排的影响。研究结果表明，碳排放交易制度显著促进了试点省份的节能减排进程。其他稳健性检验包括平行趋势检验、PSM-DID 平稳性检验、安慰剂检验。异质性分析表明，政策效应最显著的是天津和上海，其次是湖北。广东的减排效果呈现出先下降后上升的趋势。检验结果表明，碳排放交易系统可以通过优化产业结构和能源结构，积极推进节能减排进程。总之，政策制定者应协调政府与市场的关系，加快环境政策从命令控制型向市场激励型的转变。同时，因地制宜地完善产权制度，加快推进中国碳排放交易试点政策，并通过鼓励技术创新，形成以提高能源效率为导向、以市场为导向的节能减排新路径，优化能源结构和产业结构。

2.1 市场型环境规制工具的探索

全球变暖问题日益严重，主要是由于碳排放激增导致的气温上升。虽然中国经济近几十年来发展迅速，但也产生了一系列的社会问题。其中，环境问题是需要解决并与民生相关的主要问题（刘慧慧和雷钦礼，2016）。全球碳排放量的不断上升导致温室效应日益加剧，这引起了国际社会的极大关注。由此，我国制定了一系列减排目标，强调采取更有力的政策和对策，控制能源消耗、减少碳排放。为了实现这些碳减排目标，有效应对全球气候变化，促进绿色低碳发展，加快经济发展方式转变和产业结构升级，我国必须探索碳交易市场机制来应对温室效应和环境问题（庞珣和何晴倩，2021）。作为借助市场机制控制二氧化碳排放的重要制度创新，中国在"十四五"政府工作报告中把建设和完善碳排放交易市场作为实现碳排放高峰不可或缺的政策工具。中国的碳排放交易政策始于 2011 年中华人民共和国国家发展和改革委员会（以下简称国家发改委）发布的《国家发展改革委办公厅关于开展碳排放交易试点工作的通知》，其中规定在北京、上海、湖北、重庆、广东、天津和深圳七个省份开展碳排放交易试点工作。将碳排放视为一种商品，利用企业间不同的减排成本形成价差，通过市场机制实现减排资源的有效配置，实现低成本减排的目标。政府倡导碳排放交易试点工作，运用市场手段鼓励企业进行绿色技术创新和未来碳减排，是碳交易试点政策的目标。在实际操作中，由于制度背景和技术创新水平的异质性，碳排放交易在减排效应和"波特效应"方面会有显著差异。

作为全球最大的碳排放国，面对国内气候治理和国际减排责任的压力，在整合前期试点经验后，中国于 2017 年年底正式开始建立国家碳交易机制。碳排放交易试点政策在中国取得了明显的减排效果（Wu and Wang，2022）。然而，我国碳交易机制的构建尚处于起步阶段，该机制对碳排放的影响缺乏深入的定量分析。作为一种市场激励的环境规制手段，试点政策能否通过节能减排促进区域绿色经济的发展值得进一步探讨。鉴于此，我们通过比较试点地区和非试点地区的碳排放量，系统分析了碳交易试点政策的节能减排效果。本章的重要意义在于，研究结果将为促进区域经济绿色发展提供参考，有利于制定碳交易政策和实现减排目标。本章的其余部分安排如下：第 2 节为文献述评，包括相关领域的文献分类和综述；第 3 节为研究方法、数据和特征事实，介绍了研究方法，阐述了节能减排模型和政策评价模型，并对样本数据进行了说明；第 4 节为实证研究，展示了实证结果和讨论，包括碳交易政策效果的存在性检验、定量分析、节能减排效果分析；第 5 节为本章小结，归纳结论和提出政策建议。

2.2　文献述评

2.2.1　环境政策的技术创新效应

目前，关于环境政策与技术创新的研究有三种观点。第一种观点认为"波特假说"确实存在，该假说认为环境管制可以促进技术创新。目前，有许多学者支持"波特假说"。陈和雷（Chen and Lei，2018）利用上市公司的面板数据构建了三重差分模型，研究环境股权交易市场是否能够带来绿色创新。结果表明，该政策能够引导试点地区污染企业的绿色技术创新活动。纳瓦兹等（Nawaz et al.，2021）将环境调节分别作为外生变量和内生变量，发现研究结果是一致的。环境规制在促进绿色技术创新方面具有重要作用，并且存在明显的政策和地区差异。张三峰和魏下海（2019）使用两阶段分析方法研究了环境监管与企业研发投资之间的关系，发现两者之间存在正相关关系。环境规制可以鼓励企业增加研发投资，引导技术创新。第二种观点反对"波特假说"的存在。新古典主义经济学家认为，过于严格的环境监管会增加企业的成本和利润，削弱对技术创新的投资，抑制技术创新（Rogge et al.，2011）。庄贵阳等（2022）的研究得出结论，无论环境法规是否严格，地方法规都不会对绿色技术创新产生影响。埃尔多安（Erdogan，2021）和王永中（2021）以微型公司为样本，证明欧盟（EU）碳交易在低碳技术创新中的作用微不足道。欧盟的碳交易可能导致高排放技术创新（Naranjo Tuesta et al.，2021）。第三种观点认为环境监管与创新之间存在非线性关系。根据赵等（Zhao et al.，2020）的研究，环境监管对技术创新的影响是有条件的。通过实证分析，侯赛因和法鲁克（Hossain and Farooque，2019）证实，环境监管与绿色技术进步之间存在"U"型关系。结果表明，环境规制强度与技术创新之间存在"U"型关系。中西部地区的研究不支持"波特假说"，但"波特假说"已在东部地区得到验证（Chen et al.，2021）。

2.2.2　碳交易政策的碳减排效应

从理论上讲，碳交易制度可以明晰碳排放权的产权，实现碳排放总量控制的目的。然而，由于绿色技术手段、环境系统条件和碳交易市场建设程度的差异，碳交易政策的碳减排效果评价结果不一致（Brouwers et al.，2018；Cai and Ye，2022）。

一方面，大多数学者的研究认为，实施碳交易政策可以对碳减排起到积极作用。根据德国碳交易市场建设的实际证据可以看出，碳交易政策在促进社会减排方面发挥了重要作用（Gullberg et al.，2014；Johnstone et al.，2021）。欧盟碳交易机制证实，碳市场严格限制污染，从而有助于减少碳排放（Krokida et al.，2020；Lee et al.，2020；于法稳和林珊，2022）。印度的碳市场研究表明，碳交易显著抑制了碳排放，尤其是对发电行业的减排效应（Kumar et al.，2020）。同样，国际碳交易市场的建设可以有效遏制全球碳排放（Giner，2014；Sadayuki and Arimura，2021）。至于中国，碳交易试点政策的碳减排效果评估结果表明，碳交易体系能够有效促进减排（Jiang et al.，2016；Chen et al.，2020；Li et al.，2021）。林和贾（Lin and Jia，2019）进一步指出，碳交易政策的减排效应会在时间维度上逐渐增强。

另一方面，一些学者认为，碳交易政策的减排效果不确定甚至不显著。碳交易政策的效果在时间维度上存在显著差异，短期内难以有效发挥碳减排的抑制作用，加剧了政策实施效果的不确定性（Vincent et al.，2018）。以中国设立的七个碳交易试点省份为重点研究对象，得出的结论是，试点地区的减排效果差异很大，天津、重庆等试点地区并未达到预期的碳减排效果（Wen et al.，2020）。上述结论得到了宣等（Xuan et al.，2020）的研究支持。此外，中国排污权交易制度减排效果评价结果显示，现阶段排污权交易制度难以在社会减排中发挥实质性作用（Zhang et al.，2020；Tang et al.，2021；Wu et al.，2022）。

2.2.3　碳交易政策对能源效率的影响

碳排放交易制度作为制度改革中的环境规制手段，与能源效率的关系一直备受争议。基于"波特假说"的研究，本书认为环境权益工具能够刺激创新，产生创新补偿效应，提高能源效率。基于中国30个省份的面板数据，实证研究发现，环境监管和环境创新对能源效率有直接的积极影响（Li et al.，2020）。其他一些学者认为，环境监管与能源效率之间存在非线性关系，这主要是由于能源的稀缺性和外部性这两个自然属性，使得影响能源效率的主导力量从"创新补偿效应"演变为"成本跟随效应"（Ionescu，2019）。此外，从能源的角度来看，一些学者声称存在"能源反弹效应"（Kim et al.，2020）。也就是说，技术进步虽然可以提高能效，实现节能效果，但也会降低产品的单位生产价格和成本，进一步增加产品的实际需求和消费，最终带来更多的能源消耗，导致额外的能源消耗，抵消了能源效率提高所节省的能源。在生态环境和能源供应的双重约束下，企业将充分利用碳排放交易市场机制来提升能效（Chaabane et al.，2012）。能效高的企业将通过超额销售配额获得额外收入，从而在低碳技术创新的基础上进一步提升能效。由于生存压力和低碳技术的缺乏，能效低的企业将在生产过程中主动节能减排，提高能效（Hanley et al.，2018）。

碳排放交易机制对能源消费也有重要影响。不同碳交易系统的设计对电力行业的减排技术创新过程具有重要影响，这使得发电所用燃料从高碳排放燃料转变为天然气，能源消费结构也随之发生变化（Melgar-Dominguez et al.，2020）。通过建立可计算的一般均衡（Computable General Equilibrium，CGE）模型对碳交易政策进行模拟分析，碳交易政策对能源需求的抑制作用不强，短期内节能效果不明显（Long et al.，2015；Bellocchi et al.，2019）。在碳排放配额的限制下，企业可能采取的减排措施包括减少产量和加强技术创新（Ma et al.，2020）。技术进步不仅可以提高企业的能效，还可以提高天然气、水电、核电等低碳清洁能源的利用率，降低煤炭等高碳能源的利用率（De Brauwer and Cohen，2020）。而提高能效又有利于降低总能耗。此外，提高清洁能源利用率有利于优化能源消费结构（Nakata et al.，2011）。

2.2.4　文献述评

现有文献大多侧重于碳交易和减排或碳交易和能源效率，很少有研究将其整合到一个分析框架中。现有文献仅关注碳交易的碳减排效应，未能有效揭示碳交易政策实现节能减排的可行路径。由于我国碳交易试点政策出台时间较短，这方面的实证研究还相对缺乏。考虑到碳交易政策的最终目标是实现能源高效利用和二氧化碳减排，有必要准确评估碳交易试点政策的节能减排效果，为中国启动全国碳排放交易市场提供实证支持。

鉴于此，本章基于 2007～2021 年中国省级面板数据，采用 DID 方法对碳排放交易试点政策是否实现了节能减排进行实证验证。与现有关于中国碳交易节能减排效应的文献相比，本章的贡献主要体现在以下几个方面。首先，本章运用实证数据和 DID 模型，实证检验了我国实施的碳排放交易试点政策的环境效应，为政策的实施效果提供了直接的实证证据，丰富了该领域的研究成果。其次，本章不仅验证了碳排放交易政策的影响，还进一步分析了碳排放交易政策实现节能减排的有效机制。也就是说，检查政策是否能够通过调整能源消费结构和优化能效来实现节能减排。最后，本章的研究结论可以为我国建立和完善碳排放交易体系，实施全国统一的碳排放交易市场提供实证支持和政策建议。

2.3　研究方法、数据和特征事实

2.3.1　基准回归模型

本章采用 DID 模型来评价碳排放交易政策的减排效果。该模型可以控制研究对象的事前差异，并有效地将政策效应与其他影响因素分开（Zhou et al.，2019）。因此，它常被用于政策评价的实证研究中。本章选择 2013 年作为碳交易市场试点政策的影响点。FE-DID 利用新政策"准自然实验"的性质，尽可能地解决内生问题，减少遗漏变量的偏差，提高政策效果评估的准确性。为了研究碳交易对节能减排的平均政策效应，本章构建了以下模型。

$$Y_{it} = \alpha_0 + \alpha_1 Pilot_i \times Time_t + \sum_{k=1}^{6} \beta_k Control_k + \gamma_i + \lambda_t + \varepsilon_{it} \quad (2-1)$$

其中，i 和 t 分别代表省份 i 和年份 t；Y_{it} 表示省份 i 和年份 t 的节能减排量。$pilot_i$ 是策略虚拟变量。如果省份 i 是碳交易试点省，则 $pilot_i = 1$；否则为 0。$Time_t$ 是当年的虚拟变量，2013 年是政策影响年，因此当 t≥2013 时，$Time_t = 1$；否则为 0。α_1 与 DID 模型一起进行估算，表明碳交易对省级碳减排和节能的影响。Control 表示控制变量矩阵，ε 是一个随机干扰项，γ 和 λ 分别表示省份和时间固定效应。

2.3.2 动态回归模型

本章增加了多个交互项，扩展了式（2-1）的模型，进一步验证了碳交易对减排的动态政策效应：

$$Y_{it} = \alpha_0 + \alpha_t \sum_{t=2013}^{2019} Pilot_i \times Time_t + \sum_{k=1}^{6} \beta_k Control_k + \gamma_i + \lambda_t + \varepsilon_{it}$$

$$(2-2)$$

其中，α_t 表示年份 t 的碳交易对各省份节能减排的净影响，其他变量同式（2-1）。α_0、β_k、γ_i、λ_t 为待估计参数。

2.3.3 合成控制法（SCM）

本章采用综合控制法对碳交易试点的政策效果进行了评价。根据阿巴迪等（Abadie et al.，2010）的方法，假设存在 $j+1$ 个样本省份，其中第一个省份是碳交易试点省份，其他 j 省份是非试点省份。

样本共有 T 个周期。T_0 代表确定为碳交易试点省份的时期，其中 $1 \leqslant T_0 \leqslant t$，$E_{it}^I$ 表示 t 时期试点政策干预下省份 i 的碳排放和能源利用情况，E_{it}^N 表示 t 时期在没有试点政策干预下省份 i 的碳排放和能源利用情况。因此，碳交易试点政策对节能减排的影响可以表示为 $\alpha_{it} = E_{it}^I - E_{it}^N$。我们假设 E_{it} 为省份 i 在时间 t 实际观测到的碳排放和能源利用情况，$E_{it} = E_{it}^I$ 表示试点政策没有本质影响。如果假设只有第一个省份是碳交易的试点省份，那么在试点后，即 $t > T_0$，政策效果为 $\alpha_{1t} = E_{1t}^I - E_{1t}^N = E_{1t} - E_{1t}^N$。但 E_{1t}^N 不可观测，所以需要估计。E_{it}^N 的估算模型可以表示为：

$$E_{it}^N = \delta_t + \theta_t Z_i + \lambda_t \mu_i + \varepsilon_{it} \qquad (2-3)$$

其中，Z_i 是不受政策影响的可观测预测变量，δ_t 表示时间趋势，θ_t 表示未知参数，λ_t 表示不可观测的公因子，μ_i 表示不可观测的省级固定效应，ε_{it} 是干扰项。

假使权重向量 $W = (w_2, \cdots, w_{J+1})'$ 满足 $W_j \geqslant 0$ 和 $w_2 + \cdots + w_{J+1} = 1$，合成控制的结果变量表示为：

$$\sum_{j=2}^{J+1} w_j E_{jt} = \delta_t + \theta_t \sum_{j=2}^{J+1} w_j Z_j + \lambda_t \sum_{j=2}^{J+1} w_j \mu_j + \sum_{j=2}^{J+1} w_j \varepsilon_{jt} \qquad (2-4)$$

假设存在权重向量 $W^* = (w_2^*, \cdots, w_{J+1}^*)'$，则：

$$\sum_{j=2}^{J+1} W_j^* E_{jt} = E_{11}, \sum_{j=2}^{J+1} W_j^* E_{j2} = E_{12}, \cdots, \sum_{j-2}^{J+1} W_j^* E_{jT0}$$

$$= E_{1T0}, and \sum_{j=2}^{J+1} W_j^* Z_j = Z_1 \qquad (2-5)$$

如果 $\sum_{t=1}^{T_0} \lambda_t' \lambda_t$ 是非奇异的，我们得到：

$$E_{1t}^N - \sum_{j=2}^{J+1} w_j^* E_{jt} = \sum_{j=2}^{J+1} w_j^* \sum_{s=1}^{T_0} \lambda_t \left(\sum_{n=1}^{T_0} \lambda_n' \lambda_n \right)^{-1} \lambda_s' (\varepsilon_{js} - \varepsilon_{1s})$$

$$- \sum_{j=2}^{J+1} w_j^* (\varepsilon_{jt} - \varepsilon_{1t}) \qquad (2-6)$$

阿巴迪等（2010）证明，式（2-6）的左侧趋于 0。因此，政策实施后，即 $T_0 < t \leq T$，$\sum_{j=2}^{J+1} w_j^* E_{jt}$ 可以作为 E_{1t}^N 的无偏估计，然后得到政策效果 α_{1t} 的估计值。上述估算所需的权重 W^* 由阿巴迪等（2010）提出的方法确定。T_0 是一个时间点指数，因此 $[1, T_0]$ 的周期变量数为 m。也就是说 $m = T_0 - 1 + 1$。重新定义 $X_1 = (Z_1, Y_1^1, \cdots, Y_1^m)$ 为实验组 T1 期的（m×1）特征向量，X_0 是对照组 T_1 期的（N×m）维对应矩阵，包括 Z_j 和 Y_{jt} 指标。

用 $\|X_1 - X_0 W\|_v = \sqrt{(X_1 - X_0 W)'V (X_1 - X_0 W)}$ 测量 X_1 和 $X_0 W$ 之间的距离，并通过最小化距离来确定 W^*，其中 V 是（m×m）半正定对称矩阵。构建均方根百分比误差（RMSPE）统计量可以评估 t_1 期合成值 $\hat{Y}_{1t}$ 与实际值 Y_{1t} 之间的偏差程度。如果 RMSPE 接近 0，则表明政策效果 $\hat{gap}_{1t}$ 整体接近 0，且合成值 $\hat{Y}_{1t}$ 可靠。

$$RMSPE = \left[\frac{1}{T_0 - 1 + 1} \sum_{t=1}^{T_0} (Y_{1t} - \hat{Y}_{1t})^2 \right]^{1/2} = \left(\frac{1}{m} \sum_{t=1}^{T_0} \hat{gap}_{1t}^2 \right)^{1/2}$$

$$(2-7)$$

2.3.4 变量选择

2.3.4.1 因变量

（1）碳排放（CE）。

鉴于中国尚未公布实际碳排放数据，根据 2006 年联合国政府间气候变化专门委员会（IPCC）推荐的计算方法，在 7 种常用化石能源类别的基础上，补充收集了 10 种能源消耗数据，如洗煤和型煤（Bridge et al.，2013），以计算 2007～2021 年 30 个省份的碳排放量。公式如下：

$$CE_{ij} = \sum_{i=1}^{7} EC_{ij} \times NCV_{ij} \times CC_i \times O_{ij} \times \frac{44}{12} \qquad (2-8)$$

其中，CE_{ij} 是 j 省份能源消耗的总碳排放量，EC_{ij} 是 j 省份燃料 i 的消耗量，NCV_{ij}、CC_i 和 O_{ij} 分别代表净热值、碳含量和氧化速率；44/12 是碳的分子比。

（2）能源效率（TFEE）。

本章选择中国各省份作为构建生产前沿的决策单元，计算各省份生产过程的全要素能效（Mo et al.，2016）。因此，构建了一个具有非径向、非定向、基于可变规模收益（VRS）和非期望输出的超高效冗余模型。

$$D = \min \frac{1 + \frac{1}{m}\sum_{i=1}^{m} s_i^- / x_{ik}}{1 - \frac{1}{q_1 + q_2}\left(\sum_{r=1}^{q_1} s_r^+ / y_{rk} + \sum_{t=1}^{q_2} s_t^{b-} / b_{rk}\right)}$$

$$\text{s. t. } \sum_{j=1,j \neq k}^{n} x_{ij}\lambda_j - s_i^- \leqslant x_{ik}$$

$$\sum_{j=1,j \neq k}^{n} y_{rj}\lambda_j + s_r^+ \geqslant y_{rk}$$

$$\sum_{j=1,j \neq k}^{n} b_{tj}\lambda_j + s_t^{b-} \leqslant b_{tk}$$

$$\sum_{j=1,j \neq k}^{n} \lambda_j = 1$$

$$1 - \frac{1}{q_1 + q_2}\left(\sum_{r=1}^{q_1} s_r^+ / y_{rk} + \sum_{t=1}^{q_2} s_t^{b-} / b_{rk}\right) > 0$$

$$\lambda, s^-, s^+ \geqslant 0$$

$$i = 1,2,\cdots,m; r = 1,2,\cdots,q;$$

$$j = 1,2,\cdots,n(j \neq k) \qquad (2-9)$$

其中，x、y 和 b 分别表示输入、期望输出和意外输出变量；s^- 表示冗余输入；s^+ 表示输出不足；λ 表示决策单元的线性组合系数。本章选取了 2007～2021 年中国 30 个省级行政单位的面板数据（由于数据缺乏，研究对象不包括西藏、香港、澳门和台湾地区）。其中，投入要素包括资本、劳动力和能源。预期产出为工业总产值，非期望产出为二氧化碳排放量。由于资本数据难以直接获取，故以固定资产净值计量；劳动力投入按全体员工人均年平均数计量；能源投入是通过工业部门的总能源消耗来衡量的。

2.3.4.2　核心自变量

政策虚拟变量（Treat × Post）。本章的解释变量是 Pilot 和 Time，它们分别是政策和时间虚拟变量。Treat × post 代表了碳交易试点政策的实施。2013年，试点省份的碳排放交易市场逐步开始在线交易（Stoerk et al.，2019）。因此，利用政策虚拟变量和处理组的交集来检验政策效果。估计系数衡量2013 年实施的碳交易试点政策对各省份减排和能效的影响。如果碳排放和能效的系数符号为一负一正，则表明碳排放交易试点政策有效促进了区域减排和节能。

2.3.4.3　控制变量

（1）能源结构（ES）。

化石能源的消耗将带来巨大的温室气体排放。中国拥有丰富的煤炭资源，这也决定了其对煤炭的高度依赖（Ying and Xin-gang，2021）。本章采用煤炭消耗量与总能耗的比值来表示能源结构。

（2）产业结构（IND）。

我们采用第三产业产值除以第二产业产值得出的产业升级指数来衡量产业结构（Oke et al.，2017）。

（3）能源消耗（EC）。

我们利用总能源消耗量作为能源使用规模的代表（Mathur and Arya，2019）。

（4）城市化率（URB）。

我们选择城市人口占总人口的比例来衡量城市化率（Al-Sadawi et al.，2021）。

（5）所有权结构（OWN）。

在粗放型发展模式下，我国国有企业更多地以高能耗、高碳排放的重化工为主。当地政府可能存在寻租行为，导致环境污染事故频发，成为节能减排的障碍（Ermolieva et al.，2010）。因此，本章通过国有员工占所有员工平均人数的比例来衡量股权结构。

（6）环境法规（REGU）。

本章利用污染控制投资占 GDP 总量的比例来衡量环境监管的强度（Thisted and Thisted，2020）。

（7）研发水平（RD）。

各省份的独立研发水平以研发支出占 GDP 的比例表示（Wu and Zhu，2021）。

2.3.5　数据来源和特征

考虑到数据的可用性和一致性，本章构建了 2007～2021 年中国 30 个省份的面板数据进行实证分析。由于除深圳以外的所有试点项目都是省和直辖市，我们将深圳并入广东，以统一研究范围（雷超和李韬，2021）。本章的处理组由北京、天津、上海、重庆、湖北和广东六个省份组成。其余非试点省份被视为对照组。由于数据缺乏，本次研究对象将西藏、香港、澳门和台湾地区排除在外。资料来源于《中国统计年鉴》《中国工业经济统计年鉴》《中国能源统计年鉴》。同时，基于研究样本的科学属性，本章以 2007 年为基期，利用 GDP 平减指数将所有货币变量换算为可比价格。样本数据的描述性统计如表 2-1 所示。

表 2-1　　　　　　　　　　变量的描述性统计

分组	统计值	CE	TFEE	ES	IND	EC	URB	OWN	REGU	RD	样本量
全样本	平均值	4.462	1.434	42.887	1.073	4.033	54.532	27.586	0.149	1.475	450
	标准差	0.332	0.8251	15.529	0.606	0.305	14.017	13.192	0.131	1.081	
	最小值	3.197	0.306	1.213	0.381	2.913	26.870	5.821	0.002	0.180	
	最大值	5.173	4.756	76.005	5.169	4.616	89.600	134.671	0.991	6.310	

续表

分组	统计值	CE	TFEE	ES	IND	EC	URB	OWN	REGU	RD	样本量
实验组	平均值	4.367	1.954	31.135	1.552	4.026	71.897	18.617	0.096	2.792	90
	标准差	0.235	0.879	14.936	1.024	0.233	14.898	8.633	0.082	1.526	
	最小值	4.029	0.852	1.210	0.727	3.614	43.200	5.938	0.002	1.040	
	最大值	4.837	4.631	62.610	5.169	4.533	89.600	42.138	0.503	6.310	
控制组	平均值	4.486	1.304	45.825	0.954	4.035	50.191	29.829	0.162	1.146	360
	标准差	0.348	0.758	14.249	0.357	0.321	9.809	13.191	0.138	0.582	
	最小值	3.197	0.306	8.370	0.381	2.913	26.870	5.821	0.011	0.180	
	最大值	5.173	4.756	76.010	2.847	4.616	72.470	134.671	0.991	2.790	

2.4　实证研究

2.4.1　基准回归

本章采用双重差分法（DID）对模型（1）进行实证分析，具体结果见表 2－2。当同时控制省固定效应、年固定效应和区域特征变量时，列（1）和列（2）中相互作用项 treat × post 的估计系数显著为负，表明碳排放交易市场可以有效地限制试点地区的碳排放水平。列（3）和列（4）中的 treat × post 系数显著为正，这意味着碳排放交易市场有助于提高试点地区的能效。尽管如此，上述分析仅评估了碳排放交易市场对区域减排和能效的平均处理效果，并未解释该政策实施多年来对试点省、市碳排放水平的影响效果。事实上，碳排放交易市场并不一定会影响当期区域碳排放水平和能效，其节能减排效果可能具有一定的滞后性和可持续性。因此，本章引入了政策实施一年后的动态效应，更严格地考察政策对区域减排和能效的长期动态影响。

列（5）～列（8）中，碳排放交易市场的实施对区域节能减排具有长期显著的积极影响，随着政策实施时间的推移，节能减排效果逐年提升。可能的原因是，随着碳排放交易市场建设的推进以及相关政策和配套措施的逐步加强，碳排放交易市场的环境红利不断显现，其对区域节能减排的影响也在逐步加大。此外，在逐步将控制变量纳入模型的解释变量后，回归结果没有显著变化，这充分证明了碳排放交易市场节能减排效果的稳健性。也就是说，碳交易试点政策极大地推动了区域节能减排。

表2-2　　　　　　　　　　　　　　基准回归结果

变量	平均处理效应				长期动态效应			
	(1) CE	(2) CE	(3) TFEE	(4) TFEE	(5) CE	(6) CE	(7) TFEE	(8) TFEE
Treat × post	-0.092* (1.21)	-0.008* (0.38)	0.567*** (3.24)	0.464*** (3.03)				
pilot × time2013					-0.126*** (-3.49)	-0.081*** (-3.80)	0.544*** (2.11)	0.436* (1.47)
pilot × time2014					-0.133*** (-3.74)	-0.086*** (-4.20)	0.547*** (2.11)	0.453* (1.50)
pilot × time2015					-0.131*** (-3.65)	-0.087*** (-3.85)	0.529*** (2.02)	0.433* (1.37)
pilot × time2016					-0.142*** (-3.83)	-0.102 (-4.42)	0.554*** (2.10)	0.489** (1.57)
pilot × time2017					-0.148*** (-3.85)	-0.103*** (-4.12)	1.181*** (3.62)	1.124*** (3.10)
pilot × time2018					-0.162*** (-4.07)	-0.101*** (-4.07)	1.399*** (4.47)	1.312*** (3.47)
pilot × time2019					-0.172*** (-4.22)	-0.112*** (-3.93)	1.905*** (5.11)	1.829*** (4.20)
ES		0.002*** (5.263)		-0.015*** (-4.918)		0.001** (1.85)		-0.007*** (-3.52)
IND		0.037*** (3.478)		0.038 (0.481)		-0.027*** (-2.02)		0.209*** (2.15)
EC		1.036*** (58.75)		1.079*** (8.382)		1.002*** (13.38)		-0.626*** (-2.07)
URB		0.005*** (8.818)		-0.011*** (-2.341)		-0.002*** (-2.28)		0.022*** (2.29)
OWN		0.001** (1.693)		-0.003 (-0.815)		-0.001*** (-2.51)		0.008*** (3.55)

续表

变量	平均处理效应				长期动态效应			
	(1) CE	(2) CE	(3) TFEE	(4) TFEE	(5) CE	(6) CE	(7) TFEE	(8) TFEE
REGU		0.245 *** (6.847)		0.153 (0.585)		0.032 (1.41)		−0.075 (−0.53)
RD		−0.043 *** (−5.715)		0.219 *** (4.032)		−0.006 (−0.65)		0.157 (1.15)
Constant	4.469 *** (265.6)	−0.121 (−1.01)	1.330 *** (36.5)	−2.134 *** (−3.5)	4.429 *** (184.5)	−0.114 (−0.98)	1.084 *** (22.91)	−1.999 *** (−3.42)
时间固定	YES	YES	YES	YES	YES	YES	YES	YES
省份固定	YES	YES	YES	YES	YES	YES	YES	YES
R^2	0.06	0.93	0.20	0.42	0.97	0.99	0.91	0.92

注：括号中数值表示 t 值；* 表示 $p < 0.1$，** 表示 $p < 0.05$，*** 表示 $p < 0.01$。

2.4.2 平行趋势检验

图 2-1 中的结果表明，在政策实施之前，treat × post 的系数并不显著。由此可知，碳排放交易政策实施前，试点地区与非试点地区的全要素能效基本没有显著差异，符合 DID 平行趋势假说。

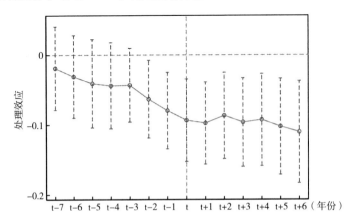

图 2-1 碳交易试点政策对碳排放的动态影响

2.4.3　合成控制法

本章采用均方根预测误差（RMSPE）来衡量碳交易试点省份及其综合控制组之间的二氧化碳排放量差异。为保证碳交易试点政策实施后排名检验的效果，保证综合控制组省级数据模拟真实省份数据的可靠性，本章以碳交易试点政策实施年份为分界点。我们首先在实施碳交易试点政策之前计算 RMSPE 值，其次比较假设试点省份和实际试点省份之间的 RMSPE 值，最后消除 RMSPE 值是实际试点省份两倍以上的假设试点省份（Nguyen et al.，2019）。如果综合控制组内省份的碳排放量不能更好地拟合碳排放交易政策实施前政策试点省份（包括假设试点省份）的碳排放量，则无法保证试点政策实施后的差异是由政策实施造成的。如图 2 - 2 所示，实线表示相应的试点省份，虚线表示 2013 年之前 RMSPE 值低于试点省份两倍的其他省份。垂直虚线左侧为 2013 年之前处置对象与其合成对象的碳排放量之差，右侧为 2013 年之后的碳排放量之差。北京、天津、上海、湖北、广东和重庆与合成城市的二氧化碳排放量差距较大，概率分别为 3.7%（1/27）、4%（1/25）、4.7%（1/21）、5.5%（1/18）、5.2%（1/19）和 7.1%（1/14）。因此，可以认为，碳交易试点政策对这些试点省份碳减排影响的假设至少在 10% 的显著性水平上不是由其他偶然因素造成的。

DID 估计方法要求在政策执行前可以比较实验组和对照组，但试点地区往往具有特殊性，这可能导致政策的内生问题。综合控制法通过其他省份的加权平均值构建了一个"反事实"参照组，可以避免内生问题（Villoria-Sáez et al.，2016）。为了保证研究结论的真实可靠，接下来，本章采用综合控制方法对其鲁棒性进行检验。图 2 - 2 显示了以北京、天津、上海、湖北、广东和重庆为实验组的模拟结果。根据研究结果可以发现，在碳排放交易制度实施之前，实际试点省份的能耗和二氧化碳排放路径与综合试点省份相似。碳排放交易制度实施后，实际试点省份的能耗和二氧化碳排放量明显低于综合试点省份，大部分试点省份之间的差距正在逐步拉大。因此，基于综合控制方法的拟合结果验证了本章研究结论的稳健性。

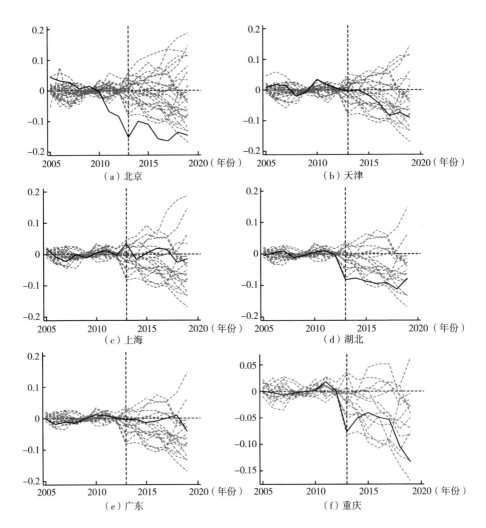

图 2-2　碳交易试点省份与其他省份的碳排放差异分布

2.4.4　倾向评分匹配

为了避免可能出现的样本选择性错误，采用倾向评分匹配法（PSM）来缓解这一问题，然后采用 DID 方法来评估碳交易试点政策对节能减排的影响。DID 方法在选择对照组时具有一定的主观性，尤其是当处理组和对照组之间存在系统性差异时。这将对评价结果的稳健性和可信度产生影响。因此，本章进一步采用 PSM-DID 方法，通过将处理组和对照组的个体根据相似性进行匹配，消除两组之间的系统性特征差异，然后进行回归分析。首先，选择可观测变量来匹配实验组和对照组。使用分类评定模型（Logit model）计算上述匹配指标的倾向得分，其次，使用匹配方法对实验组和对照组的省级样本进行匹配，排除匹配不成功的样本。倾向评分匹配前后各变量的平稳性检验如表 2 - 3 所示。

表 2 - 3　　　　　　　　　匹配前后变量的平稳性检验

变量	匹配前/匹配后	平均值		偏差（%）	检验	
		实验组	控制组		t-value	p-value
ES	匹配前	31.136	45.825	-100.6	-8.66	0.000
	匹配后	39.638	38.826	5.6	0.29	0.770
IND	匹配前	1.5521	0.9541	78.0	9.10	0.000
	匹配后	0.9918	1.0126	-2.7	-0.39	0.699
EC	匹配前	4.0269	4.0354	-3.0	-0.24	0.813
	匹配后	4.1463	4.1505	-1.5	-0.08	0.940
URB	匹配前	71.898	50.191	172.1	16.73	0.000
	匹配后	59.026	59.318	-2.3	-0.16	0.875
OWN	匹配前	18.618	29.829	-100.6	-7.66	0.000
	匹配后	19.624	20.386	-6.8	-0.31	0.756
REGU	匹配前	0.0961	0.1626	-58.7	-4.39	0.000
	匹配后	0.0972	0.0998	-2.3	-0.17	0.866
RD	匹配前	2.7927	1.1461	142.5	16.30	0.000
	匹配后	1.7165	1.728	-1.0	-0.09	0.925

可以看出，与匹配前相比，变量的偏差有所减少，说明实验组与对照组之间没有显著差异，分布变得更加平衡。因此，这种方法更合适。采用 Logit 模型，以解释变量作为对应的匹配变量，将控制变量组与实验组和对照组的倾向得分进行匹配，然后分别采用核匹配、半径匹配和 k 近邻匹配的方法进行样本匹配。在此基础上，采用 DID 方法确定碳交易试点政策对区域碳排放

水平和能源效率的净影响。原则上，最终回归结果不取决于具体匹配方法的选择。再次对匹配数据进行回归分析，PSM-DID 估计结果如表 2 - 4 所示。

表 2 -4　　　　　　　　　　　PSM-DID 检验结果

变量	CE			TFEE		
	（1） 核匹配	（2） 半径匹配	（3） k 近邻匹配	（4） 核匹配	（5） 半径匹配	（6） k 近邻匹配
政策虚拟变量 （Treat × post）	- 0. 098 *** （ - 1. 62）	- 0. 077 *** （ - 1. 13）	- 0. 090 *** （ - 1. 36）	0. 495 *** （3. 06）	0. 493 *** （2. 51）	0. 519 *** （2. 99）
系数（Constant）	- 1. 861 （ - 0. 41）	- 1. 861 （ - 0. 41）	- 1. 861 （ - 0. 41）	- 1. 861 （ - 0. 41）	- 1. 861 （ - 0. 41）	- 1. 861 （ - 0. 41）
控制变量	YES	YES	YES	YES	YES	YES
时间固定效应	YES	YES	YES	YES	YES	YES
省份固定效应	YES	YES	YES	YES	YES	YES
R^2	0. 588	0. 588	0. 588	0. 588	0. 588	0. 588

注：括号中数值表示 t 值；* 表示 $p < 0.1$，** 表示 $p < 0.05$，*** 表示 $p < 0.01$。

表 2 -4 中显示了使用不同匹配方法后的估计结果。三种匹配方法的回归结果基本相似。核心解释变量的交互项系数均在 5% 的水平上显著，这与之前的基准回归一致。也就是说，中国的碳交易政策不仅显著抑制了碳排放水平，而且提高了试点地区的全要素能源效率，表明基准回归结果的稳健性。

2.4.5　安慰剂检验

为了进一步消除试点省份和非试点省份之间因其他多种复合因素而导致的节能减排差异，本章构建了一个伪处理组和对照组进行安慰剂试验（Bocklet et al.，2019）。从 30 个省份的总样本中，随机选择 6 个省份作为处理组，其他省份作为对照组。通过随机抽样，构建了虚拟碳交易政策试点省份和非试点省份的分组。虚拟碳交易政策试点省份的虚拟变量分配为 1，虚拟非试点省份的虚拟变量分配为 0。然后用省级特征变量和年度控制变量进行基准模型回归，重复随机抽样 400 次，绘制的回归系数核密度分布图如图 2 - 3 所示。

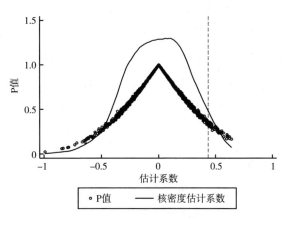

图 2 - 3　核密度估计

从图 2 - 3 中可以看出，在通过随机抽样构建的虚拟试点省份和虚拟非试点省份样本的基准模型估计结果中，与 0.436 的基准回归结果相比，系数分布在 0 左右。结果表明，在使用试点省份和非试点省份构建的虚拟数据的情况下，省级节能减排没有受到显著影响。也就是说，本章基准模型的估计结果已经通过了安慰剂检验，这进一步证明了试点省份节能减排效果的增强是由碳交易试点政策造成的。

2.4.6　延伸讨论

2.4.6.1　节能减排政策的作用

结合《2024—2025 年节能降碳行动方案》，节能减排政策旨在通过目标评估和财政激励相结合，使试点城市成为节能减排领域的领跑者。在这一过程中，节能减排政策提出了六大主要任务，包括工业脱碳、交通运输清洁、建筑绿化、服务集约化、主要污染物减少和可再生能源使用规模扩大。具体实施方面，试点城市应根据自身特点，建立节能减排长效机制。通过政府主导、市场调节的措施，形成全社会参与的节能减排工作格局。具体来说，地方政府通过降低能耗、调整产业结构、推广绿色技术等方式，建立减少碳排放的激励和约束机制。同时，企业作为节能减排的主体，应在激励约束机制下积极参与试点工作。这体现在企业通过升级绿色技术、应用环境友好型设备、改进生产工艺等方式降低能耗和碳排放。最终，通过政府和企业的共同努力，试点城市能够实现包括碳减排在内的节能减排的政策目标。特别是之前的工作证实了节能减排政策可以减少环境污染，如 $PM_{2.5}$、工业二氧化硫、工业粉尘和工业废水。

（1）促进节能效果。

根据节能减排政策的任务要求，试点城市在试点期间要减少主要污染物，扩大可再生能源规模。在这些要求下，试点城市通过各种方式调整能源结构，以实现节能减排努力的政策目标。现有文献表明，碳政策的节能效果是通过优化能源结构和降低能源强度来实现的。一方面，地方政府需要推动可再生能源的应用，提高可再生能源在能源消费中的比重；同时，也需要加强对高耗能企业的监管，从源头上降低能耗。另一方面，环境政策迫使企业加大对绿色技术研发投资的投入，减少对非清洁能源的依赖，增加可再生能源的使用。由此可见，在地方政府和企业的共同努力下，节能减排政策可以通过能源消耗和能源强度来降低碳排放。

（2）优化结构效应。

结构效应可以解释为生产活动的污染强度，直接影响环境质量。当产业结构由农业向工业再向服务业转移时，环境质量呈现出先下降后改善的趋势。根据《2024—2025 年节能降碳行动方案》，节能减排政策的关键任务之一是优化产业布局和结构。为满足这一要求，一方面，试点城市要推进产业脱碳。地方政府在支持新兴产业的同时，需要淘汰落后产能。在此约束下，传统高耗能产业将面临更高的绿色转型压力。成功转型的企业可以继续经营，而不能降低能耗和碳排放的企业将不得不退出市场。这样，整个行业的脱碳就可以逐步实现。另一方面，由于低碳的特点，试点城市应该大力发展服务业。这就要求既要促进高端生产性服务业在产业中的集聚，又要拓宽传统服务业的发展空间。值得注意的是，以往的研究提供了碳交易政策可以优化产业结构的实证证据。总体而言，节能减排政策可以通过发展服务业和提高绿色产业在产业结构中的比重来减少碳排放。

（3）增强绿色技术效应。

绿色技术效应是企业在人们随着经济发展对更清洁环境的需求的推动下，会发展更清洁的生产技术，应用环保设备，最终导致环境污染的减少。在节能减排政策的绿色财政激励下，试点城市会有意识地对绿色技术创新进行补贴，促进其在企业生产中的应用。而且，面对节能减排政策目标的压力，地方政府会制定一系列严格的环境指标，迫使相关企业进行绿色技术创新。此外，企业还可以通过生产工艺的改进和环保设备的应用来降低碳排放。以往文献证实，碳政策具有显著的技术效应，证据是研发投入的增加和绿色技术创新的促进。由此可见，节能减排政策可以通过强化绿色技术效应来减少碳排放。

我们的研究结果产生了一些重要且有针对性的政策影响。首先，中国应该扩大试点城市，在全国范围内大力实施节能减排政策。我们的核心发现表明节能减排政策具有令人信服碳减排效果。因此，政策制定者需要加大力度，增强节能减排政策对碳排放的深刻影响，以确保中国碳达峰与碳中和目标的实现。其次，节能减排城市应着力塑造第二产业脱碳和服务业集约化。我们的机制分析未能揭示第二、第三产业是节能减排政策效应的传导渠道。因此，包括能源、钢铁、有色金属、化工、建材等在内的第二产业应加快绿色技术发展和低碳转型；第三产业，包括电商、金融服务、文化创意、旅游休闲等，要提升产业集聚，形成集约化的产业发展格局。最后，地方政府应根据自身情况制定和实施节能减排努力。异质性表明，不同属性城市的节能减排政策效果存在差异。政策制定者必须充分考虑城市之间的差异，尤其是中央城市、低财政自给率城市、矿产资源型城市和老工业城市。

这些关于中国节能减排政策的发现极大地扩展了对一个大型发展中国家政府部门主导的正式环境监管有效性的学术理解。鉴于欠发达国家普遍存在政策执行差距，我们的证据粉碎了长期以来对正式环境监管有效性的质疑。

而对企业如何响应节能减排政策进行更深入的调查是未来研究的一个令人兴奋的话题。也就是说，进一步的努力应该集中在节能减排政策对企业行为的影响上，这有助于理解碳减排的微观机制，尤其是揭示地方政府官员、环境机构和公众与节能减排政策之间的联系。这样的分析无疑将极大地帮助确定如何在特定的地方更好地实施节能减排政策，从而确保政策的有效性。

2.4.6.2　节能减排之路

（1）零碳能源服务。

新冠疫情后，为了绿色经济复苏和应对气候变化，循环碳经济首次被提出。循环碳经济的概念是指导国际社会创建一个全面、灵活、可再生的能源系统集成，以实现碳中和和净零排放。政府发布的全球首个绿色金融体系，其功能分别是资源配置、风险管理、市场定价，主体要求发展和完善绿色金融体系、金融机构监管和信息披露、激励约束机制、绿色金融产品和市场体系、绿色金融国际合作。

如期实现碳达峰和碳中和的关键途径是构建现代经济体系，发展低碳循环经济，增强可持续发展能力。

循环经济的核心是资源的高效循环利用，原则是"减量化、再利用、再循环"，其基本特点是低成本、低排放和高效率。发展循环经济的优点是：减少产品加工制造的步骤；延长材料和产品的生命周期；产品碳捕集与封存能力提升；降低能耗和在原材料勘探、原材料初步处理、产品废物处理和再制造过程中的碳排放。

（2）控制能源消费总量和优化产业结构是减少碳排放的主要途径。

其一，电力。可再生能源在电力行业的应用对碳排放的影响越来越大。核电、风电和光伏发电是中国实现能源转型的重要抓手。

核电：核电已被确认为清洁发电技术之一，将成为实现净零排放的主力军。但核电建设工期长、投资要求大，导致机组运行比例较低。由于技术改进和战略部署，核电占比预计在未来将逐渐扩大。

风电：中国在风电的研究、试验和推广方面起步较早。目前风电装机主要集中在内陆，覆盖东北、西北、华北地区。风电的实质性、快速实施仍受到海上高成本的挑战。

光伏发电：太阳能发电的转换率和成本高度依赖光伏技术。太阳能发电容量的快速增长是实现净零排放的必要条件。虽然太阳能发电的比重逐渐增加，但主要还是在"三北"地区运行。

其二，化学工业。对排放最多的行业进行碳减排应当作为政策靶向，化工行业是碳排放的第二大来源，接近于黑色金属压延行业。应采取的有效措施包括：改善原材料，特别是煤炭的利用率；电力消耗调控；对二氧化碳尽量进行回收和捕集；开发可生物降解材料。

其三，体系结构。人类目前面临的最大挑战是气候变化，我国应以绿色发展、生态保护、绿色生态城市为重点，制定相应的应对气候变化的政策，并逐步落实产业结构调整、绿色交通、建筑节能、绿色建筑等节能减排措施。

2.5　本章小结

本章基于 2007 ~ 2021 年 30 个省份的面板数据，基于 DID 方法和 SCM 方法，探讨了碳交易试点政策对碳排放总量和能源效率的影响，碳排放交易能够有效促进高质量和绿色经济发展。研究发现，碳排放交易方案可以显著降低城市单位地区生产总值能耗，提高全要素能源效率，且这一结论通过了一系列稳健检验，保证了结论的可信度。研究结果表明：第一，碳交易机制有利于减少碳排放总量，提高全要素能源生产率，但各试点地区的减排效果不同；第二，天津、上海碳交易机制的减排效果最好，对碳排放总量的减排效果保持稳定；第三，广东碳交易机制的减排效果呈现出由强到弱的趋势；第四，碳交易机制主要通过优化产业结构、提高能源效率来产生减排效应。首先，企业在成本压力下淘汰落后产能，推动生产要素向技术密集型企业流动，以调整经济结构，缓解碳排放（Li and Tang, 2017; Mukherjee and

Giest，2019）。其次，在成本压力和减排技术创新的驱动力下，企业倾向于通过改进减排技术来提高能效，最终实现节能减排的目标（Boersen and Scholtens，2014；Shen et al.，2020）。

研究结果强调了碳交易机制在减少减排总量、提高能效方面的作用，不仅可以成为中国经济激励环境政策工具转型的有力支撑，也可以为全国碳交易积累宝贵经验，并为碳交易系统设计的动态调整和修正提供了实践依据（Zhao et al.，2017）。本章的政策建议体现在以下几个方面。

（1）加强政府引导，充分发挥碳交易市场对技术创新的促进作用。

政府应为企业提供一个平台，加大对碳减排技术的研发力度，提高碳减排效率，推动企业提高技术转让效率，为研发和技术创新营造一个有回报的环境（Khaqqi et al.，2018）。支持碳交易市场创新龙头企业，加强宣传，营造节能减排技术创新的良好氛围。对于资金不足的创新型企事业单位，加大绿色金融支持力度，包括税收、补贴、转移支付、信贷等支持。

（2）建立鼓励能源结构和产业结构转型的综合公共政策和产业政策体系。

一方面，在增加新能源产业基础创意和通用技术的研发和创新方面，政府应在基础研发资金的投资和研发成果形成的公共平台建设方面发挥更大作用（Sadegheih，2011；Bariss et al.，2016；郭朝先，2021）。在可再生能源技术稳定、成本降低的前提下，鼓励和引导能源消费结构从化石能源向可再生能源等清洁能源转变。另一方面，政府需要积极发展战略性新兴产业，推动新一代信息技术革命（物联网、大数据、人工智能）成果与传统产业的融合，实现产业体系的低碳化。

（3）加快发展服务业，扩大清洁能源消费比重。

"十四五"规划是实现碳排放高峰的关键和窗口期。目前，中国大力倡导供给侧结构性改革，淘汰落后产能，突出了产业结构调整对减排和节能的重要性（Zhang et al.，2016；Marin et al.，2018）。其碳市场实践证明，碳交易可以衍生绿色消费需求，进而推动产业结构优化，强化清洁产业比重，构建清洁、低碳、安全、高效的能源体系。同时，企业应逐步从依靠能源消耗向依靠人力资本和研发投资提高产出过渡，从而实现要素结构升级，提高要素资源配置效率。

（4）完善科技成果转化的市场激励机制，加快企业绿色转型升级。

依托碳排放交易政策和国家在线碳交易市场，积极引导高校和科研机构探索绿色全要素生产率，继续落实产、学、研深度融合发展的长效机制。此外，政府应鼓励、支持和引导企业进行绿色创新、成果转化和绿色转型发展，通过支持研发、补贴、退税、免税、提供贷款担保和专利授权，探索有利于绿色全要素生产率增长的最佳方案，充分发挥市场主导和政府引导的协同治理作用（Shrestha et al.，2021），形成有利于企业技术创新发展和产业结构向绿色化方向转型的市场环境。

（5）企业应加强节能减排技术的研发，积累相关研发人才。

具体而言，在研发和专利购买方面与专业研究机构合作，积极参与碳交易市场，通过出售股份获得收益，与节能减排技术创新形成长期良性互动（Creti and Joëts，2017）。此外，企业还应增强节能减排的创新意识，准确衡量创新的成本和效益，作出合理的长期决策。同时，还要加强企业的管理水平和资金的使用效率，利用国家政策和资金的支持，促进自身的技术创新能力。

低碳城市建设已成为中国努力实现应对气候变化目标、推动经济发展向绿色低碳发展转型的重点。在某种程度上，低碳试点将碳排放与经济发展联系起来。对此，我们可以说，中国的低碳城市正在能源、交通、建筑、工业、居住生活等方面探索新的发展模式。中国的低碳试点城市由于条件不同，呈现出不同的减排特征。因此，城市低碳转型应根据城市经济发展阶段和资源状况，形成具有特色的空间格局、产业结构、生产方式、生活方式。中国推动城市低碳发展的努力，实际上是迫使城市以碳排放目标为引领更快地实现低碳转型。中国的低碳试点城市已经初步形成了从国家宏观顶层战略到城市中层的政策制定。

迄今为止，中国的实验项目和实践是低碳转型和实现城市可持续发展目标的有力佐证，特别是在绿色发展和减少温室气体排放、碳排放和能源使用方面。未来，中国需要通过碳交易和绿色金融等融资手段等市场化工具，进一步推动城市低碳转型。在本章中，我们对其中的一些进行了解释，但我们也强调了现有的差距和局限性，有进一步发展的空间。例如，中国东部地区是人口最多、经济最具活力的地区，这些地区有望形成协调的区域低碳减排战略。中西部地区可以通过区域生产要素配置，促进城市间的合作。更重要的是，中国低碳城市试点的经验可以为其他发展中国家的城市提供借鉴。

在接下来的研究中，我们将总结全球在低碳发展方面的一些关键经验和教训，探讨中国近期在碳中和方面取得的进展，并聚焦下一步的关键研究重点。在后续章节中，我们将着重考察中国的低碳战略背景、经验教训和潜在范式，然后深层次梳理讨论所得观点与建议。

第3章

城市规模扩张与生态环境影响

作为一个处于快速工业化和城市化进程中的发展中国家，中国一直在积极推动"脱碳"进程，以应对全球气候变化的挑战。在环境经济学中，城市化促进了城市内的能源需求，进而产生了促进二氧化碳排放的影响，这与依赖化石燃料的区域尤其相关（仇保兴，2021；李涛，2021；刘志仁，2022）。

本章研究旨在利用 2000～2021 年 35 个大中城市的面板数据，揭示城市规模蔓延扩张带来的环境影响。通过构建概念数学模型，城市蔓延与环境污染之间可能存在非线性关系。面板单位根检验表明，城市蔓延与环境污染之间存在长期均衡关系。回归结果表明，对于全样本，两个核心变量之间存在"U"型曲线关系。城市蔓延对环境条件的影响具有区域异质性。东部和西部地区发现了显著的"U"型曲线，而中部地区发现了不显著的倒"U"型曲线。此外，对于蔓延程度高和程度低的城市，呈显著的"U"型曲线。相比之下，中等蔓延程度的城市出现了显著的倒"U"型曲线，这表明适度的城市蔓延有利于环境条件。此外，低、中污染城市的"U"型曲线和倒"U"型曲线也很显著。固定资产投资和外商直接投资加剧了城市环境污染。市场自由和产业结构调整有利于减少污染。在稳健性检验中，将样本按时间段细分，并用系统广义矩估计（GMM）方法代替，所得结论是一致的。

3.1 快速城市化下的城市蔓延扩张

改革开放后，随着我国城市化的快速推进，城市化水平和区域发展有了很大提高。农村社会加速了向城市社会的转型。城镇数量不断攀升，城镇规模不断扩大。城市化水平的快速提高意味着大量农村人口向城市转移。而人口向城市集中的过程，从理论上讲，有利于节约和集约利用土地。然而，随着中国城市化进程的加快，典型的事实是土地的粗放利用。我国城市空间增长具有非集约型和无序扩散的显著特征。越来越多的城市采取了低密度、无序向外扩张的增长模式，特别是在城市人口超过 500 万的特大城市和城市人口超过 100 万的大城市中，盲目的空间扩张是中国城市化进程中最严重的五大问题之一。除杭州外，其他大、中城市的城区人口增长率均超过了市区的人口增长率，这表明大、中城市低密度扩散现象极为普遍（李勇和高岚，2021）。在中国，中等城市是指城区常住人口在 50 万～100 万的城市，特大城市（城区常住人口 500 万～1000 万）和超大城市（城区常住人口超过 1000 万）。大、中城市具有大量就业机会和完善基础设施的优势，不断吸引人口流入，形成产业集聚。然而，城市人口和产业集聚带来的一系列负外部性严重影响了城市居民的生活质量。

中国的经济改革和前所未有的增长为学术研究提供了丰富的研究素材和值得深入探讨的课题。了解中国的城市化和土地利用变化是促进未来可持续发展的适当战略和政策所必需的。本章回顾了中国城市化、土地利用与可持续发展的相关文献，重点关注土地利用变化。我们认为，土地利用与环境研究嵌入在中国复杂的经济—地理—地理过程和发展与城市化的多重轨迹中。本章强调了多学科背景下的时空建模在城市化、土地利用和可持续发展研究中的重要作用（许文，2021），并指出了未来研究的潜在领域。自 20 世纪 70 年代末启动经济改革以来，中国经历了前所未有的经济增长和城市化。而像中国这样大规模的城市化在人类历史上几乎是前所未见的。中国转型和城市化在经济、社会和环境维度上的速度和复杂性是前所未有的，值得进一步研究。中国的快速增长和结构变化引发了许多有趣的问题，学者们一直在讨论中国城市化和土地利用变化的程度、过程和后果。自 2012 年以来，中国超过一半的人口一直生活在城市中，越来越多的农村人口逐渐转变成城市人口，且这一趋势还在持续增长，这将给住房、食物、就业、社会服务和环境可持续性带来严峻挑战。由于机会不平等的加剧、社会冲突和人类活动对资源、土地空间和环境的负面影响，对中国城市化的理解和土地利用变化的努力最近得到了加强。我国将城市化作政策议程的核心议题之一。中国从计划经济到市场经济的转型伴随着城市蔓延和环境恶化。中国城市急剧扩张是一个亟待解决的问题，引起了许多学者的关注。研究人员已经记录了城市增长的程度和空间形式，探索了城市土地扩张的潜在驱动力，以及城市扩张与环境变化的关系。土地开发问题是复杂的，因为土地已经成为地方政府促进经济增长、补贴基础设施开发和争夺外部投资的关键工具。因此，我们迫切需要通过更系统、更有组织的研究，进一步探讨中国的城市化和土地利用变化。

中国快速的城市化对环境产生了深刻的影响。由于能源使用的增加、空气和水的恶化、噪声污染以及农业和自然用地的流失，给农村土地和城市环境带来了沉重的负担。城市无序扩张，让中国耕地保护面临严重的问题。城市的各种机遇正在推动农村人口向城市的大规模迁移。城市的快速发展和人口的增长导致农业生产的土地基础不断萎缩，从长远来看，威胁着粮食的自给自足。城市化还导致了敏感生态系统的破坏，并改变了城市地区及其邻近地区的水文（金昱，2022）。因此，城市化不仅会对局部环境造成影响，还会造成巨大的生态足迹，这些足迹正在全球范围内蔓延。目前，我们面临着全球范围内可持续发展的巨大挑战，这是由两种全球趋势共同带来的：向日益城市化的世界过渡和全球环境变化。中国持续快速的城市化将使生态赤字变得更加严重，城市土地扩张并侵占耕地。中国大部分省份的生态足迹都存在全国性或区域性的生态赤字。城市土地扩张和耕地流失与经济发展和户籍系统密切相关，城市发展政策和土地使用政策，城中村的非正规住房和工业发展也是城市化进程的重要组成部分。利用地理信息系统（GIS）和遥感探测热岛效应，更容易观察到中国城市建成区面积增长影响环境的指标。中国的发展重点是经济增长，这是确保政府权威和中国社会稳定所需要的。但经济增长增加了对能源和资源的需求，而对自然资源的广泛开发又造成了环境危害。中国经济的快速增长伴随着自然资源的退化和污染。

伴随这些人口和城市的变化，中国的整体环境质量正在恶化。此外，环境污染还造成了严重的健康问题和经济损失。它可能危及经济发展和可持续性。促进经济增长和资源密集的战略无疑导致了环境恶化，从而引发了全球性的环境问题。中国的生态供需平衡已经成为全球关注的问题（杨博文，2021）。土地利用和土地覆盖的变化，作为快速增长和城市化的结果，可以对水文、气候和社会经济系统产生环境影响。野蛮式的城市增长（城市蔓延）和对农业用地的大规模侵占导致了中国严重的环境问题。随着城市居民数量的增长，中国也进入了一个更加依赖汽车的社会。由于中国快速发展以私家车为基础的经济，在庞大的定居模式的背景下，有限的资源受到了压力。城市地区巨大而快速的发展引起了国家和全球对能源安全和温室气体排放越来越多的关注。

对我国在全球环境中的增长足迹的更高认识促进了对环境和气候问题的讨论，而经济发展和环境保护之间存在两难。在减少对环境负外部性的同时，有必要保持动态且可持续的城市发展。然而，有些地方官员往往将经济增长作为职业晋升的路径，同时缺乏将环境保护作为优先事项的激励措施，所以环境问题日益凸显。在过去的三十年里，我国经历了一场世界前所未见的充满活力的城市转型。我国的城市转型带来了令人印象深刻的经济增长率，同时城市化和土地利用变化的速度也加快了。作为世界上增长最快的经济体，我国也面临着严重的环境退化问题。

经济快速增长、资源密集型和出口导向型的发展战略在一定程度上导致了我国生态环境恶化，自然景观的变化反映了改革与现代化的交汇。大型工程项目，包括自然资源开采和交通基础设施的新地点，说明了物理环境是如何通过政治、经济和技术准入和控制的联系而持续改变的。在这个持续动态的经济系统中，不平衡发展与环境变化之间的困境仍然存在。此外，环境和气候灾害（如荒漠化、土壤侵蚀和森林砍伐）的负担不成比例地落在了更弱势的个人和地区身上。这一新型城市化阶段的核心是提高城市化的质量，少考虑城市化的数量。认真发展和落实增长管理和可持续发展的理念，可能会对城镇化进程和土地资源利用起到指导作用。

可持续发展作为对增长和承载能力的极限概念的修正衍生，不仅强调了资源在限制经济增长中的重要性，还让人们注意到发展方法与环境和谐增长的必要性。中国的城市增长、人口重新安置、私家车的普及，以及与之相关的资源和能源需求，一直在改变着陆地生态系统，伴随而来的是城市病的肆虐。无节制的城市化进程会导致无计划和管理不善的无序扩张，从而对环境、经济和社会结构造成严重的破坏。中国的决策者开始意识到以可持续的方式引导城市化的必要性。然而，在城市化和土地开发过程中，普遍缺乏实施可持续发展的可操作模式。因此，在城市化和土地利用变化研究中还需要更多的随机建模方法。

随着蔓延式空间增长的普及，城市发展过程中逐渐出现土地利用不合理、交通拥堵、环境污染等城市病（潘安，2018）。近年来，中国在保持经济快速增长的同时，面临着日益严重的环境污染问题。我国高增长、高消费、高污染的"三高"经济发展模式没有根本改变，严重制约了我国城市发展的可持续性。因此，我国2014年政府工作报告中提出：我们要像对贫困宣战一样，坚决向污染宣战。政府工作报告中也明确指出，中国将"坚决打蓝天防御战"。然而，就目前我国城市的污染控制能力而言，城市和地区之间存在着巨大差距。

在煤炭消费量高的高污染地区（如山西、河北、山东和河南），迫切需要控制环境污染。过去，中国的经济增长方式在很大程度上取决于生产要素的投入和资源的消耗。在这种模式下，环境保护常常让位于区域经济增长。土地资源的稀缺使得城市土地的空间经济属性突出（黄雨涵等，2021）。城市扩张的触角开始延伸到森林和农田。分散的城市继续消耗农业用地，过度使用能源造成了大量污染，破坏了原有的城市生活。

尽管城市蔓延的形式不同，但其快速扩张的过程反映在世界上每个城市，尤其是所有高收入和房地产市场发达的城市。因此，城市蔓延与空气污染之间的关系是地方政府面临的一个严重而现实的问题。大中型城市经济发展水平高，城市化进程迅速，私人交通发展迅速，雾霾污染发生频率和概率高，具有代表性。本章旨在阐明城市蔓延对空气污染的影响，并确定两者之间是否存在环境库兹涅茨曲线（即人均收入与环境污染之间的倒"U"型曲线关系）。剩下的章节安排如下：第 2 节回顾过往的文献研究，并介绍本章的创新点；第 3 节构建数理模型及估算方法；第 4 节介绍研究结果；第 5 节总结研究发现并提出政策建议。

3.2　城市规模变化的多重环境影响

城市蔓延是中国经济发展和城市化进程中的重要现象。随着城市规模的快速扩张，建设用地的粗放和低效开发加大了水土资源的承载压力，基础设施建设的大幅增加也加剧了工业污染。自 20 世纪 60 年代以来，城市蔓延引发的生态环境问题引起了学者们的广泛关注，但关于中国的研究相对较少（仲云云和仲伟周，2012）。一般而言，城市蔓延对环境质量有着重大的负面影响（Anderson，2015），主要通过占用耕地、破坏湿地和污染环境来破坏生态环境（刘玮等，2022），并导致严重的空气污染，如雾霾（郑逸璇等，2021）。然而，一些研究表明，城市蔓延还可以通过提高能源效率来减少城市环境污染（Pourahmad and Assadi，2007）。总体而言，低密度开放、单一土地利用和依赖汽车交通是城市蔓延的三大特征。现有关于城市蔓延对环境污染影响的研究主要包括三个方面：城市蔓延对能源消耗的影响、城市蔓延对碳排放的影响以及城市蔓延对空气污染的影响。

3.2.1　城市空间的碳减排问题

减少碳排放是缓解全球变暖的重要途径之一。现有的减少碳排放的实践主要有两个方面：一是通过新技术手段提高能源效率，降低能源消耗；二是制定政策在宏观层面控制碳排放。政策措施作为减少碳排放的主要力量之一，值得我们关注。具体而言，针对城市的政策对于宏观调控的实施至关重要（丛建辉，2021）。因此，在全球范围内，研究人员正在研究城市减排政策，使城市能够更有效地参与减排。然而，这些研究大多集中在发达国家，对发展中国家的研究仍然缺乏。许多学者对低碳城市的发展路径、政策执行和评价方法进行了详细的探索，但对低碳城市政策的减排效果进行探索的研究却很少。这是因为对二氧化碳排放的统计比较复杂，难以建立长期、多区域稳定的碳排放数据库。本章使用的碳排放数据是 1997～2017 年碳排放数据库中的一组数据。与传统的以能源消耗为来源的碳排放数据相比，本书使用的碳排放数据来源于卫星数据，覆盖范围广，精确度高，拟合效果好。

日本作为一个严重依赖化石燃料的国家，人们都生活在城市中，严重依赖不清洁的能源供应来满足能源需求，除此之外别无选择。相比这种城市化方式，人们认为可持续的城市化战略可以通过减少二氧化碳排放来保障环境福祉。在一项针对七国集团（简称"G7"）的研究中，卡特西奥格鲁（Katircioglu，2022）发现了城市化触发日本二氧化碳排放的证据。莎菲和萨利姆（Shafiei and Salim，2014）使用了来自包括日本在内的经济合作与发展组织（简称"经合组织"）国家的数据，发现城市化最初会增加二氧化碳排放，而超过城市化门槛水平后，这些二氧化碳排放刺激影响会被递转，以减少这些国家的二氧化碳排放。王等（Wang et al.，2021）在一项针对全球 137 个国家的面板数据研究中发现，城市化会导致更高的二氧化碳排放，因此无计划的城市化很可能使环境发展目标无法实现。另外，何和赫特威治（He and Hertwich，2019）使用了 170 个全球经济体的数据，发现城市化增加了低收入国家的二氧化碳排放，但降低了中、高收入国家的二氧化碳排放。同样，在环境保护法律严格的国家，城市化会产生有利的环境结果（Ponce de Leon Barido and Marshall，2014）。在选定的撒哈拉以南非洲国家的背景下，城市化在短期内不会对环境造成损害；然而，从长期来看，它会降低环境质量。实证分析结果表明，在短期内，城市化与二氧化碳排放之间的关系是负的，但在长期内会变成正效应（Salahuddin et al.，2019）。

3.2.2　城市蔓延对能源消耗的影响研究

城市蔓延与能源消耗之间的关系在城市规划中仍然是一个有争议的话题。一些研究的结论表明，从交通的角度来看，更紧凑的城市空间形式往往更节能（Mindali et al.，2004；董亮，2021）。在人口稠密的城市使用私人客运通常会降低能源消耗和人均温室气体排放（Holden and Norland，2005）。纽曼等（Newman et al.，2008）指出，城市蔓延导致住宅和商业用地的增加。这种土地利用模式是"城市热岛效应"的重要影响因素。同时，森林植被对城市环境和周边地区的地表温度具有"降温效应"。因此，他认为紧凑的城市空间可以提高能源效率，有助于城市的可持续发展。相反，王文和刘锦涛（2021）发现，城市空间集中也会产生负面影响，如交通拥堵、住宅过度拥挤、环境退化等问题，这将增加能源消耗。同样，法拉等（Fallah et al.，2011）的研究表明，在城市空间快速扩张的过程中，过高的城市密度将导致"集聚不经济"，如交通拥堵和高房价，这将超过集聚经济对生产率的贡献。因此，城市蔓延有利于提高全要素生产率。

3.2.3　城市蔓延对碳排放的影响

牧户（Makido，2012）研究了日本 50 个城市的城市形态与二氧化碳之间的关系，发现高收入、人口少和密度高的城市往往会减少二氧化碳排放。李和李（Lee and Lee，2014）以美国城市化程度最高的 125 个城市为样本，考察了城市形态对居民二氧化碳排放的影响，发现城市蔓延与居民能源相关二氧化碳排放呈正相关。这与杨帆和张晶杰（2021）对中国进行的实证研究结论一致。班扎夫和拉弗里（Banzhaf and Lavery，2010）探讨了意大利城市空间结构与碳排放之间的关系，并得出结论，紧凑型和高密度城市可以减少私人交通的二氧化碳排放。肖和郑（Xiao and Zheng，2016）通过收集武汉市 2003～2013 年的建设用地和能源消耗数据，探讨了城市建设用地扩张与能源消耗碳排放之间的关系。

3.2.4　城市蔓延对空气污染的影响研究

根据现有文献，城市蔓延加剧了对开放空间保护的挑战，导致空气质量恶化。尤因等（Ewing et al.，2003）测量了城市蔓延指数，并研究了1990~2000 年美国 83 个大城市的城市蔓延对交通的影响。结果表明，低密度和以车辆为导向的城市蔓延不利于良好空气质量的形成。伯奇菲尔德等（Burchfield et al.，2006）研究了城市蔓延对德黑兰等特大城市空气污染的不利影响，发现城市蔓延增加了空气污染的程度。斯通（Stone，2008）基于1990~2002 年美国 45 个大城市的数据，证明了"大馅饼"城市蔓延中超标的城市空气污染物比紧凑型城市中超标的城市空气污染物更严重。城市越紧凑，蔓延程度越小，就越有可能减少空气污染物的排放。汽车的使用是导致环境退化的城市蔓延的许多机制的原因（Ishii et al.，2010）。通过使用 $PM_{2.5}$ 数据，袁等（Yuan et al.，2018）研究了中国 269 个城市的污染物排放量与城市形态和烟雾污染之间的关系。结果表明，城市人口密度对大气污染物的影响取决于城市规模。如果没有及时制定适当的城市规划，区域输电会加剧空气状况。范等（Fan et al.，2018）对中国 344 个地级城市进行了实证研究，发现中国北方平原的城市建设应尽可能紧凑和连续，多中心形式可以有效地减少空气污染物的排放。

3.2.5　简要述评

以上文献为本章的研究奠定了基础，但也存在一些不足。首先，很少有研究将城市蔓延和环境污染放在同一个研究框架内，探讨它们之间的影响机制。其次，还没有研究结果检验城市蔓延与环境污染之间的环境库兹涅茨曲线。此外，对于不同城市规模的城市，城市蔓延和环境污染的程度从高到低不等。现有文献对影响效应的异质性关注不够，这不利于科学地制定城市环境污染防治政策。本章试图从以下几个角度填补研究空白。首先，将城市蔓延和环境污染放在同一个框架内，并从理论上探讨它们之间的相关性。其次，利用 2000～2021 年中国 35 个大、中城市的面板数据，实证检验了城市蔓延对环境污染的影响强度，并对城市化与环境污染的关系进行了环境库兹涅茨曲线检验。最后，根据蔓延程度和环境污染程度将样本城市细分为几个亚组，以观察异质性影响。

3.3　模型构建与数据方法

3.3.1　政府行为驱动的城市蔓延

假设工作场所和就业机会集中在市中心，城市居民位于市中心外围区域，通勤距离为从住宅到核心区域。根据福利经济学理论和我国财政分权体制的背景，地方政府的决策是以追求自身利益最大化为基础的。结合约翰逊（Johnson，2001）的研究，地方政府在将农业用地转变为城市用地和土地开发的过程中，实现了土地财政效益的最大化。其目标利润函数如下：

$$G = \int_0^T R(\theta,t)e^{-\mu t}dt + \int_T^\infty E(\delta)e^{-\mu t}dt - \int_0^T r_{\mu t}e^{-\mu t}dt - Ce^{-\mu t} \quad (3-1)$$

其中，$R(\theta, t)$ 是城市土地的租金水平；$r_{\mu t}$ 是非城市土地的租金成本；μ 是折现率；T 是土地开发的时间；C 是土地开发的成本；θ 表示位置；t 表示时间；$E(\delta)$ 是外部收入；$E(\delta) \geq 0$ 代表收入是区域人口经济密度的增长函数，即 $\frac{\partial E(\delta)}{\delta} > 0$。求目标函数的最大值：

$$\frac{\partial G}{\partial T} = r_{\mu t}e^{-\mu T} + \mu Ce^{-\mu T} - Re^{-\mu T} - E(\delta)e^{-\mu T} = 0 \quad (3-2)$$

通过整理和计算，可以得到以下结果：

$$R(T,\theta,t) = r_{\mu t} + \mu C - E(\delta) \quad (3-3)$$

也就是说，在均衡条件下，城市土地租金水平等于农业土地租金水平加上土地开发贴现成本减去土地开发的外部效益。由于外部利益的存在，地方政府的增长绩效受到土地财政依赖的影响，存在扩大建设用地规模的冲动。城市边界从原来的均衡 d^* 扩展到新的均衡 d_1^*，这使得城市建成区的扩展速度远远快于人口增长，城市蔓延发生。

3.3.2　城市蔓延的环境影响

本章以富尔顿等（Fulton et al.，2001）的模型为基础，对变换进行了扩展分析。从环境污染方面考虑，在官方晋升机制的影响下，有一个中央政府和两个地方政府：中央政府有晋升规则的管辖权和制定环境法规的权利，而地方政府需要经济增长来支持财政支出。此外，还需要落实中央政府制定的环境监管措施，因此，其使用功能受到土地财政、地方经济增长和环境监管的影响。具体设置如下：

$$U_\mu = \alpha G_\mu + \beta Y_\mu - R_\mu (P - A_f) \qquad (3-4)$$

其中，U 是地方政府获得的总效用，Y 是区域经济增长，R 是环境监管的强度，P 是环境污染，A_f 是中央政府设定的最大允许污染量，$P - A_f$ 是环境保护体系下过度污染造成的负效用。

根据环境库兹涅茨理论，经济增长与环境污染之间存在倒 "U" 型关系，土地金融与经济增长之间存在倒 "U" 型关系，已经跨越了转折点（De Ridder et al.，2008），为了满足上述基本结论，二者的函数形式分别如下：

$$P_\mu = \eta Y_\mu - \rho Y_\mu^2 \qquad (3-5)$$

$$\omega^2 G_\mu = Y_\mu^2 \qquad (3-6)$$

参数 α、β 是中央政府对地方政府土地财政和经济增长的重视程度，$\alpha_1 \alpha_2 \in (0, 1)$，η、ρ、ω 是大于零的实数。通过组合式（3-4）、式（3-5）和式（3-6），我们得到：

$$U = (\alpha + \rho\omega^2 R)G + RA_f + \omega\sqrt{G}(\beta - R\eta) \qquad (3-7)$$

我们可以发现，当 $R < \beta/\eta$ 时，$dU/dG > 0$，表明环境规制的强度低于 β/η，政府有扩大土地财政规模的意图。因此，只有在环境规制强度较高的情况下，地方政府才能减少对土地财政的依赖。然而，从我国的实际情况来看，环境规制的力度却越来越大。为什么土地财政占地方财政收入的比例居高不下？这与中央政府对经济增长的预期密切相关。假设中央政府在确保经济增长的前提下，寻求最大限度地缩小地方污染之间的差距，其效用函数如下：

$$U_{MAX} = -[\ln(P_1) + \ln(P_2)] \qquad s.t.\ Y_1 + Y_2 \geqslant \xi \qquad (3-8)$$

ξ 是中央政府制定的经济增长目标。通过在其中引入式（3-5）和式（3-6），并通过构造拉格朗日函数，得到 G_1、G_2 和 λ 的偏导数：

$$U_{MAX} = -[\ln(P_1) + \ln(P_2)] \qquad s.t.\ Y_1 + Y_2 \geqslant \xi \qquad (3-9)$$

$$\frac{\eta\omega - 2\rho\omega^2\sqrt{G_1}}{2\eta\omega\sqrt{G_1} - 2\rho\omega^2 G_1^{\frac{3}{2}}} = \lambda c, \quad \frac{\eta\omega - 2\rho\omega^2\sqrt{G_2}}{2\eta\omega\sqrt{G_2} - 2\rho\omega^2 G_2^{\frac{3}{2}}}$$

$$= \lambda\omega, \quad \omega\left(\sqrt{G_1} + \sqrt{G_2}\right) = \xi \qquad (3-10)$$

均衡值为：

$$G_1^* = G_2^* = \frac{\xi^2}{4\omega^2} \qquad (3-11)$$

这表明，在地方政府与中央政府博弈的过程中，中央政府不希望地方政府的财政收入大幅下降，因此地方政府对环境法规的实施意愿便会打折扣，这也是以土地出让为依托的土地金融成为"二次金融"来源的主要原因，这种土地开发模式往往导致城市低密度、无序蔓延。

将式（3-6）代入式（3-5），$P = \eta\omega\sqrt{G} - \rho\omega^2 G$，即可得出环境污染对人口经济密度的部分偏差：

$$\frac{\partial P}{\partial\delta} = \omega\frac{\partial G}{\partial E(\delta)}\frac{\partial E(\delta)}{\delta}\left(\eta\frac{1}{2\sqrt{G}} - \rho\omega\right) \qquad (3-12)$$

因为 $\dfrac{\partial G}{\partial E\ (\delta)} > 0$ 和 $\dfrac{\partial E\ (\delta)}{\delta} > 0$，所以 $\dfrac{\partial P}{\partial \delta}$ 的符号取决于 $\left(\eta\,\dfrac{1}{2\sqrt{G}} - \rho\omega\right)$ 的值。

当 $\left(\eta\,\dfrac{1}{2\sqrt{G}} - \rho\omega\right) > 0$ 时，即 $G < \dfrac{\eta^2}{4\rho^2\omega^2}$，城市人口的低密度扩散缓解了城市环境污染。当 $\left(\eta\,\dfrac{1}{2\sqrt{G}} - \rho\omega\right) < 0$ 时，即 $G > \dfrac{\eta^2}{4\rho^2\omega^2}$，城市人口的低密度扩散加剧了城市环境污染。换句话说，城市蔓延与环境污染之间可能存在非线性关系。

3.3.3　变量选择

3.3.3.1　被解释变量

环境污染（POL）。环境问题主要表现为空气污染、土壤污染和水污染等方面。其中，空气污染一直是影响经济社会发展以及国民生命健康的重要因素（Brajer et al.，2011）。由于数据收集的困难和局限性，为了与其他解释变量保持一定的一致性，本章选取单位面积工业二氧化硫排放量来表征环境污染，以 POL 表示，单位为 10 吨/平方千米。

3.3.3.2　核心解释变量

城市蔓延（SPR）。衡量城市蔓延的方法有很多种，主要分为单指标法和多指标法。考虑到现有数据的不完整性和计算结果存在较大误差，本章参考宋等（Song et al.，2008）和易等（Yi et al.，2014）的做法，通过市政区建成面积与相应人口的比率来描述城市蔓延。

3.3.3.3　控制变量

（1）投资水平（INV）。

一些学者认为，土地市场的过度发展、房地产的繁荣以及房地产税的提出是城市蔓延的重要因素（Boyce, 1994；Creutzig et al., 2015；Ewing, 2004）。与此同时，土地开发、交通、就业和其他因素会影响城市蔓延（Bereitschaft and Debbage, 2013；Pucher et al., 2007）。因此，本章选取固定资产投资完成情况作为控制变量。

（2）产业结构（STRU）。

现代产业结构对城市群和主要城市的发展作出了重要贡献。一般来说，在城市化进程中，工业发展带来的环境污染排放量最大（Jun and Hur, 2001）。随着产业结构的转型升级，服务业得到了蓬勃发展。第三产业比重越高，能源利用效率越高。第三产业的发展有利于提高能源利用效率。加快服务业的快速发展是优化我国大、中城市生态环境的重要手段。本章采用第三产业增加值占 GDP 的比重来表征产业结构对环境污染的影响。

（3）市场自由（FREE）。

政府在城市发展过程中发挥着主导作用（Krugman, 1991）。特别是在基于 GDP 的绩效导向评估机制下，政府往往热衷于新区开发和基础设施建设，缺乏对污染行业的必要监管，导致土地资源利用效率低下，对工业污染没有限制。本章使用财政收入占 GDP 的比例作为该变量。比例越大，政府在资源配置中的作用越大，市场自由度越低。

（4）外国直接投资（OPEN）。

国际直接投资（FDI）是指本市实际使用的外资总额，根据相应年份美元与人民币的平均汇率换算成人民币，然后计算其在 GDP 中的比例。关于外国直接投资对环境污染的影响一直存在争议，如"污染天堂理论""污染光环理论"（Hilton, 1998）。研究结果表明，在建立空间模型的基础上，FDI 对不同地区、不同属性城市环境污染的影响存在差异。"污染天堂""污染光环"的双重效应在中国都得到了验证（Meter, 2000）。

3.3.4 数据来源

目前，中国的城市蔓延在大、中城市更为严重（Qin and Liu, 2015）。

因此，本章选取中国35个大、中城市作为样本，样本涵盖了中国所有副省级市和除西藏以及港澳台地区以外的30个省份的省会城市，研究城市蔓延对环境污染的影响。我们不仅分析了大、中城市的共性特征，还分析了中国东部、中部和西部的区域差异和区域内差异，从而得出丰富而有实质性的研究结论。本章在参考现有研究的基础上，考虑到数据的可用性，选取的数据时间跨度为2000~2021年，以上指标均来自相应的年度《中国统计年鉴》《中国城市统计年鉴》，描述性统计如表3-1所示。数学模型表明，城市蔓延以非线性方式影响环境污染，城市蔓延会减少污染，直到达到一个转折点，污染开始上升，图3-1中的二次拟合分析进一步直观地显示了此特征。

表3-1　　　　　　　　面板数据的描述性统计

变量	平均值	标准差	最小值	最大值
POL	4.7782	0.5303	1.9637	5.8801
SPR	0.9412	0.4528	0.2856	3.9191
SPR^2	1.0906	1.5129	0.0816	15.3592
INV	0.5421	0.2256	0.1231	1.4533
OPEN	0.0472	0.0403	0.0001	0.3839
FREE	0.0941	0.0345	0.0071	0.2273
STRU	0.5451	0.0836	0.3795	0.8056

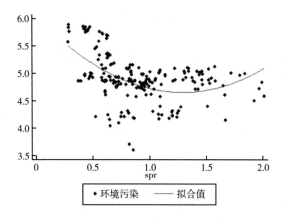

图3-1　城市蔓延与环境污染的二次拟合散点图

3.3.5 计量方法

对于面板数据，可以使用普通最小二乘（OLS）模型作为基准模型。它的优点是简单易懂，缺点是没有考虑个别影响。同时，可以将固定效应（FE）和随机效应（RE）引入个体效应。当个体效应与自变量相关时，由于随机效应模型的系数估计不一致，应采用固定效应模型。否则，随机效应模型更合适。因此，豪斯曼检验常用于验证这两种模型的适用性。

在动态面板模型设置中，将被解释变量的滞后项作为解释变量引入回归模型，使模型具有动态解释能力，但模型存在内生问题。系统广义矩量法（SYS-GMM）技术同时对原始模型和变换模型进行差分估计。系统广义矩估计（GMM），可以纠正未观测到的异方差问题、缺失变量偏差、测量误差和潜在的内生问题。

为了防止伪回归，可以进行面板单位根检验。本章使用 LLC 和 IPS 检验面板数据，结果如表 3-2 所示。检验结果表明，所有变量的差分序列相同，即 I（1）。这也揭示了所有变量在其一阶差分处都是平稳的。LLC 和 IPS 检验都表明，所有变量都以相同的顺序整合，因此变量之间可能存在长期均衡关系。

表 3-2   面板单位根检验结果

	Levin-Lin-Chu（LLC）检验			
变量	水平		一阶差分	
	截距项	截距项和趋势项	截距项	截距项和趋势项
POL	0.3335	-1.4773 **	-14.0974 ***	-4.5209 ***
SPR	-1.1902 *	-3.6850 ***	-8.2394 ***	-6.9605 ***
	Im-Pesaran-Shin（IPS）检验			
变量	水平		一阶差分	
	截距项	截距项和趋势项	截距项	截距项和趋势项
POL	1.4760	-0.7613	-11.4293 ***	-6.4110 ***
SPR	-0.2364	-0.0010	-8.2513 ***	-6.5611 ***

注：* 表示 $p < 0.1$，** 表示 $p < 0.05$，*** 表示 $p < 0.01$。

3.4　研究结果与讨论

在回归之前，我们需要进行方差膨胀系数（VIF）检验，以确保所选变量之间没有多重线性（Brueckner，2000）。通过观察表 3 - 3 列（6）中的结果，所有 VIF 值均在 1.02 和 1.15 之间（均小于临界值 10），这表明它们之间不存在多重共线性。此外，F 统计量表明，固定效应模型优于 OLS 回归模型。而豪斯曼检验表明，对于列（4）和列（5），固定效应模型优于随机效应模型。

表 3 - 3 报告了完整样本的估计结果。模型（1）在不添加控制变量的情况下进行回归，而其他模型通过逐步添加变量进行回归。列（1）~ 列（6）显示，城市蔓延在 1% 的显著水平上缓解了环境污染。由于城市蔓延是城市低密度的扩张，人口的低密度扩张将随之降低城市公共设施的利用效率，加速重复建设对土地资源的占用。但由于密度较低，居民的各种活动相对分散，对环境的压力相对较小，有利于减少环境污染。

表 3 - 3　　　　　　　　　　　　　　全样本估计结果

自变量	(1) ln POL	(2) ln POL	(3) ln POL	(4) ln POL	(5) ln POL	(6) VIF test
SPR	- 0.5815 *** (- 7.07)	- 0.7618 *** (- 8.16)	- 0.7925 *** (- 8.02)	- 0.6639 *** (- 3.23)	- 0.3910 *** (- 3.57)	1.10
$(SPR)^2$	0.1439 *** (5.61)	0.1852 *** (6.75)	0.1897 *** (6.83)	0.1571 *** (5.35)	0.0994 *** (3.36)	
INV		0.2418 *** (3.93)	0.2435 *** (3.87)	0.1994 *** (3.15)	0.1851 *** (3.07)	1.02
OPEN			0.2729 (0.76)	0.6321 ** (1.75)	0.3069 (0.89)	1.12
FREE				- 2.8035 *** (- 5.51)	- 1.8094 *** (- 3.62)	1.15

自变量	（1） ln POL	（2） ln POL	（3） ln POL	（4） ln POL	（5） ln POL	（6） VIF test
STRU					-1.7743 *** （-8.04）	1.13
_cons	4.9328 *** （58.18）	4.9073 *** （56.87）	4.8689 *** （53.65）	5.0443 *** （-4.06）	5.8483 *** （51.30）	
R^2	0.0408	0.0313	0.0176	0.0921	0.1780	
F 统计量或 Wald 值	20.82 [0.00]	22.85 [0.00]	31.08 [0.00]	15.70 [0.00]	26.76 [0.00]	
Hausman 检验	0.20 [0.91]	1.77 [0.62]	4.39 [0.36]	8.15 [0.14]	17.24 [0.00]	
模型	RE	RE	RE	FE	FE	

注：括号中数值表示 t 值或 z 值；＊表示 $p < 0.1$，＊＊表示 $p < 0.05$，＊＊＊表示 $p < 0.01$。

然而，城市蔓延二次项的回归结果显著为正，这表明在我们选定的大、中型城市中，城市蔓延与环境污染之间存在"U"型曲线关系。这一发现与之前的研究一致（An Dong and Sajor，2017；Bandeira et al.，2011；Clark et al.，2011；Ewing，1997；Fan et al.，2018）。在其他控制变量中，固定资产投资与环境污染显著正相关。回归结果显示，FDI 系数为正，但不显著；在 1% 的水平上，市场自由度显著为负，表明财政收入占 GDP 的比例越大，自由度越低，污染越严重；产业结构的系数符号在 1% 显著水平上为正。

表 3 - 3 中各列的城市蔓延系数均为负值，平方项系数均为正值，均通过显著性检验。结果表明，无论是全国、小城市、中等城市、大城市还是特大城市，城市蔓延与环境污染之间都存在"U"型曲线关系。也就是说，在中国城市蔓延的初期，城市空间的扩张将带来环境污染的下降。但当扩张达到一定程度时，随着城市蔓延的进一步扩张，城市蔓延对环境污染的负面影响将加强，城市环境污染程度将上升。也就是说，在目前的发展阶段，中国的城市蔓延还没有实现倒"U"型库兹涅茨曲线。

3.4.1　异质性分析

3.4.1.1　分区域评估

本章将 35 个大、中城市划分为东部、中部和西部地区。不同地区的城市发展和环境条件存在明显差异，城市蔓延的程度也各不相同。因此，不同地区的城市蔓延与环境污染之间的关系可能是异质的，有必要对不同地区城市蔓延对环境污染的影响进行比较分析。固定效应和随机效应也用于估计。具体结果见表 3 － 4。

表 3 － 4　　　　　　　　按区域分类的子样本估计结果

自变量	(1) 东部	(2) 东部	(3) 中部	(4) 中部	(5) 西部	(6) 西部
SPR	－ 0. 9141 *** (－ 7. 77)	－ 0. 6924 *** (－ 5. 02)	0. 1475 (0. 45)	－ 0. 1713 (－ 0. 49)	－ 1. 2037 ** (－ 3. 97)	－ 1. 8071 *** (－ 5. 11)
(SPR)²	0. 2102 *** (6. 75)	0. 1541 *** (4. 36)	－ 0. 1581 (－ 0. 92)	－ 0. 0952 *** (－ 0. 56)	0. 4696 *** (3. 65)	0. 7109 *** (4. 61)
INV		0. 7023 *** (4. 60)		0. 2097 ** (2. 12)		
OPEN				0. 0444 (0. 09)		0. 0522 (－ 0. 04)
FREE		－ 4. 1582 *** (－ 8. 65)		1. 4551 * (1. 52)		－ 2. 9757 *** (－ 3. 04)
STRU				－ 0. 6468 (－ 1. 38)		
_cons	5. 0971 *** [92. 23]	5. 4336 *** [65. 58]	4. 6779 *** (24. 32)	4. 9515 *** (19. 67)	5. 0016 *** (41. 22)	5. 3129 *** (33. 16)
R²	0. 5422	0. 2809	0. 0626	0. 0733	0. 2668	0. 1078
F 统计量或 Wald 值	13. 37 [0. 00]	31. 64 [0. 00]	3. 68 [0. 05]	3. 48 [0. 00]	2. 87 [0. 09]	18. 50 [0. 00]
Hausman 检验	3. 84 [0. 14]	10. 14 [0. 03]	0. 92 [0. 63]	32. 42 [0. 00]	1. 83 [0. 40]	2. 42 [0. 65]
模型	FE	FE	RE	FE	RE	RE

注：括号中数值表示 t 值或 z 值；* 表示 p < 0. 1，** 表示 p < 0. 05，*** 表示 p < 0. 01。

表 3 - 4 显示，总体而言，东部、中部和西部地区的城市蔓延对环境污染有积极影响，表明城市蔓延对环境污染的影响表现出较强的稳健性。毫无疑问，各地区城市蔓延对环境污染的影响程度存在一定差异。城市蔓延对环境污染的影响在中部地区最小，其次是东部地区；而城市蔓延对环境污染的影响强度在西部地区最大。不同地区之间的根本异质性在于经济发展水平，而经济能力确实会影响城市蔓延与环境污染之间的关系。经济发展水平较高的城市往往表现出较高的城市化率和城市蔓延程度。经济发展程度越高，城市蔓延对环境污染的影响越小。引入城市蔓延指数二次项后，东、西部城市蔓延与环境污染的关系呈"U"型。随着城市扩张，环境污染会先减少后加剧。

3.4.1.2 不同蔓延程度城市的评估

城市蔓延的程度存在明显差异，对环境污染的影响也可能存在显著差异。根据数据特征，低蔓延类型定义为蔓延指数小于 1，中等蔓延类型定义为蔓延指数介于 1 和 1.2 之间，高蔓延类型定义为蔓延指数大于 1.2。固定效应和随机效应也用于估计。具体结果见表 3 - 5。

表 3 - 5   **按城市蔓延分类的子样本估计结果**

自变量	(1) 高度蔓延	(2) 高度蔓延	(3) 中度蔓延	(4) 中度蔓延	(5) 低度蔓延	(6) 低度蔓延
SPR	- 0.7562 *** (- 6.19)	- 0.7341 *** (- 5.14)	0.7188 * (1.44)	0.8056 ** (1.69)	- 1.8369 *** (- 2.41)	- 2.0484 *** (- 2.60)
$(SPR)^2$	0.1866 *** (5.61)	0.1777 *** (4.70)	- 0.5510 ** (- 1.93)	- 0.4564 ** (- 1.69)	1.0132 ** (1.90)	1.1337 ** (2.06)
INV		0.1504 (1.20)				0.1717 ** (1.82)
OPEN				0.0061 (0.01)		0.3324 (0.35)
FREE		- 1.5518 * (- 1.57)		- 0.5084 (- 0.61)		- 1.5307 * (- 1.59)

续表

自变量	（1） 高度蔓延	（2） 高度蔓延	（3） 中度蔓延	（4） 中度蔓延	（5） 低度蔓延	（6） 低度蔓延
STRU				−2.2162*** （−5.64）		
_cons	4.8758*** [54.32]	5.1359*** [42.20]	4.9187*** （73.76）	5.8003*** （29.52）	5.2238*** （39.72）	5.3032*** （31.62）
R^2	0.3161	0.1938	0.2922	0.2222	0.3705	0.0864
F 统计量或 Wald 值	9.10 [0.00]	20.18 [0.00]	9.65 [0.00]	13.09 [0.00]	10.27 [0.00]	16.89 [0.00]
Hausman 检验	1.77 [0.41]	3.18 [0.52]	5.20 [0.07]	21.34 [0.00]	2.82 [0.24]	3.34 [0.64]
模型	RE	FE	FE	FE	RE	RE

注：括号中数值表示 t 值或 z 值；＊表示 $p<0.1$，＊＊表示 $p<0.05$，＊＊＊表示 $p<0.01$。

表 3−5 显示，扩散程度高和程度低的城市对环境污染的影响显著为正，而中度扩散城市的影响显著为负。对于城市蔓延程度不同的城市，城市蔓延对环境污染的具体影响是不同的。城市蔓延程度低的城市对环境污染的影响最大，其次是中度和高度蔓延的城市。引入城市蔓延指数二次项后，高度、低度蔓延类型的城市蔓延与环境污染的关系为"U"型，而中度蔓延类型的城市蔓延与环境污染的关系为倒"U"型。此外，固定资产投资水平系数显著为正，对外开放系数为正但不显著，市场自由度系数和产业结构系数显著为负。

3.4.1.3　不同污染程度城市的评估

不同城市的污染程度也有显著差异，对环境污染的影响也可能有显著差异。根据数据特征，低度污染类型定义为污染指数小于 4，中度污染类型定义为污染指数介于 4.1 和 4.5 之间，高度污染类型定义为污染指数大于 4.5。固定效应和随机效应也用于估计。具体结果见表 3−6。

表 3-6　　　　　　　　　　按环境污染分类的子组的估计结果

自变量	(1) 高度污染	(2) 高度污染	(3) 中度污染	(4) 中度污染	(5) 低度污染	(6) 低度污染
SPR	-0.2662 (-0.99)	0.0333 (1.60)	0.0749 (0.25)	0.8091*** (2.44)	-0.1931*** (-2.92)	-1.6936*** (-6.88)
(SPR)²	0.1178 (1.03)	0.0428 (4.70)	-0.1602 (-0.95)	-0.5162*** (-2.90)	1.0132** (1.90)	0.3779*** (6.46)
INV		-0.0724 (-0.98)		0.2252*** (2.69)		0.5121*** (3.75)
OPEN				-0.3714 (-0.63)		-0.7263 (-1.19)
FREE		-1.7344** (-2.35)		-0.8133 (-1.35)		0.2706 (0.20)
STRU		-0.4003 (-1.21)		-2.2717*** (-7.25)		
_cons	5.0033*** [80.91]	5.3006*** (34.28)	5.0390*** (62.05)	6.1729*** (38.35)	4.6416*** (20.28)	4.9117*** (33.33)
R²	0.4030	0.1863	0.0436	0.3142	0.0443	0.1195
F 统计量或 Wald 值	0.00 [0.97]	2.80 [0.02]	13.23 [0.00]	23.18 [0.00]	8.52 [0.00]	6.31 [0.00]
Hausman 检验	5.09 [0.07]	8.67 [0.12]	0.00 [0.99]	31.14 [0.00]	0.28 [0.86]	10.75 [0.05]
模型	FE	FE	RE	FE	RE	FE

注：括号中数值表示 t 值或 z 值；* 表示 $p < 0.1$，** 表示 $p < 0.05$，*** 表示 $p < 0.01$。

表 3-6 显示，城市蔓延对环境污染的影响在低度污染城市显著为正，在中度污染城市显著为负，而在高度污染城市不显著。对于污染程度不同的城市，城市蔓延对环境污染的具体影响是不同的。低度污染城市对环境污染的影响最大，其次是中度污染城市。在加入城市蔓延指数的二次项后，低度污染城市的城市蔓延与环境污染之间的关系为"U"型，而中度污染城市的城市蔓延与环境污染之间的关系为倒"U"型。此外，固定资产投资水平系数显著为正，开放系数为负但不显著，市场自由度系数和产业结构系数具有显著或不显著的负效应。

3.4.2　稳健性检验

为了确保估计结果的一致性，我们需要对分析结果进行一系列稳健性检验。由于所选样本的时间跨度较长，为了消除时间趋势对实证结果的影响，本章将整个样本分为两个时期：2000～2010 年和 2011～2021 年。分析结果如表 3-7 列（1）～列（4）所示。核心解释变量的系数仍然显著，并且存在时间异质性。2000～2010 年，城市蔓延对环境污染的影响呈倒"U"型，而 2011～2021 年，城市蔓延对环境污染的影响呈"U"型。

表 3-7　　　　　　　　　稳健性检验

自变量	(1) 2000～2010 年	(2) 2000～2010 年	(3) 2011～2021 年	(4) 2011～2021 年	(5) SYS-GMM	(6) SYS-GMM
L1. POL					1. 1344 *** (128. 74)	1. 0675 *** (69. 35)
SPR	0. 2552 *** (2. 76)	0. 2949 *** (2. 58)	- 1. 1658 *** (- 5. 44)	- 1. 3040 *** (- 5. 62)	- 0. 3769 *** (- 34. 51)	- 0. 0756 *** (- 3. 28)
(SPR)²	- 0. 0442 ** (- 1. 98)	- 0. 0512 ** (- 1. 90)	0. 3047 *** (4. 66)	0. 3450 *** (2. 58)	0. 0879 *** (38. 13)	0. 0160 *** (3. 76)
INV		0. 0504 (0. 69)		0. 2369 ** (1. 77)		0. 0576 *** (2. 58)
OPEN		0. 7315 *** (2. 56)		- 0. 1165 (- 0. 11)		
FREE		- 0. 6564 ** (- 1. 18)		- 1. 2629 (- 1. 37)		- 0. 6950 *** (- 3. 71)
STRU		0. 3971 * (1. 46)				- 1. 0816 *** (- 18. 21)
_cons	4. 7827 *** (52. 17)	4. 5548 *** (33. 19)	4. 9915 *** (40. 64)	4. 9507 *** (29. 88)	- 0. 5148 *** (- 12. 58)	0. 3228 *** (3. 31)
R²	0. 3515	0. 3515	0. 0654	0. 0423		
F 统计量或 Wald 值	3. 97 [0. 00]	3. 97 [0. 00]	8. 13 [0. 00]	10. 71 [0. 03]		

自变量	(1) 2000~2010 年	(2) 2000~2010 年	(3) 2011~2021 年	(4) 2011~2021 年	(5) SYS-GMM	(6) SYS-GMM
Hausman 检验	1.19 [0.55]	30.47 [0.00]	0.02 [0.99]	0.00 [0.99]		
AR (1)					0.0034	0.0031
AR (2)					0.9784	0.9841
Sargan 检验					34.6741 [0.9691]	33.3532 [0.9794]
Model	RE	FE	RE	RE	SYS-GMM	SYS-GMM

注：括号中数值表示 t 值或 z 值；＊表示 p<0.1，＊＊表示 p<0.05，＊＊＊表示 p<0.01。

模型中内生变量的存在会对模型的估计结果产生较大影响，城市蔓延的变化也会对环境污染产生影响。此外，环境污染的变化可能反过来影响城市蔓延。为了消除内生变量的影响，我们构建了动态面板模型，并采用系统广义矩估计方法对模型进行了计算。估算结果如表 3-7 所示。AR（1）和 AR（2）表明，扰动项之差存在一阶自相关，但不存在二阶自相关。因此，可以利用系统的 GMM 估计。同时，萨根检验也表明，所有工具变量均有效，模型规格合理。表 3-7 中的估计结果表明，城市蔓延和环境污染具有"U"型特征，这与之前的结果一致。其他控制变量的系数符号和显著性与前面的基本一致，表明回归结果是稳健的。

3.4.3 延伸讨论

对于呼和浩特、合肥、厦门、青岛等城市而言，城市空间的扩展具有低密度；而上海、哈尔滨、重庆、西安和杭州的城市蔓延程度并不明显。环境污染严重的城市有天津、石家庄、福州、贵阳等；北京、太原、长沙等城市的环境污染不断改善（见表 3-8）。研究结果与美国和欧洲等其他国家学者的研究结果基本一致（Poelhekke and van der Ploeg，2015；Burgalassi and Luzzati，2015）。有研究表明，城市化是促进美国总碳排放量增加的一个重要原因（Glaeser and Kahn，2010）。纳瓦穆埃尔等（Navamuel et al.，2018）讨论了西班牙城市蔓延对能源消耗和碳排放的影响。结果表明，城市蔓延使人们更加依赖汽车，导致该地区的能源消耗和碳排放显著增加。此外，我们还发现了一个有趣的现象：城市蔓延对生态环境的影响强度随着蔓延程度的增加而逐渐减弱。与秦和刘（Qin and Liu，2015）的研究类似，他们发现中国城市蔓延对生产力的影响正在逐渐减少。随着城市化进程的推进，城市蔓延对生产力和能源效率的影响正在减弱。原因在于，更大的城市规模可以促进基础设施建设，提高分工和生产技术水平，更有效地利用资源，从而降低单位产出能耗。在区域发展过程中，与城市空间结构相关的政策和规划也做出相应调整，对环境的影响正在逐渐减少。

表3-8　　　　　　　　　　　　　　详细分类和影响特征

分类	(1) 高度蔓延	(2) 中度蔓延	(3) 低度蔓延	(4) 高度污染	(5) 中度污染	(6) 低度污染
城市	呼和浩特 合肥 厦门 青岛 郑州 长沙 广州 深圳 贵阳 昆明 银川 乌鲁木齐	北京 天津 太原 大连 长春 南京 宁波 福州 南昌 武汉 海口 成都 兰州	石家庄 沈阳 哈尔滨 上海 杭州 济南 南昌 重庆 西安 西宁	天津 石家庄 呼和浩特 大连 福州 重庆 贵阳 昆明 西宁 乌鲁木齐	沈阳 长春 哈尔滨 上海 南京 杭州 宁波 南昌 济南 郑州 武汉 广州 成都 兰州 银川	北京 太原 合肥 厦门 青岛 长沙 深圳 南宁 海口 西安
环境影响	显著"U"型曲线关系	显著倒"U"型曲线关系	显著"U"型曲线关系	不显著	显著倒"U"型曲线关系	显著"U"型曲线关系

3.4.3.1　推进绿色低碳城镇化发展

城市化对碳排放既有正向影响，也有负向影响，且影响过程符合倒

"U"型曲线，城市化水平较高的国家或地区受到负面影响，而城市化水平较低或正在经历快速城市化进程（亚洲国家普遍存在这种情况）的国家或地区受到正面影响。在后一种情况下，我们建议决策者大力发展绿色低碳的城市化模式，以应对这些因素的影响，可采取以下措施，如提高城市化质量，优化公共交通系统，集中使用城市公共资源等。此外，还需要全面的公共政策来确保城市的成功转型，积极开发能够支持城市低碳转型的行业政策工具。对于工业城市来说，要关注工业部门，要重点发展先进制造业、绿色低碳经济、传统产业（如冶金、纺织、建材、化工）。除此之外，城市还需要鼓励步行、骑自行车和使用公共交通工具（如公共汽车、火车和轮船）。工业城市和人口较多的服务城市要高度重视碳去除技术的研发。消费者的选择具有相当大的脱碳潜力，因此需要在城市居民中积极推广绿色低碳理念。

低碳出行：有低碳理念的消费者愿意购买低碳车辆（纯电动汽车），长途选择公共交通，短途选择自行车或步行。

低碳生活方式：公众选择可再生能源和电力进行取暖、做饭等耗能活动，这对服务型城市至关重要。

低碳购物：低碳概念可以驱动消费者购买低碳产品和碳中和产品。同时，碳中和产品也会被很多民营企业提上日程，这就赋予了企业竞争优势。

城市在减缓气候变化方面的作用至关重要，在应对气候变化方面发挥着关键作用。在全球气候行动中，调查城市的作用是一个持续关注的问题。学者们分析了影响城市排放的因素，包括经济增长、人口增长、技术变革、制度框架、能源结构。经济增长是加速温室气体排放的关键因素，而能源效率的提升又是减排的主要原因。北京、天津、上海、重庆与能源相关的温室气体排放量的增加主要是由于经济增长。上述所有研究都表明，城市的温室气体排放与其经济有着巨大的关联。为了按时实现碳中和规划，对碳排放影响因素之间的关系进行分析是必要和关键的。排放控制、城市的经济和能源政策、服务业和能源转换行业将成为能源消耗和二氧化碳排放减少的最大贡献者。

3.4.3.2　城市碳减排的主要策略

要想降低城市的二氧化碳排放量，首先要调整产业结构，鼓励循环低碳经济，发展新型低碳能源，促进清洁生产。具体而言，就是在试点低碳城市政策的约束下，高污染、高能耗、高排放的企业生产成本增加，利润被侵蚀，在试点期间生存面临挑战。因此，这类企业可能会选择迁出试点区域，或者采取低碳生产。此外，低碳政策还会优化资本结构，促进产业结构由高投资、高排放型向清洁、低碳型转变。在实施低碳城市试点中，中央指示地方政府根据产业特点，发展优势最大化的低碳产业。在农业领域，除了生态可持续循环发展模式外，还应因地制宜地开展现代低碳农业活动。在产业内部，可对钢铁、有色金属、煤炭、电力、石油、化工、建材、纺织、造纸等重点耗能行业采用相应的节能技术和装备，通过技术改造实现低碳经济，降低工业能耗。在服务业领域，推进低碳餐饮、旅游、金融、交通、建筑等行业建设，建立碳排放最低的现代服务业。其次是研发低碳新技术，提高城市创新能力，通过技术升级减少污染排放。

"波特假说"最先提出了环境规制对技术创新的促进作用。根据"波特假说"，适当的环境监管强度不仅可以抵消企业的环境合规成本，还可以提高企业的生产率和竞争力，促进生产技术和低碳环保技术的进步，从而使碳排放得以减少。具体而言，在试点城市设立专项低碳城市发展基金，以投资补贴、贷款折扣、直接奖励、项目管理费补贴等形式，作为对生产企业的补贴，可以提高企业低碳技术研发费用，促进企业由污染向清洁转型，从而降低城市的碳排放量。本章提出以下两种假设，探索低碳城市政策的传导路径。低碳试点城市政策可能通过调整产业结构、提升城市创新能力、提高企业全要素生产率来降低城市碳排放。低碳城市试点可能会鼓励地方政府增加对低碳企业的补贴，激励低碳企业落户，或推动高污染、高排放企业向低污染、低排放企业转型，从而改变城市产业结构。低碳城市试点项目可能会鼓励企业进行研发和创新，从而提高技术，进而提高全要素生产率，减少污染废物的排放，进一步降低城市的碳排放。

3.4.3.3 中国碳达峰与碳中和的潜在路径

中国碳达峰与碳中和的潜在路径，主要涉及减排（能源转化路径、节能减排路径）、增加碳汇（碳捕集与封存路径、生态恢复与土地绿化路径）、关键技术发展路径（零碳利用、煤炭与新能源耦合、储能技术）、政策发展路径等方面。这些路径基本涉及中国社会经济发展的方方面面。中国作为制造业大国和最大的发展中国家，工业化、城镇化仍在深度发展，能源消费仍将保持刚性增长。在这样的背景下，中国政府已经提出了提高非化石能源消费比重、提高能源利用效率、减少二氧化碳排放等目标。在研究低碳城市的碳减排效果时，城市碳排放量是至关重要的数据。城市碳排放估算越准确，拟合效果越好，减排效果越可靠。现有的受核算方法和数据源限制的城市层面碳排放数据仅存在于数年或某一地区。有学者通过裁剪卫星传感器扫描到的夜间灯光数据，可以获得每个城市的二氧化碳排放数据。与现有文献中常用的排放数据不同，卫星获取的二氧化碳排放数据具有标准化、长期性、跨区域可比性，可以覆盖我国所有的城市。这使得研究人员克服了区域能源消耗数据缺乏、偏远地区无法计算排放数据的问题，避免了对非重工业企业的排除。我国政府在节能减排方面开展了大量工作，通过构建能源消费展示平台，可以获得许多有价值的能源消费数据，作为进一步分析碳排放的基础。

3.5　本章小结

城市在实现碳中和过程中发挥着至关重要的作用，城市的发展水平不同，实现碳中和目标的路径也不同。减少二氧化碳排放对于城市促进经济发展、保障稳定和繁荣至关重要。城市在应对气候变化方面做出了巨大的努力。本章选取2000～2021年中国35个大、中城市的面板数据，实证分析了城市蔓延对环境污染的影响。研究结果表明，城市蔓延与生态环境具有非线性相关关系。此外，回归结果表明，城市蔓延与环境退化之间呈"U"型曲线关系。也就是说，城市扩展有利于早期的减排和污染治理，但随着城市边界的进一步扩展，环境状况将进一步恶化。根据研究结论，提出以下政策建议。

（1）科学规划城市建设，合理控制城市蔓延。

城市蔓延总体水平较高，城市蔓延指数逐年上升。城市蔓延的显著特征是土地城市化发展快于人口城市化，大、中型城市蔓延现状导致环境污染加剧。因此，政府应根据精明增长、土地集约利用和城市增长边界理论，合理规划城市建设，合理调控土地城市化和人口城市化的发展进程。适度控制城市蔓延的增长趋势是实现城市化与环境治理协调发展的关键。

（2）新型城镇化与生态文明建设的科学结合。

将生态文明建设融入新型城镇化发展的全过程，实现两者的互动发展，对我国新型城镇化建设具有重要的现实指导意义，有助于推动生态文明建设乃至国民经济的可持续发展。我们不仅要将绿色、低碳、生态发展理念融入新型城镇化的全过程，还要制定相应的政策，减少其负面影响。通过碳税、排污权交易和能源价格市场化，调整能源消费结构，提高能源效率，以此来解决我国城市化进程中的环境污染问题。

（3）谨慎地确定城市边界。

城市蔓延对环境污染有着直接和间接的影响，是城市环境污染的重要原因之一。因此，政府应加强治理，避免城市蔓延。为了控制城市蔓延和保护生态环境，应因地制宜划定城乡建设用地规模边界、扩展边界和禁止建设用地边界。目前，要加快划定城市边界的进程，按照科学原则合理确定每个城市的边界，避免低密度的蔓延。

（4）东部和特大城市要积极引导居民转变消费观念，增强环保意识，减少生活污染。

这些城市要率先颁布相应的法律法规，加强环保知识的宣传教育，增强公民的环保和资源节约意识，提高公众对环境保护的参与度，从而有效减少居民生活污水，建设美丽城市。中、西部和大城市要加快转变经济发展方式，努力减少工业污染。积极转变经济增长方式，增强科技创新能力，促进产业转型升级，逐步减少工业污染。

| 第 4 章 |

双碳视角下的绿色技术创新

　　本章选取金砖五国（巴西、俄罗斯、印度、中国、南非）1990～2019 年的面板数据，实证探讨碳中和背景下技术创新和经济增长对碳排放的影响。格兰杰因果关系检验结果表明，技术专利与碳排放、经济增长与碳排放之间存在单向因果关系。我们还构建了一个改进的人口规模、富裕度和技术水平的可拓展的随机性的环境影响评估（STIRPAT）模型。回归结果表明，技术专利有助于实现碳减排和碳中和，而以金砖国家为代表的新兴经济体的经济增长显著提高了碳排放，但每个金砖国家都表现出不同的碳排放状况和经济发展阶段。金砖五国之间的相互作用对碳排放的影响也呈现出国别异质性。此外，环境库兹涅茨曲线（EKC）检验结果表明，俄罗斯和南非的经济增长与碳排放之间存在倒"U"型曲线关系，而巴西、印度和中国的经济增长与碳排放之间存在倒"U"型曲线关系。从金砖国家整体来看，不存在 EKC 关系。进一步的稳健性检验也验证了本章所得结论的一致性和稳定性。最后，根据研究结果提出相关政策建议。

4.1　增长、创新与低碳的协同发展

4.1.1　经济增长对碳排放的影响研究

有学者基于 1990～2012 年 17 个经济合作与发展组织（OECD）成员国的样本数据，研究了可再生能源使用、GDP 增长、创新和环境污染之间的关联（Balsalobre-Lorente et al.，2019）。他们发现，可再生能源的使用、GDP 增长和创新有利于环境质量。海达里等（Heidari et al.，2015）利用面板平滑阈值回归（PSTR）模型和固定效应技术，探讨了泰国、新加坡、菲律宾、马来西亚和印度尼西亚五个东盟经济体的电力使用、经济发展和二氧化碳排放之间的关系。他们的实证结果表明，东盟国家的碳排放量受到其电力使用的积极影响。艾尔比曼等（Albiman et al.，2015）研究了 1975～2013 年坦桑尼亚的电力使用、碳排放和经济增长之间的经验相关性。他们使用了不同的时间序列技术，包括方差分解、脉冲响应和因果关系检验。他们的研究结果表明，使用电力资源对碳排放有积极影响。这也证实了 EKC 假说的存在。此外，还有研究表明，拉丁美洲和加勒比国家的收入与能源消耗之间存在倒"U"型关系（Pablo-Romero and DeJesús，2016）。阿鲁加（Aruga，2019）发现，能源－环境库兹涅茨曲线（EEKC）假说仅出现在亚太地区的发达国家。沙巴兹等（Shahbaz et al.，2020）发现，中国 30 个省份中有 20 个省份存在 EEKC。在其他一些研究中也发现了类似的结果（Leitão et al.，2021；Haseeb et al.，2018）。扎曼和阿布代尔摩曼（Zaman and Abd-el Moemen，2017）通过选取世界上三个不同的收入群体来调查他们的用电量和 GDP 增长对碳排放的影响，实证结果证实了 EKC 和污染避难所假说（PHH）。阿尔瓦雷斯－赫兰兹等（Alvarez-Herranz et al.，2017）从 17 个经济合作与发展组织成员国中选取数据，探讨经济增长对环境污染的影响。结论表明，经济增长对环境污染有显著的正向影响。它们之间存在一个"N"形 EKC 曲线关系。陈和雷（Chen and Lei，2018）使用各种面板测量技术测算了亚洲 24 个经济体的碳排放、清洁能源使用和经济发展之间的关系。研究发现，碳排放对清洁能源的使用有积极影响，两者之间存在双向因果关系。相反，马加齐诺（Magazzino，2017）得出的结论是，从 1960～2013 年，经济增长对 19 个亚太经济合作组织（APEC）成员国的碳排放没有显著影响。

一些研究关注金砖国家碳排放与经济增长、能源消耗等因素之间的相关性。吴等（Wu et al.，2015）发现，对于金砖国家来说，巴西和俄罗斯的碳排放量随着经济增长而下降，而印度、中国和南非的碳排放量与经济增长呈正相关，也就是说，它们随着经济增长而上升。城市人口和能源消耗对所有金砖国家的碳排放都有积极影响。其他学者认为，金砖国家在经济增长与碳排放关系方面经历了各种各样的结构性变化（Xiang et al.，2021；Nawaz et al.，2021）。还有一些研究只关注金砖五国中的一个国家。戈什和坎吉拉尔（Ghosh and Kanjilal，2014）使用自回归分布滞后模型研究了 1971～2008 年印度城市化与能源消耗之间的关系。他们认为，城市化作为经济增长的主要特征之一，城市化率的上升显著增加了能源消耗。因此，建议政府在城市化发展中考虑能源规划。

4.1.2　生态创新与碳中和

大多数学者从工业角度研究了技术进步对碳排放的影响。有研究认为，技术进步和专利创新有利于改善环境（Richmond and Kaufman，2006；He and Richard，2010）。博盖西（Borghesi，2015）还认为，在技术创新的背景下，减排技术将产生学习效益，从而降低碳减排成本。埃西莫格鲁等（Acemoglu et al.，2012）发现，技术进步可能会增加或减少二氧化碳排放。可再生能源消费对二氧化碳排放有积极影响，这意味着使用可再生能源消费可以显著减少温室气体排放（Balsalobre-Lorente et al.，2021）。董等（Dong et al.，2020）在 120 个国家的样本中发现，可再生能源消费对二氧化碳排放产生负面影响，这意味着使用可再生能源消费可以改善生态环境，实现碳减排。毕雷加德（Bjerregaard，2010）认为，研发合作有利于整合和利用外部知识和技术，促进科研合作和信息共享,实现区域协同创新和发展。阿波吉斯等(Apergis et al.,2013)发现,技术创新可以鼓励企业淘汰落后流程,使用节能技术,形成绿色产业链,降低碳排放强度。王和张(Wang and Zhang,2020)认为,增加研发投资对经济增长与环境压力脱钩具有积极影响。伊布拉辛和阿吉德(Ibrahim and Ajide,2021)研究发现,能源创新可以减少碳排放。

碳排放主要导致环境退化和全球变暖。然而,碳中和目标于 2020 年提出,旨在到 2030 年将化石燃料产量每年减少 6%,以实现无碳环境(Erdogan,2021;Ji et al.,2021;邹绍辉和刘冰,2021)。特别是,2030 年停止化石燃料生产将使排放量比 2010 年减少约 45%,比 1990 年减少 60%。因此,为了实现碳中和的目标,一些人主张必须制定碳价格,必须停止对化石燃料生产的补贴,应该限制或控制新的燃煤电厂(Turken et al.,2020;胡剑锋等,2021)。碳排放减少有助于实现碳中和,同时通过结合 GDP 增长和清洁能源创新,可以实现碳中和的目标(Robalino-López et al.,2014)。虽然可再生能源和不可再生能源的使用都促进了经济增长,但不可再生能源的消耗也增加了碳排放,这是碳中和的一个障碍。相反,清洁能源创新减少了碳排放(Le et al.,2020;黄鲁成等,2022)。拉扎克等(Razzaq et al.,2021)利用月度数据得出了金砖国家绿色技术创新与碳中和之间的相互联系。甘达(Ganda,2021)研究发现,创新对环境质量产生了相当大的非线性影响。为了实现澳大利亚的碳中和目标,即在 2050 年将二氧化碳和温室气体(GHG)排放量减少 80%(Wolfram et al.,2016;吴文值等,2022),采用了基于情景的混合生命周期评估,通过 7 种发电技术,而非可再生能源渗透,来检查整个经济体的碳足迹。他们发现,可再生能源和可再生电力是实现碳中和的重要因素。对于收入水平不同的国家,杰布里等(Jebli et al.,2020)采用系统广义矩法和格兰杰因果关系技术,对 1990～2015 年的 102 个国家进行了研究。研究结果证实,清洁能源创新对碳中和目标有积极贡献。发展中经济体要实现全面无碳环境绝非易事。大多数研究表明,生态创新在减少碳排放方面起着至关重要的作用(Bibi et al.,2021)。世界能源结构需要从传统化石能源向可再生能源过渡,以实现碳中和。然而,高昂的过渡成本确实在一定程度上阻碍了经济发展（刘仁厚等，2022）。此外，向可再生能源的彻底转型将导致发展中国家陷入两难境地，整个技术革命将导致一些部门的收缩和破产（Semieniuk et al.，2021）。

现有的研究工作为本书奠定了坚实的基础。综上所述，碳排放的影响因素趋于多样，这也是研究者的重点课题之一。碳排放影响因素的实证方法较多采用环境压力控制模型（IPAT）STIRPAT 模型、Kaya 方程、EKC 曲线、面板模型等。然而，就研究对象而言，对金砖国家碳排放影响因素的研究较少。大多数有关碳排放的文献都集中在一个金砖国家。随着金砖国家自身经济发展实力的不断提高，金砖国家在当前世界经济体系中的"稳定器"作用也越来越突出。因为金砖国家在快速发展经济的同时，也伴随着高能耗、高碳排放的问题，所以有必要对金砖国家的碳排放进行深入研究。随着经济的发展，碳排放问题日益严重。现有关于经济、科技与碳排放之间影响关系的研究尚不确定。因此，选择技术创新与经济增长作为主要研究变量具有重要的理论和政策意义。鉴于上述研究的缺陷和局限性，本章旨在填补研究空白，并从三个方面与现有研究进行区别。首先，在研究对象方面，本章基于EKC 假设，考察了经济增长对碳排放影响的阶段性特征。另外，加入技术专利因素，生成交互项，观察碳减排效果。其次，在研究框架方面，将创新和环境因素纳入经济增长分析框架，构建了包括环境部门和创新部门在内的产出方程。最后，在研究内容上，本章通过考虑三个变量的双向反馈，系统地论证了三个变量之间的相互作用。从生产过程的角度，构建了一个考虑创新和环境污染的内生增长模型，并结合污染方程进行了分析。

4.2　模型构建与数据方法

4.2.1　社会福利效用函数

人们逐渐意识到减少温室气体排放的重要性，对碳排放净增加的警惕性越来越强。这种警惕意识已经开始影响人们的消费和生活方式。根据罗默（Romer，1990）的代表个人跨期效用最大化的拉姆齐模型，本章采用人均弹性效用函数的代表形式。就消费而言，代表性工人对气候变化的警惕性表现为大气中的累积碳排放存量，并引入了效用函数，即：

$$U_t(C_t) = \frac{C_t^{1-\omega} - 1}{1 - \omega} - \frac{S^{1+\theta} + 1}{1 + \theta} \qquad (4-1)$$

考虑到上述限制，为了最大限度地提高跨时期福利，需要实现以下条件：

$$\max \int_0^\infty e^{-\pi t} \left(\frac{C_t^{1-\omega} - 1}{1 - \omega} - \frac{S^{1+\theta} + 1}{1 + \theta} \right) dt \qquad (4-2)$$

其中，C_t 是消费，S_t 是历史上人类生产和生活活动在大气中累积的净碳排放量。π 是时间折扣率，$\pi > 0$ 表示消费者对当前消费的偏好，其值越小，说明代表性消费者的可持续发展意识越强。ω 是相对风险规避系数（跨期替代弹性的倒数），且 $\omega > 0$。θ 是应对气候变化的行为意识参数和预防气候变化的偏好程度，且 $\theta > 0$。

4.2.2　稳态增长路径的求解

研发资金向技术开发部门投入，从而积累技术资金。这里，我们假设投入最终产品生产部门的比例为 b，而且 α、β、η 表示生产要素的产出弹性。

$$g_Y = g_K = g_C = \beta(\varphi - \zeta) \left[(1 - \alpha) + \beta(\tau - 1) + \frac{\eta(\tau - 1)}{1 + \delta} \right]^{-1} \qquad (4-3)$$

$$g_H = \frac{(1 - \alpha)(1 + \delta) + \eta(\tau - 1)}{(1 + \delta)\beta} g_Y \qquad (4-4)$$

$$g_P = g_S = \frac{1 - \tau}{1 + \delta} g_Y \qquad (4-5)$$

$$g_Y = g_K = g_C = \frac{\varphi b - \zeta}{\tau - 1} \qquad (4-6)$$

当经济增长率大于零（$g_Y > 0$）且二氧化碳增长率小于零（$g_P < 0$）时，需要满足 $\tau > 1$ 和 $\varphi > \zeta$。在稳定状态下，长期经济增长率大于零，二氧化碳的增长率小于零。此时，居民消费的边际效用需要大于1，人力资本的产出效率需要大于时间折现率。$\tau > 1$ 的经济意义在于，消费者消费的基本效用下降，人们更关注当前消费而非储蓄，未来投资机会减少。没有过度的储蓄和投资，能源消耗就会减少。尽管在稳定状态下牺牲了一定的潜在经济增长率，但减少了二氧化碳排放量和对环境的破坏。因此，在考虑了二氧化碳排放的负面影响后，消费者放弃了潜在的高经济增长率，以换取大气环境的持续改善。技术和资本的增长率如图4-1所示。当技术创新速度加快时，将影响均衡增长路径，也就是说，总产出和人均GDP的增长率都将提高。

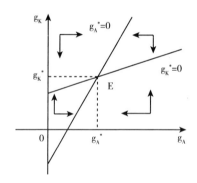

图4-1　技术与资本增长率动态相图

注：* 表示增长率。

4.2.3　创新、增长和碳排放之间的相关性

根据极大值原理，构造了汉密尔顿函数。在能源消费和碳排放双重约束下，经济增长的最佳模式是：

$$H = U(C,P) + \lambda_1(\Theta S - \sigma Y) + \lambda_2(Y - C) + \lambda_3(\rho\varepsilon\sigma Y - \mu P)$$

$$(4-7)$$

其中，C 是家庭消费；P 是碳排放量；C 是能源消耗的存量规模；Y 是经济产出；Θ 是传统能源的边际替代率；σ 是能源消耗强度；μ 是技术创新对碳排放的约束变量系数；ε 是传统能源的碳排放系数；λ_1、λ_2、λ_3 分别是能源消耗、资本规模、单位时间碳排放的影子价格。根据"汉密尔顿现值"的计算公式，可以得到调节变量 C 和 σ 的一阶约束条件：

$$p^{-\Phi} = \lambda_2 \qquad (4-8)$$

由此，得出了 λ_1、λ_2、λ_3 约束下技术创新、碳排放、能源消耗之间关系的计算公式：

$$\lambda_1\left(-Y - \frac{\gamma}{1-\gamma}Y\right) + \lambda_2\left(\frac{\gamma}{1-\gamma}\frac{Y}{\sigma}\right) + \lambda_3\left(Y + \frac{\gamma}{1-\gamma}Y\right) \qquad (4-9)$$

基于此，技术创新、经济增长、碳排放在 λ_1、λ_2、λ_3 约束下的欧拉方程可以得到：

$$\overline{\lambda_1} = (\Omega - \Theta)\lambda_1 \qquad (4-10)$$

$$\overline{\lambda_2} = \Omega\lambda_2 - \left(\lambda_1\sigma\frac{\partial Y}{\partial K} + \lambda_2\frac{\partial Y}{\partial K} + \lambda_3\rho\varepsilon\sigma\frac{\partial Y}{\partial K}\right) \qquad (4-11)$$

$$\overline{\lambda_3} = \Omega\lambda_3 + \frac{P^{1-\upsilon}}{P^{2(1-\upsilon)}} + \mu\lambda_3 \qquad (4-12)$$

通过式（4-8）和上述欧拉方程，可以推导出技术创新、碳排放和经济增长的相关度测算公式：

$$\frac{1}{\Phi}\frac{\lambda_2}{\lambda_1} = \frac{1}{\Phi}\left(\frac{\Theta\lambda_1 + \rho\lambda_3\varepsilon\mu + P^{\Phi-2}}{\lambda_1 - \lambda_3\rho\varepsilon} - \Omega - \frac{\sigma}{\sigma}\right) \qquad (4-13)$$

在可持续经济增长的道路上，技术创新、资本、能源消耗的增长率趋于一致。从式（4-13）可以看出，当区域经济增长率呈现正增长趋势时，约束如下：

$$\frac{\upsilon\lambda_1 + \rho\lambda_3\varepsilon\mu + PA^{\sigma-2}}{\lambda_1 - \lambda_3\rho\varepsilon} > \Omega + \frac{\sigma}{\sigma} \qquad (4-14)$$

假设经济增长满足客观约束条件，我们可以深入分析以碳排放为代表的关键变量与经济增长之间的关系。经济增长与抑制碳排放的技术进步系数呈正相关。因此，合理加强绿色创新和节能减排，不仅可以显著促进经济增长，还可以有效遏制碳排放规模。

4.2.4　计量模型设定

通常地，IPAT（人口规模、富裕度、技术水平）模型和改进的 STIRPAT 模型被用于研究碳排放的影响因素。20 世纪 70 年代，埃尔利希和霍尔德伦（Ehrlich and Holdren，1971）建立了著名的用于评估环境压力的 IPAT 公式，该公式已被广泛使用。作为 IPAT 模型的衍生形式，STIRPAT 可以克服 IPAT 模型 "各种因素以相同比例影响汽车碳排放" 假设的不足。这是 IPAT 模型的修改和扩展。方程的具体表达式为：

$$I = P \times A \times T \tag{4-15}$$

其中，I 表示环境压力；P 表示总体；A 表示人均 GDP；T 表示单位 GDP 的环境负荷。IPAT 模型将环境影响视为人口、技术和富裕程度的函数。

$$I = f(P, A, T) \tag{4-16}$$

在本章中，我们选择了迪茨和罗萨（Dietz and Rosa，1994）提出的改进非线性随机回归 STIRPAT 模型。STIRPAT 模型摒弃了单位弹性的假设，增加了随机性以便于实证分析，并可以通过技术项目的分解来评估各种类型的驱动因素（如城市化和产业结构）对环境压力的影响。STIRPAT 模型克服了 IPAT 模型中 "所有影响因素都以相同比例影响环境压力" 假设的不足，是对 IPAT 模型的修正和扩展。具体公式如下：

$$I_i = aP_i^b \times A_i^c \times T_i^d \times e_i \tag{4-17}$$

如果二氧化碳排放量用于表示环境影响，则模型表达式为：

$$CE_i = \lambda P_i^b \times A_i^c \times T_i^d \times \varepsilon_i \tag{4-18}$$

STIRPAT 模型不仅可以估计每个变量的系数值，还可以根据研究对象添加、修改或分解相关影响因素。STIRPAT 模型可以调整以满足各种分析需要。我们使用城市化率（URB）表示人口规模变量，资本形成率（CAP）表示富裕度变量，工业增加值比例（IND）表示技术水平变量。同时，我们引入了技术专利与经济增长的互动项和经济增长的二次项，分别考察了它们对碳排放的影响。之后，将它们组合成上述方程，然后采用数据的自然对数形式。因此，改进的 STIRPAT 模型的公式可以进一步转换为以下形式：

$$\ln CE_{it} = \alpha_0 + \alpha_1 \ln INNO_{it} + \alpha_2 \ln EG_{it} + \alpha_3 \ln URB_{it}$$
$$+ \alpha_4 \ln CAP_{it} + \alpha_5 \ln IND_{it} + \varepsilon_{it} \qquad (4-19)$$

然后，我们在这些公式的两侧取时间 t 的一阶导数，并得到方程（4-20），它表明了冲击机制：

$$\frac{dCE/dt}{CE} = \alpha_1 \frac{dINNO/dt}{INNO} + \alpha_2 \frac{dEG/dt}{EG} + \alpha_3 \frac{dURB/dt}{URB}$$
$$+ \alpha_4 \frac{dCAP/dt}{CAP} + \alpha_5 \frac{dIND/dt}{IND} + \varepsilon_{it} \qquad (4-20)$$

在加入满足标准假设的常数项以及相互作用项和二次项后，式（4-20）进一步扩展为：

$$\dot{CE} = c + \alpha_1 \dot{INNO} + \alpha_2 \dot{EG} + \alpha_3 (\dot{INNO} \times EG)$$
$$+ \alpha_4 \dot{URB} + \alpha_5 \dot{CAP} + \alpha_6 \dot{IND} + \varepsilon_{it} \qquad (4-21)$$

$$\dot{CE} = c' + \beta_1 \dot{INNO} + \beta_2 \dot{EG} + \beta_3 (\dot{EG})^2$$
$$+ \beta_4 \dot{URB} + \beta_5 \dot{CAP} + \beta_6 \dot{IND} + \varepsilon_{it} \qquad (4-22)$$

技术创新和经济增长对碳排放的影响方向主要取决于 α 和 β 的取值。如果 α，β ≤ 0，则影响为负或零，则意味着技术创新和经济增长减少了碳排放；如果 α，β > 0，那么影响是正向的，这意味着技术创新和经济增长会增加碳排放。

4.2.5 变量选择

4.2.5.1 被解释变量

碳排放（CE）。衡量碳排放程度的常用指标包括总碳排放量、人均碳排放量和碳排放强度。人均碳排放量是指一个国家或地区的总碳排放量占相应人口的比例。这一指标可以衡量个人的碳排放量，反映出个人在实现发展目标和在人类社会发展中使用自然资源方面享有平等的权利（Shafiei and Salim，2014）。因此，从现有的生产和消费方式来看，该指标能够很好地反映整个社会居民的生活水平和碳排放的人际公平性，其单位为公吨。

4.2.5.2 核心解释变量

（1）技术创新（PAT）。

碳排放强度的降低或能源效率的提高源于持续的技术进步和技术创新（Raghutla and Chittedi，2020）。要加大科技投入，鼓励和推动金砖国家在能源开发、加工、转化和利用等领域应用和推广高效技术，大力发展低碳技术，尽快走上发展低碳经济的道路。这是金砖国家按计划实现既定减排目标的有效途径。本章选取授权专利申请数量来表征技术创新水平。

（2）经济增长（EG）。

随着经济和社会现代化的推进，人们对资源的需求日益增加。资源的大量消耗不仅直接导致自然资源的匮乏和枯竭，还可能导致大量环境污染物的排放，加大了自然环境生态系统自我恢复的压力，严重破坏了自然的平衡。根据环境库兹涅茨曲线（EKC）理论，基于学者的研究（Haseeb et al.，2017），随着经济不断增长，碳排放强度呈现出一个"先增后减"的内生过程。因此，本章选取人均GDP（2010年美元不变价格）及其二次项来验证EKC假设。

4.2.5.3 控制变量

（1）城镇化（URB）。

城市化人口转移对能源和碳排放的影响是明显的。城市化进程中高能耗的增长特征是影响金砖国家能源需求和碳排放的重要因素。城市化率的变化将引起能源消费结构的变化，生活方式的现代化将增加城市化过程中的能源消费。因此，城市化率的提高预计将导致二氧化碳排放量的增加。

（2）固定资本形成额（CAP）。

资本形成与能源消费之间存在着双向联系，投资是能源消费的重要驱动力（Satrovic et al.，2020）。因此，有必要吸引绿色能源生产的投资。固定资本投资产生的能源消耗通常会对二氧化碳排放产生积极影响。在改善总资本形成以促进经济增长的同时，决策者需要意识到资本形成对环境的负外部性。

（3）工业发展（IND）。

金砖国家碳排放量的增加主要是由于工业增加值的加速增长，导致终端能源消耗大幅增加。对于发展中国家来说，第二产业的发展对碳排放具有决定性的影响。本章利用工业增加值与地区生产总值的比值来反映产业结构对碳排放的影响。

4.2.6 数据来源和特征

鉴于数据收集的可得性和局限性，并与其他解释变量保持一定的一致性，本章构建了金砖五国 1990～2019 年的跨国面板数据。所有数据均来自世界银行世界发展指标（WDI）数据库。

为了确保金砖国家变量之间的长期均衡关系稳定，并获得更稳健的估计结果，需要将变量转换为同阶积分。因此，取变量的自然对数。此外，基于 EKC 理论，将 EG 的二次项作为核心变量之一加入。表 4-1 给出了处理后的金砖国家变量的描述性统计值。变量的相关系数如表 4-2 所示。图 4-2 和图 4-3 显示了核心解释变量和解释变量之间关系的散点图。

表 4 - 1 数据的统计性描述

变量类型	变量名	符号	平均值	标准差	最小值	最大值	方差	偏度	峰度
因变量	碳排放	CE	5.1862	3.8714	0.6421	14.6332	14.9884	0.4693	1.8892
核心自变量	技术创新	PAT	4.1101	0.4451	3.3376	5.1961	0.1981	0.6843	2.8357
	经济增长	EG	3.6375	0.4082	2.7601	4.0835	0.1666	-0.8296	2.2135
	经济增长二次项	EG^2	13.3971	2.8347	7.6178	16.6757	8.0359	-0.7376	2.0665
控制变量	城镇化	URB	1.7264	0.1748	1.4073	1.9386	0.0305	-0.5573	1.7959
	固定资本形成	CAP	1.3714	0.1058	1.2597	1.6485	0.0181	0.5478	2.1434
	产业发展	IND	1.4881	0.1058	1.2597	1.6772	0.0112	0.2223	2.3649

表 4 - 2 变量的相关性矩阵

变量	CE	PAT	EG	URB	CAP	IND
CE	1.0000					
PAT	-0.0826	1.0000				
EG	0.5698	0.0689	1.0000			
URB	0.4323	-0.0559	0.9421	1.0000		
CAP	-0.1812	0.7093	-0.4635	-0.5877	1.0000	
IND	0.2266	0.3054	-0.2551	-0.3787	0.6729	1.0000

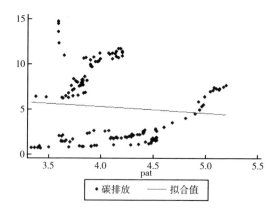

图 4 - 2 技术创新和碳排放的关系散点图

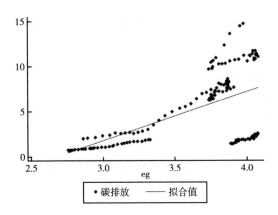

图 4 - 3 经济增长和碳排放的关系散点图

4.3 实证研究

基于扩展的 STIRPAT 模型，本章选择人口因素（城市人口占总人口的百分比）、富裕因素（人均国民总收入的年增长率）和技术因素（工业增加值占 GDP 的百分比），并引入人均 GDP 的二次项来验证金砖国家是否存在 EKC 曲线。EKC 曲线表明，环境污染与经济增长之间存在倒"U"型关系。在经济快速发展的初期，为了保持其快速增长的需求，很可能会暂时搁置环境保护的重要性，从而付出一些经济代价，如生态资源的损失和牺牲。当经济达到一定水平时，环境保护的重要性就凸显出来，有关部门会采取相关措施减轻环境污染。

4.3.1 面板单位根检验

为了避免伪回归的发生，本章先分析了相关数据的平稳性。该方法的理论基础是时间序列的稳定性受其影响因素的稳定性影响，也就是说，当均值、方差和协方差等因子的值不随时间变化时，我们可以确定序列是稳定的。本章使用 LLC（Levin-Lin-Chu）和 IPS（Im-Pesaran-Shin）检验，结果列于表 4 - 3。结果表明，所有变量都有单位根，在一阶差分中是平稳的，因此是 I（1）序列。值得注意的是，IPS 检验表明 PAT 在水平截距方面的平稳性，但在截距和时间趋势方面的不稳定性。经过一阶差分后，结果表现出较好的平稳性和显著性。根据要求，被调查变量具备协整检验的条件。

表 4 - 3　　　　　　　　　　面板单位根检验结果

Levin-Lin-Chu（LLC）检验				
变量	水平		一阶差分	
	截距项	截距项和趋势项	截距项	截距项和趋势项
CE	- 1. 0227	0. 1056	- 2. 0369 **	- 0. 9861 *
PAT	0. 1214	9. 8125	- 16. 3105 ***	- 2. 7071 ***
EG	0. 1577	2. 1410	- 2. 8355 ***	- 2. 1696 **

Im-Pesaran-Shin（IPS）检验				
变量	水平		一阶差分	
	截距项	截距项和趋势项	截距项	截距项和趋势项
CE	- 0. 0269	- 2. 0724 **	- 3. 9153 ***	- 1. 0071 *
PAT	- 3. 8448 ***	- 0. 9165	- 11. 1120 ***	- 8. 3796 ***
EG	0. 7329	- 0. 5856	- 4. 9789 ***	- 3. 0150 ***

注：* 表示 $p < 0.1$，** 表示 $p < 0.05$，*** 表示 $p < 0.01$。

4.3.2　面板协整检验

通过单位根检验后，还需要检验变量之间是否存在长期均衡关系。这种关系主要表现为：存在两个或两个以上的非平稳变量，它们之间存在平稳的线性组合关系。本章通过对各变量的协整检验来验证上述关系是否存在。建立变量间回归方程的前提是满足协整关系，不存在伪回归现象。本章需要检验两个变量之间的协整关系，因此，采用了佩德罗尼（Pedroni）协整检验。该方法主要通过检验协整方程的残差项是否独立来检验两个变量之间协整关系的存在性。表 4 - 4 中的结果显示，7 个统计检验数据中有 5 个验证了所选变量之间是否存在协整关系。有令人信服的证据表明，碳排放、技术创新和经济增长序列具有长期均衡关系。

表 4 - 4 面板协整检验结果

Pedroni 检验		
变量	截距项	截距项和趋势项
Panel v	1. 6013 **	0. 1343
Panel rho	- 0. 9847	2. 0311
Panel PP	- 8. 9912 ***	- 6. 0393 ***
Panel ADF	- 9. 4826 ***	- 6. 1206 ***
Group rho	3. 1676	5. 1711
Group PP	- 5. 8689 ***	- 7. 6701 ***
Group ADF	- 12. 8016 ***	- 4. 3523 ***

注：＊表示 p < 0. 1，＊＊表示 p < 0. 05，＊＊＊表示 p < 0. 01。

4. 3. 3　面板因果关系检验

格兰杰因果检验在判断变量之间是否存在因果关系方面具有显著优势，并在实证领域得到了广泛应用。它可以证明一个数量的变化是否会导致另一个数量的变化。如果研究表明，包含过去信息的两个变量对变量 Y 的预测效果是否优于仅研究单个变量 Y 的过去信息，则证明优先选择包含过去信息的两个变量的预测效果比简单使用单个变量 Y 更准确。此时，变量 X 可以看作变量 Y 的格兰杰因果关系。我们还使用 Dumitrescu-Hurlin 因果关系检验来验证结果的可靠性。表 4 - 5 中的结果表明，从技术专利到碳排放以及从经济增长到碳排放之间存在单向因果关系。

表 4 - 5 面板因果关系检验结果

（a）PAT→CE	滞后期	Granger F-statistics	Dumitrescu-Hurlin Z 统计量
	1	9. 6848 ***	3. 5678 ***
	2	2. 1573 *	2. 4862 **
	3	1. 1334	2. 1261 **

续表

(b) CE→PAT	滞后期	Granger F-statistics	Dumitrescu-Hurlin Z 统计量
	1	2.5641 *	−0.0025
	2	1.5424	0.3123
	3	1.9251 *	−0.7277
(c) EG→CE	滞后期	Granger F-statistics	Dumitrescu-Hurlin Z 统计量
	1	0.0088	3.1742 ***
	2	6.5597 ***	3.1058 ***
	3	3.4836 **	2.2509 **
(d) CE→EG	滞后期	Granger F-statistics	Dumitrescu-Hurlin Z 统计量
	1	1.4741	10.0118 ***
	2	0.3833	5.1367 ***
	3	0.7758	3.7646 ***

注：* 表示 $p < 0.1$，** 表示 $p < 0.05$，*** 表示 $p < 0.01$。

4.3.4 全样本检验

全样本检验估计结果如表 4−6 所示。

表 4−6　　　　　　　　全样本估计结果

自变量	(1) CE	(2) CE	(3) CE	(4) CE	(5) CE	(6) VIF 检验
PAT	−1.8516 *** (−6.18)	−3.7762 *** (−3.22)	−0.2832 (−0.24)	−3.5746 *** (−3.15)	−4.2857 *** (−3.53)	1.39
EG	8.3895 *** (14.54)	5.7155 *** (3.40)	7.4116 *** (4.89)	5.4191 *** (3.32)	0.7562 (0.45)	1.36
PAT×EG		0.5912 ** (1.69)	−0.5181 (−1.47)	0.5924 ** (1.76)	0.8618 *** (2.28)	
URB		0.1277 *** (6.50)		0.1309 *** (7.45)		1.45
CAP				−0.0504 *** (−3.63)	−0.0170 * (−3.62)	1.70

续表

自变量	(1) CE	(2) CE	(3) CE	(4) CE	(5) CE	(6) VIF 检验
IND					0.0915 *** (5.94)	1.30
_cons	− 17.7204 *** (− 7.23)	− 8.9294 * (− 1.55)	− 20.1773 *** (− 4.02)	− 8.5413 ** (− 1.66)	− 3.2009 (− 0.62)	
R^2	0.7278	0.7331	0.7947	0.7559	0.8456	
F 统计量或 Wald 值	387.30 [0.00]	395.49 [0.00]	136.41 [0.00]	109.15 [0.00]	126.89 [0.00]	
Hausman 检验	0.37 [0.94]	1.19 [0.87]	139.85 [0.00]	140.21 [0.00]	137.95 [0.00]	
模型	RE	RE	FE	FE	FE	

注：＊表示 $p<0.1$，＊＊表示 $p<0.05$，＊＊＊表示 $p<0.01$。

在进行回归之前，有必要确保变量之间没有多重线性。通过方差膨胀系数（VIF）检验，表 4 - 6 中列（6）的结果表明，VIF 值在 1.40 ~ 1.70，小于临界值 10。因此，我们确定所选变量之间不存在多重共线性。F 统计值表明，固定效应模型优于 OLS 估计模型。豪斯曼检验表明，列（3）、列（4）和列（5）应使用固定效应估计模型，而列（1）和列（2）应使用随机效应估计模型。对于几乎所有的模型，技术专利系数都显著为负，这意味着技术创新可以提高能源效率，减少污染物和二氧化碳排放。几乎所有模型的经济增长系数都显著为正，表明以金砖国家为代表的新兴经济体，经济与环境的关系并不平衡，经济过度发展带来了大量的能源消耗和温室气体排放。接下来，我们生成交乘项 PAT×EG，以研究技术专利和经济增长之间的互动如何影响碳排放。结果表明，尽管结果显著为正，但与经济增长相比，系数值变小，表明现阶段的技术创新水平尚未有助于经济增长与碳排放脱钩，但有助于减少碳排放规模。对于其他控制变量，城市化和工业化的改善导致了碳排放量的显著增加，而资本形成虽然影响效果不明显，但其对碳排放有一定的抑制作用。

4.3.5　分样本检验

表 4 - 7 中的实证结果表明，交乘项对金砖五国的影响具有国别异质性。巴西、印度和中国的技术专利和经济增长可以抑制碳排放，但相互作用项显著为正，表明现有技术水平无法确保同时促进经济增长和碳减排。相反，南非的技术专利和 GDP 增长显著改善了碳排放，它们的相互作用有助于实现碳减排与碳中和。技术专利和经济增长对俄罗斯的碳排放没有显著影响。控制变量对不同国家的碳排放有显著的正或负影响。

表 4 - 7　　　　　　　　　按国家分类的分样本估计结果

自变量	(1) 巴西	(2) 俄罗斯	(3) 印度	(4) 中国	(5) 南非
PAT	- 51.8151 *** (- 3.68)	19.5943 (0.64)	- 2.7361 *** (- 3.11)	- 23.9217 *** (- 11.58)	158.6698 *** (2.46)
EG	- 56.3271 *** (- 3.49)	30.9502 (1.02)	- 2.4377 ** (- 1.92)	- 23.2230 *** (- 9.35)	177.3566 *** (2.72)
PAT × EG	13.3019 *** (3.72)	- 5.2125 (- 0.68)	0.9385 *** (2.94)	7.5996 *** (10.81)	- 41.7387 *** (- 2.44)
URB	0.0131 (0.70)	- 1.2922 *** (- 3.39)	0.0337 (0.35)	- 0.2221 ** (- 1.97)	- 0.1529 *** (- 3.28)
CAP	0.0129 * (1.53)	- 0.0196 (- 1.04)	- 0.0012 (- 0.20)	- 0.0163 (- 1.10)	0.0209 (0.66)
IND	- 0.0247 *** (- 3.01)	0.1670 *** (3.35)	- 0.0050 (- 0.44)	0.1468 *** (4.27)	- 0.1135 *** (- 2.08)
_cons	220.7013 *** (3.51)	- 17.3955 (- 0.13)	7.1731 ** (2.05)	76.1756 *** (11.39)	- 654.766 *** (- 2.66)
R^2	0.9287	0.9113	0.9880	0.9968	0.9257
F 统计量或 Wald 值	63.93 [0.00]	39.40 [0.00]	315.31 [0.00]	1177.62 [0.00]	47.77 [0.00]

注：* 表示 $p < 0.1$，** 表示 $p < 0.05$，*** 表示 $p < 0.01$。

除印度外，金砖国家的城市化水平已达到50%以上。参照当前国际城市快速发展的城市化进程，当城市化率达到50%～70%时，城市扩张的驱动因素将逐渐转变为产业技术水平进步、知识溢出等各种创新因素驱动的发展。国家或地区城镇化水平达到一定水平后，社会将逐步迈向健康可持续发展的新阶段，碳排放等重大环境问题将在社会发展中逐步缓解。资本形成对金砖国家的影响并不显著，因为金砖国家的资本规模仍需改善。产业结构有利于巴西和南非实现碳减排，而俄罗斯和中国的碳排放量有所增加。巴西和南非的经济发展呈现出"去工业化"的趋势，服务业在经济结构中的比重逐年上升。俄罗斯和中国的清洁生产和可再生能源消费比例相对不高。

4.3.6 金砖国家 EKC 检验

表4-7中的结果表明，经济增长对碳排放的影响是不均匀的。因此，有必要检验金砖国家是否存在 EKC 曲线，以厘清这些国家碳减排和碳中和的方向。我们在回归模型中加入了经济增长的二次项。从单个国家的角度来看，金砖国家城市化率与碳排放之间的非线性拟合关系是多种多样的。表4-8中的回归结果表明，俄罗斯和南非存在 EKC 曲线，即经济增长与碳排放之间呈倒"U"型曲线关系。然而，巴西、印度和中国的经济增长与汽车碳排放之间的关系呈"U"型曲线。金砖国家内部存在差异的原因可能是各国经济发展水平不同。金砖国家包括中低收入国家、中等偏上收入国家和高收入国家。此外，各国对环境保护和污染控制的重视程度各不相同，这也导致了碳排放动态扣除过程的差异化。

表4-8　　　　　　　　　　　金砖五国 EKC 检验结果

自变量	(1) 巴西	(2) 俄罗斯	(3) 印度	(4) 中国	(5) 南非
PAT	0.5196 *** (2.78)		-0.0942 (-0.80)	0.6592 (0.96)	1.3194 *** (2.67)
EG	-269.4311 *** (-2.83)	209.9918 *** (2.63)	-6.9591 ** (-1.93)	-63.6825 *** (-4.96)	615.1604 *** (2.33)

续表

自变量	(1) 巴西	(2) 俄罗斯	(3) 印度	(4) 中国	(5) 南非
EG²	33. 9405 *** (2. 87)	− 25. 9371 *** (− 2. 54)	1. 2705 ** (1. 82)	9. 5498 *** (4. 13)	− 78. 4235 *** (− 2. 26)
URB	0. 0116 (0. 56)		0. 1036 (1. 03)	0. 1437 (0. 74)	− 0. 1238 *** (− 2. 57)
CAP	0. 0034 (0. 43)	− 0. 0086 (− 0. 49)	− 0. 0037 (− 0. 58)	− 0. 0013 (− 0. 05)	0. 0057 (0. 18)
IND	− 0. 0151 ** (− 1. 94)	0. 2035 *** (7. 89)	0. 0120 (1. 04)	0. 2751 *** (4. 70)	− 0. 1001 ** (− 1. 80)
_cons	533. 6725 *** (2. 80)	− 420. 0236 *** (− 2. 69)	7. 5325 ** (1. 34)	88. 2741 *** (4. 68)	− 1192. 684 *** (− 2. 37)
R²	0. 9334	0. 8688	0. 9856	0. 9887	0. 9235
F 统计量或 Wald 值	53. 70 [0. 00]	41. 40 [0. 00]	261. 57 [0. 00]	334. 67 [0. 00]	46. 25 [0. 00]

注：* 表示 $p < 0.1$，** 表示 $p < 0.05$，*** 表示 $p < 0.01$。

虽然各国城市化与碳排放之间的曲线关系不尽相同，但中国和印度两国的"U"型曲线决定了金砖国家整体的"U"型关系，这与中国和印度两国人口规模大、碳排放总量高有关。然而，根据目前的样本数据，金砖国家基本上仍处于碳排放随经济总量上升而攀升的阶段，即中国和印度经济发展对碳排放影响的倒"U"型曲线拐点尚未出现。与此同时，巴西、印度和中国正处于与其正"U"型关系相对应的上升阶段。可以看出，金砖国家未来将面临更大的减排压力。

4.3.7 稳健性检验

接下来，我们需要执行稳健性检验来评估结果的一致性。本章将样本数据按时间跨度分为 1990 ~ 2004 年和 2005 ~ 2019 年两个部分，以避免时间趋势对估计结果的干扰。表 4 - 9 的结果仍然表明，技术专利在碳减排和碳中和方面发挥着积极作用，经济增长对碳排放的影响是先减后增，反映出金砖国家在实现碳达峰目标之前，整体上还有很大的进步空间。此外，我们将解释变量替换为碳强度（2010 年固定美元 GDP 所对应的碳排放量）。结果表明，如果技术专利与经济发展相结合，将有助于实现碳中和。在列（6）中，我们将模型估计方法替换为两阶段最小二乘法（2SLS）。交乘项仍然表示，对于整个金砖国家而言，经济增长与碳排放之间的关系呈"U"型曲线。中国和印度是世界上人口最多的两个国家，经济总量也位列金砖国家前两位，它们对金砖国家有着巨大的影响。

表 4 - 9　　　　　　　　　　稳健性检验结果

自变量	(1) CE 1990~2004 年	(2) CE 1990~2004 年	(3) CE 2005~2019 年	(4) CE 2005~2019 年	(5) CI 碳强度	(6) CE 2SLS
PAT	-7.5737*** (-2.58)	-0.4047 (-1.20)	-16.0689*** (-4.50)	0.1777 (-5.62)	0.6821** (2.00)	-2.5269*** (-4.66)
EG	1.9736 (0.64)	-50.9822*** (-7.93)	-15.0272*** (-3.73)	-14.3567*** (-2.34)	-1.0961*** (2.30)	-26.2435** (-1.88)
PAT×EG	1.6361** (1.89)		4.5781** (4.99)		-0.1757* (-1.65)	
EG²		8.4509*** (9.15)		2.9627*** (3.12)		6.0723*** (2.87)
URB	0.0743 (1.40)	0.1017*** (2.97)	-0.0231 (-0.87)	-0.0213 (-0.67)	0.0205*** (4.15)	-0.2045*** (-5.63)
CAP	-0.0537*** (-3.01)	-0.0464*** (-3.84)	0.0195* (1.51)	0.0225* (1.59)	-0.0038 (-1.14)	-0.0808* (-1.50)
IND	0.0399* (1.45)	0.0726*** (3.96)	0.0604*** (2.49)	0.0336 (1.24)	0.0085** (1.96)	0.2275*** (7.48)
_cons	-0.4504 (-0.05)	71.6407*** (7.16)	56.9988*** (3.58)	16.9511 (1.34)	3.4205*** (2.37)	34.4473* (1.51)
R²	0.6399	0.8353	0.8047	0.7644	0.7454	0.6257
F 统计量 或 Wald 值	18.95 [0.00]	54.10 [0.00]	43.95 [0.00]	34.62 [0.00]	67.84 [0.00]	520.79 [0.00]
模型	FE	FE	FE	FE	FE	2SLS

注：* 表示 $p<0.1$，** 表示 $p<0.05$，*** 表示 $p<0.01$。

4.3.8　研究结果讨论

　　研究结果表明，金砖国家的碳排放与经济增长之间的关系因国情不同而不同。经济强度效应是增加碳排放量的主要驱动力，而科技进步因素抑制了碳排放量的增加，且一直是抑制碳排放总量的主要驱动力。这与之前学者的研究结论一致（Ramanathan et al.，2017）。当经济发展到一定阶段，随着经济总量的上升，社会经济发展水平不断提高，资源开发利用加快，碳排放压力持续增大。尽管如此，在经济发展到一定阶段后，环境质量将逐步改善（Kemp and Never，2017）。俄罗斯和南非是金砖国家中人均二氧化碳排放量最高的两个国家。20 世纪 90 年代，俄罗斯的人均碳排放量持续下降，但从 2000 年开始逐渐增加。当时，俄罗斯国内政治经济环境混乱，导致经济衰退，重工业水平下降。得益于国际原油价格飙升和国内环境稳定，经济在 21 世纪开始复苏并逐步增长。南非的人均碳排放量在波动中增加。自 1990 年代初国际制裁结束和 1994 年新南非成立以来，南非经济一直在稳步增长。但由于国际经济形势的影响，碳排放量时有波动，这与人均碳排放量总体呈上升趋势有关。

　　20 世纪 90 年代，中国、印度和巴西的碳排放量相对较低，但自 21 世纪以来，中国的人均碳排放量迅速增加。印度和巴西的人均碳排放量增长缓慢，但增长率远远低于中国。巴西深受 1980 年代拉丁美洲债务危机的影响，直到 20 世纪 90 年代末和 21 世纪初，它才逐渐摆脱债务危机的影响。在拉丁美洲国家著名的"停滞十年"期间，巴西的经济发展受到了巨大冲击。作为主要的新兴经济体之一，印度和巴西在 21 世纪一直在逐步发展。虽然印度和巴西的人均碳排放量相对较低，但由于人口众多、增长迅速，碳排放总量巨大，对环境的破坏依然严重。自 21 世纪初中国加入世界贸易组织（WTO）以来，经济保持了快速增长。与此同时，能源消耗巨大，碳排放急剧增加。所有这些事实都反映出金砖国家的碳排放趋势与经济发展趋势高度相关，二者密不可分。在之前的文献中，金砖国家呈现不同曲线形状的原因可能是由于影响变量、时间段和估计技术的选择不同（Xiang et al.，2021）。

大量的温室气体排放（如二氧化碳）是气候相关问题的主要驱动因素，包括海平面上升、冰川消失和极端天气越来越频繁，所有这些都对生态环境的健康造成了严重的压力。近年来，缓解与碳排放相关的环境健康问题已成为我国政府关注的核心问题。目的是通过制定一系列环境保护政策，提出二氧化碳以及其他污染物排放量的控制目标，提高碳减排的有效性，促进绿色经济转型。为此，"十一五"以来严格执行环境保护目标责任制，有助于强化环境监管程度。此外，中国政府在 2020 年承诺，努力在 2030 年实现二氧化碳排放峰值，在 2060 年实现碳中和。成熟、规范的环境法规有助于引导生产和消费活动的低碳化，这是实现包括二氧化碳峰值和碳中性在内的双碳目标的重要组成部分。

我国明确了资源型城市的相关经济、社会民生和环境指标，旨在促进资源型城市经济发展方式由粗放型向集约型转变，实现绿色可持续增长。在经济方面，强调提高资源型城市产品的增加值，构建多元化产业体系，有利于资源产业的良性发展，促进资源产品的低碳发展。在社会民生方面，强调控制主要污染物排放总量，完善基础设施和公共服务体系，加强棚户区改造，提高城乡居民收入和社会保障水平。这些增加公益性的途径，可以促进碳排放的减少。在环境方面，提倡提高城市的资源产出率和森林覆盖率，可以减少资源消耗和碳排放。

此前的研究重点关注资源依赖对经济增长的影响，揭示了以下两个发现：第一，资源依赖可以通过产生"资源福利"效应带来显著的经济效益。充足的自然资源可以通过加速人力资本积累和要素流动速度来提高劳动生产率和专业化水平，从而推动长期经济发展。第二，对自然资源的高度依赖会形成"资源诅咒"效应，抑制经济增长。一个地区内丰富的自然资源内在地保持着比较优势地位，从而直接或间接地抑制其他资源的生产活动，进一步巩固对资源型产业的主导和依赖，从而使锁定效应永续存在，阻碍经济高质量发展。另有学者发现，制度质量是影响资源依赖经济增长方向性的重要因素。合理的制度，可以有效配置资源，减少寻租活动，促进资源型产业的可持续增长，同时进一步促进经济发展；不合理的制度，则可能加剧政府腐败程度，降低政府管理效率，既不利于释放资源型城市发展新动能，也无法缓解制约资源型城市发展的资源诅咒。因此，通过影响资源配置而产生的资源依赖对经济发展过程中产生的碳排放有显著影响。

当前资源型城市的研究主要集中在转型路径和环境绩效评估等方面，但关于资源型城市发展对碳排放的影响众说纷纭。有学者认为，资源型城市发展有利于减少碳排放；而另一些学者则认为，资源型城市在发展过程中过度依赖化石燃料（如煤炭）会导致碳排放增加，从而不利于其生态的可持续发展。环境规制与碳排放之间的关系已成为环境经济学领域的基础性研究课题。有学者认为，环境规制可以显著降低碳排放；也有人认为，二者之间存在倒"U"型关系。近年来，学者们将政府政策的环境监管工具作为准自然实验，探索监管实施的环境效应，如碳排放权交易计划和低碳城市试点政策。由于环境规制也会对城市的资源依赖程度产生影响，学者们也关注资源型城市转型的问题。环境规制可以通过强制性手段（如设定污染物减排目标）制约经济活动主体的生产行为，合理的规制可以消除落后产能，促进经济发展方式的转变。

在严格的碳减排目标下，低碳技术的应用和清洁产业的发展可以促进产业结构的优化升级，提高产业的协同性和多样性，同时降低城市发展对资源的依赖。资源依赖的挤出效应会造成劳动力质量低下和产业结构不合理，两者都是碳排放增加的显著来源。首先，资源型产品同质化导致资源型城市内部缺乏所需的高质量劳动力，而投资高质量人力资本的动机又较低，且资源型产业的高工资也削弱了工人的前进欲望，所有这些因素都导致这些地区内缺乏相应的技术创新智力基础，这是增加创新的明显障碍。更强的资源依赖意识也会降低资源型企业的技术创新动力。过时的生产技术会加速资源消耗，进一步增加碳排放。其次，资源型产业的高利润诱导生产要素从制造业、技术型产业等部门大量向初级产品转移，进一步抑制清洁、高技术产业和生产性服务业的发展，同时推动产业结构的简单化和高碳化。由此可见，以往对资源型城市经济和环境效应的研究较为丰富，但仍存在一定的局限性。首先，现有的研究主要集中在环境政策和资源型城市发展对经济和环境的影响，很少有专门基于达到碳峰值和碳中和目标来考察其影响。其次，现有文献往往忽略资源型城市的资源依赖特征，也没有从资源依赖的角度探讨对碳排放的作用。最后，以往的研究往往将分析的范围局限于环境政策的区域效应，忽略了其空间相关性和溢出效应。因此，本章从资源依赖的角度进一步评估了对资源—区域碳排放的影响。

适当的环境法规可以刺激产业承接创新活动，增加技术研发的资本投入，从而刺激外部污染成本的内部化，提高生产率和产量，部分抵消环境法规增加的成本。因此，通过充分发挥创新补偿效应，适当的环境法规对经济发展和环境保护都是互利的。必须严格执行重点行业的环境准入门槛和排放标准，在生产项目审批前严格控制主要污染物的排放总量。提高环境准入门槛，阻碍高耗能、高污染企业进入。而环境治理成本的增加和落后产能的消除，则可以促使污染密集型企业将更多的资源投入技术创新上，从而加强低碳技术的研发，改善污染控制，有助于减少碳排放。要培育替代产业，合理引导产业集聚发展。培育风能、太阳能等新能源产业，既有利于产业结构的绿色发展，又能抑制污染密集型产业的发展，从而缓解碳排放的上升趋势。工业集聚还可以通过促进企业之间的健康竞争，加强技术创新，同时改善管理模式和资源利用来解决污染问题。

资源依赖型的发展模式可能会对资源型城市的碳排放产生影响。首先，丰富的自然资源通过将劳动力和资本因素从制造业等行业转移到资源型行业，抑制制造业的发展及其技术溢出效应。同时，还会抑制人力资本投资水平。资源行业的繁荣和高工资水平向经济活跃主体发出了一个不准确的信号，即教育投资对收入的影响微乎其微。教育投资和人力资本需求下降，抑制了技术密集型产业的创新和发展，导致有效遏制碳排放的资源型城市生产技术落后。其次，资源产业产生的高额利润会引发政府官员和企业的政治寻租行为。这一部门所分配的资金使科学研究的可用金额变得紧张，因而不利于节能减排技术的改进。与经济、民生、资源、生态相关的条款，通过制定污染物排放目标、加大资金投入、构建多元化产业体系，引导资源型城市绿色可持续发展。严格的污染物排放标准可以约束企业的生产行为，同时促进生产集约化、绿色化。增加资源型城市可获得的政府金融资源，可以刺激企业积极从事低碳技术创新，促进城市在加强教育投入的同时培育人力资本。构建多元化产业体系，有利于打破资源型城市固有的高碳发展模式，释放资源型城市的发展潜力，具有显著抑制高资源依存度城市碳排放的潜力。

资源型城市发展阶段不同，资源产业占 GDP 产值的比重也不同，而这又与资源依赖程度密切相关。其中，成长型和成熟型城市采掘业占比较大，因此处于资源依赖程度较高的阶段。反之，衰退和新生城市中采掘业占比较小，因此处于资源依赖程度较低的阶段。与之相一致的是，增长型资源型城市的资源开采逐渐增加，引导这些城市提高生产技术和资源利用水平，从而减少碳排放。对于成熟的资源型城市来说，资源开发处于高资源依赖的稳定阶段。在这里，资源开采和利用技术日趋成熟，但企业通过增加财政成本，不愿采用额外的先进技术、低碳技术。通过设定污染物排放目标来约束企业的生产行为，从而迫使企业加快能够降低碳排放的绿色技术的开发和应用。衰落城市的资源开发力度往往递减，资源枯竭和增长乏力的问题凸显，以资源产业为主的发展模式难以为继，从而难以体现碳减排效果。此外，再生资源型城市逐渐摆脱对资源的依赖，其社会发展走上可持续的轨道。在这里，环境问题得到足够重视，污染治理能力增强，环境质量不断改善。由于再生城市的发展支柱已转变为非资源型产业，技术进步和产业结构优化已使其排放量有所下降。

4.4　本章小结

通过选取金砖五国 1990～2019 年的跨国面板数据，本章构建了一个改进的 STIRPAT 模型，以实证验证技术创新和经济增长对碳排放的影响。结果表明，技术创新和 GDP 增长对碳排放具有单向因果关系。总体而言，技术创新有利于实现碳减排和碳中和的目标。经济增长对二氧化碳排放的影响取决于金砖国家的经济发展水平。EKC 存在于俄罗斯和南非，而巴西、印度和中国的经济增长和碳排放呈"U"型曲线关系。本章对金砖国家碳排放的研究取得了一些实证结果，但在理论分析和实证研究方面仍存在一定的局限性。未来，进一步的调查应集中于以下因素：不同国家由于其不同的经济总量，对全球碳排放的贡献不同。我们应该考虑大型经济体的分裂，并根据经济活动的排放强度，构建一个全面的多维多国投入产出评估模型，包括详细的区域特征。根据研究结果，我们提出了相应的对策和建议。

（1）金砖国家高能耗的第二产业需要通过产业结构调整来减少。

通过不断减少传统化石能源的使用，加大科技研发的投入，提高能源效率，降低碳排放强度，从而增强对碳排放的抑制作用。政府应加快发展第三产业，充分发挥高新技术产业对经济发展的驱动力，减少经济增长对高碳产业的依赖，根据各国不同的减排条件，制定并采取各种措施，实现碳排放脱钩的目标。金砖国家应完善减排协调机制，同时搭建公平开放的合作平台，积极促进减排资金流动和技术共享，加快碳排放管理一体化进程。

（2）对于收入水平较高的国家，包括俄罗斯、巴西和南非，应通过节能和低碳技术创新以及培育碳交易市场机制，努力在更高水平上缓解城市化带来的碳排放压力。

具体而言，俄罗斯和南非必须特别注意调整和优化能源结构，以及降低化石能源消费在经济发展中的比例。俄罗斯还应寻求降低其高能源强度。巴西未来的经济发展应侧重于通过技术创新和建立碳交易体系，克服因其高收入水平而带来的更大的碳减排压力。

（3）加快建立多效环境方案和工具体系。

政府应完善绿色发展监管计划，尤其是绿色制造和环境保护标准体系。此外，决策者应改善企业在能源消耗和环境污染方面的准入限制，并加强对环境保护法律法规的监督。设计和实施绿色法律监管机制，通过环境风险评估机制加强对环境事故的监管。建立政府主导、企业、社会组织和公众参与的监督机制，不断拓展绿色监管方式，确保绿色发展顺利进行。

促进碳达峰和碳中和是一场广泛而深刻的社会、经济和能源系统革命。

金砖国家的一些政策举措可以从以下几个方面着手：首先，应注意保持经济发展与减排之间的平衡。其次，坚决遏制高排放、高污染项目的无序盲目发展。再次，加大绿色低碳技术的创新研发投入。最后，加快低碳和零碳技术的开发和大规模应用。

碳中和时代意味着经济增长和碳排放脱钩，其理念是在满足人类能源需求的同时，保持经济竞争力。能源系统表现出显著的发展惯性和路径依赖。与发达国家相比，中国的碳中和承诺是一项具有挑战性的任务。在新的发展模式下，技术进步和创新将是能源革命背后的主要驱动力，也是实现碳中和的主要驱动力。如何将它们与传统能源系统有机地联系起来，帮助实现能源结构的根本优化，是一个值得未来研究的重要问题。

| 第 5 章 |

双碳目标与中国工业转型

化石燃料燃烧的快速增长导致了严重的空气污染等环境问题。为了解决这些问题，政府制定和实施了一系列污染控制政策，其中大部分是管道末端法规。现在有一些基于市场的工具，如硫和氮氧化物排放税，以及电力部门的全国二氧化碳排放交易系统仍在起步阶段，这些措施尚没有取得显著效果。这些基于市场的政策通过提供不同的生产和消费价格信号来发挥作用，如征收硫税以减少二氧化硫的产生，或制定碳价以减少煤炭的消耗。然而，如果不允许一个关键价格发生变化，就像目前对电价进行严格监管的体制那样，这些政策将不起作用。已试点的碳价格本应抑制燃煤发电，促进可再生能源的发展。经过一系列调查研究发现，试点碳交易的碳价太低，无法影响发电决策；燃煤发电量变化很可能是由于调度命令。对发电机的管制价格意味着它在短期内与燃料成本（包括碳价格）无关；边际收入并未因碳排放交易制度而改变，因此可能没有改变边际产出的动力。在电力系统中引入更多的市场，尤其是发电机的现货市场，将使这类污染政策更有效地发挥作用。如果碳价格将成为减排的主要工具，那么电力部门的市场改革将变得更加紧迫。

本章研究旨在利用 27 个中国制造业部门的面板数据，将用电量分解为电力消耗量和电力强度，研究其对工业碳强度的影响。本章还通过构建一种改进的 STIRPAT 模型，用以识别未探明的潜在影响因素。研究结果表明，电力消耗量与碳强度之间存在长期均衡关系，电力消耗量和碳强度之间存在单向因果关系。回归结果表明，电力消耗量对全样本工业碳强度有显著的负向影响。然而，由于电力强度对碳强度具有显著的正向影响，我们认为能源消费与工业经济未能达到脱钩效应。电力消耗量和电力强度的影响具有产业异质性，对于资源密集型行业来说，电力强度对碳强度的影响最大。此外，对于碳排放量和碳排放强度高/低的部门，进一步研究了分组的影响。外商直接投资（FDI）有利于降低高碳排放量行业和高碳排放强度行业的碳排放强度；工业化水平对提高低碳排放量和低碳排放强度具有显著的积极作用。最后，在这些实证结果的基础上提出了具体的建议。

5.1　高电耗制造业的碳减排重任

改革开放以来，我国制造业持续繁荣，不仅提供了消费和生产资料，而且解决了大量农村剩余劳动力问题，支撑了我国经济的快速增长。制造业已成为我国国民经济的重要支柱。而今，中国已成为世界第一制造大国，其比重不断上升，从而确立了"世界工厂"和"世界制造中心"的地位。然而，在相当长的一段时间内，中国制造业的发展依赖于大量的投资和资源消耗，对生态环境安全构成了严重威胁。近年来，国内，外宏观发展环境发生了很大变化。因此，在新的形势下，走可持续发展的新道路是我国制造业的必然选择。

能源、资源和环境已成为未来发展的一个重要制约因素。中国发展和采用可再生能源战略是必要的。电力是一种优质的可再生能源，是社会经济发展不可或缺的能源。用电量占我国能源终端总消费的比重逐年攀升。由于资源禀赋结构的限制，我国发电以火电为主，火电生产高度依赖煤炭和化石燃料。而化石能源的燃烧是二氧化碳排放的主要来源。图 5 - 1 表明，用电量、电力装机容量和国内生产总值的增长率几乎具有相同的周期性。但近年来，我国用电量增速下降速度快于 GDP 增速，而装机容量保持稳定增长趋势。

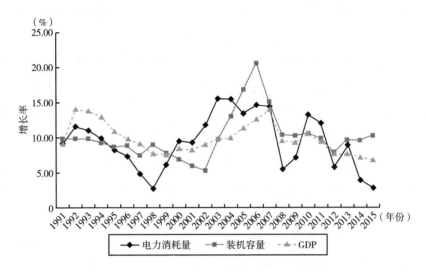

图 5 - 1　全社会用电量、电力装机容量和实际 GDP 增长率

电力是现代生活中的一个基本元素，也是所有部门中各种生产过程的关键投入要素。在中国，如今电力占最终能源消耗的 25% 左右，这凸显了电力在经济中的重要性。在石油和天然气使用量减少的低碳未来，电力将发挥更大的作用。因为人们普遍认为，我们将不得不对电力部门进行脱碳，然后增加最终用途的电气化。今天，煤炭在发电中的主导地位使得碳排放的承诺非常具有挑战性。这要求中国加大对可再生能源发电的投资，同时扩大电气化运输、加热和工业流程的电力生产。因此，对于低碳转型，可再生电力有望在未来发挥非常重要的作用。随着未来电气化的推进，在整个能源体系向低碳转型的过程中，发电将扮演更重要的角色。与此同时，现代服务业和高端制造业的快速发展，将推动国民生产生活各个领域的能源效率和循环经济。关于碳中和的研究，电力和交通部门实现碳中和的可行技术和广泛影响似乎正受到越来越多的关注。特别是农业、建筑业和化工行业，已经成为新的研究焦点。这是因为电力、工业和地面运输是全球化石能源碳排放的主要贡献者。为了实现碳峰值目标，这些传统的能源密集型产业必须带头，尽快实现排放峰值，为实现碳中和预留更多的准备时间。与碳峰值目标相比，碳中和目标的可用时间极其有限，任务非常艰巨。因此，第一、第二、第三产业和基础设施的全面绿色升级迫在眉睫。在农业、制造业、服务业和信息技术等领域促进清洁生产和可再生能源利用同样重要。

严重依赖煤炭发电的中国已经宣布了到 2060 年实现碳中和的明确目标。最终能源使用电气化和可再生能源的高普及率对实现这一目标至关重要。由此产生的间歇性可再生能源的增长和需求曲线的变化，要求电力系统具有更大的灵活性，以实现实时平衡——提高发电机和消费者的升降能力。然而，计划和价格管制的市场体系使这一目标具有挑战性。我们讨论了提高灵活性的选项，第一，通过改造现有发电厂提高其响应能力，提高供应端的灵活性；第二，提升电网的灵活性，考虑到中国地域辽阔，应通过建设具有跨省、跨区域输电能力的高效电网来平衡空间错配；第三，提供能源储存方面的灵活性。我们考虑制定相关政策以实现这一目标，特别是电力市场改革，以释放这些能源的灵活性潜力。但受管制的电价和缺乏辅助服务市场是主要障碍。此外，我们还讨论了其他国家的市场是如何为灵活的系统提供激励措和经验教训。正如双碳目标所主张的那样，一个涉及全社会的长期战略，以创造一个具有成本效益和被视为公平的过渡，对实现这些目标至关重要。许多研究机构已经讨论了到 21 世纪中叶实现净零排放的途径，并估计了所需转型的规模。这凸显了加速能源转型的重要性。因为实现这一碳中和目标的任何途径的核心都必须是中国先将其能源系统脱碳，然后在可能的情况下迅速扩大电力使用。

电力行业是中国的主导产业。政府鼓励企业走出国门，开拓国际市场。由于资源禀赋的特点，我国火电装机容量占主导地位。煤炭消耗的一半用于发电。此外，大部分电力都是工业用电。

电力在中国能源系统中正变得越来越重要。从全球来看，2011 年我国发电总量占全球比重为 21.31%，首次超过美国，居全球第一。表 5 - 1 展示了 2013 年世界主要国家的电力结构。与世界上大多数国家不同，我国电力生产以火电为主，长期以来火电占比在 75% ~ 80%。在火电生产中，存在着天然气比重低、煤比重高的问题。由于煤炭是一种高碳能源，中国的电力生产将带来巨大的碳排放。

表 5 - 1　　　　　　　　　　2013 年世界主要国家电力结构　　　单位：百万千瓦时

国家	煤发电	油发电	气发电	水力发电	核能发电
世界	41.20	4.40	21.80	16.30	10.60
美国	39.95	0.86	27.02	6.32	19.17
中国	75.40	0.10	1.80	16.80	2.10
日本	32.43	14.43	38.68	7.52	0.90
俄罗斯	15.30	0.80	50.10	17.10	16.30
印度	72.80	1.90	5.50	11.90	2.90
德国	46.77	1.15	10.96	3.67	15.51
法国	10.00	1.15	10.31	60.10	15.77
巴西	4.37	0.44	3.03	12.42	74.68
韩国	3.80	4.70	12.10	68.60	2.60
英国	41.43	3.98	26.93	0.80	25.80

资料来源：中国能源统计年鉴（2015）。

关于发电来源，事实与表 5 - 1 基本一致。火电占 75.43%，其次是水电占 16.8%，而核电、风电和太阳能即使合在一起也不超过 6%。利用清洁能源发电是减少环境污染和碳排放的关键（Zheng et al.，2018）。国家能源局指出，近几年新增发电装机容量的 2/3 是清洁能源。燃煤电厂装机容量控制目标为 10 亿千瓦，而到 2030 年年底，非化石能源发电将占总发电量的一半。清洁能源包括核能和可再生能源两大类。从国家能源局的统计数据可以看出，随着可再生能源装机规模的不断扩大，可再生能源的利用水平不断提高。我国应逐步降低化石能源比重，预计 10 年左右清洁能源装机总量将超过燃煤设备。

电力行业为制造业提供了能源保障（Marques et al.，2018）。电力的最终消耗不会直接产生二氧化碳，但其生产需要大量的化石能源，因此制造业的电力消耗会导致碳排放。电力生产的碳排放系数（即总发电量，包括火电、水电、核电和风电）呈逐年下降趋势，主要原因是火电份额下降和发电效率提高。根据2014年各行业用电量占比分类情况，第一、第二、第三产业和居民用电量分别占比1.79%、73.41%、12.35%、13.04%。第二产业用电，73.2%用于制造业。

5.2 文献述评

5.2.1 用电量与经济增长

许多学者利用协整技术和向量修正模型揭示了长期和短期动态，发现从长期来看，电力消费似乎是收入弹性和价格非弹性的，但在1970～2011年，希腊短期内电力消费低于同一水平（成金华等，2021）。同样，采用自回归分布滞后（ARDL）边界检验方法，对巴林的季度数据进行实证研究，发现电力消费、外国直接投资、资本和经济发展之间存在长期协整关系（Hamdi et al.，2014）。一些研究表明，因果关系检验不能简单地用来检验发电能力、电力需求和经济增长之间的关系。1973年后，由于经济增长的原因，我国台湾地区采用了非均衡模型（Fukushige and Yamawaki，2015），放松了电力供应管制。索拉林和沙巴兹（Solarin and Shahbaz，2013）利用三变量向量误差修正模型（VECM）框架，确认了尼日利亚短期和长期电力消费与经济增长之间的因果关系。其他研究采用了一段时间内的人均用电量和人均国内生产总值的横截面数据来构建面板模型，发现电力主导的增长在很大程度上取决于地区差异、国家收入水平和电力供应风险（Karanfil and Li，2015）。

电力消费与经济增长之间的相关性在大部分时间内应该保持稳定和正相关，但全球经济危机将给这一关系带来负面冲击（Lin and Liu 2016）。海湾合作委员会成员国的电力消费与经济增长之间存在长期均衡关系，双向因果关系支持反馈假设，即节约能源或用电将损害其经济增长（金乐琴和吴慧颖，2013）。验证了电力消费、经济增长和金融发展之间存在协整关系，但根据南非的时间序列数据，格兰杰因果关系检验显示两者之间没有因果关系（Bah and Azam 2017）。陈和方（Chen and Fang，2017）利用城市面板数据研究了中国工业用电量、经济增长和人力资本之间的协整关系和格兰杰因果关系，发现工业用电量对经济增长的影响更大，尤其是对中国中西部地区。能源增长关系分析在大都市经济中也很流行，在中国广州，发现存在从电力使用到经济发展的单向格兰杰因果关系（崔学勤等，2016）。其他一些研究则密切关注"守恒假说"的验证，即只有从电力消费到经济增长的单向因果关系才成立（Furuoka，2017）。

5.2.2　用电量和碳排放

在德国、法国、意大利、西班牙和英国，可再生电力消费对碳排放产生负面影响，换句话说，对环境质量有益。可计算的一般均衡（CGE）模型的模拟结果表明，在碳减排方面，电力部门的补贴削减产生了不利的经济效益，但带来了积极的环境效益（焦豪，2022）。以 $PM_{2.5}$ 为特征的巨大空气污染迫使中国的能源和电力结构向低碳发展方向迅速转变（Wang and Chen，2010）。安格和戈赫（Ang and Goh，2016）选择东盟 10 个成员国作为研究样本，发现其能源相关碳排放约 40% 可归因于电力部门。不可再生电力使用被发现对生态环境有不利影响，而可再生电力购买有利于环境改善（Curtis et al.，2016）。对数均值迪氏指数分解法（LMDI）研究表明，发电过程中热效率的提高是降低总碳强度（ACI）的关键因素，是反映碳还原潜力的性能指标（Ang and Su，2016）。由于按客户类别划分的电力需求没有价格弹性，加利福尼亚州和太平洋西北地区地方政府制定的价格诱导脱碳政策可能不会产生消费效应，从而进一步减少区域碳排放（Woo et al.，2017）。

萨拉赫丁等（Salahuddin et al.，2018）通过选择科威特 30 多年的时间序列数据进行研究，结果表明，从短期和长期来看，电力消费与碳排放之间存在协整关系，而电力消费对碳排放具有显著正向影响。在使用动态普通最小二乘法（DOLS）、完全修正普通最小二乘法（FMOLS）和动态固定效应模型（DFE）等一系列经济计量技术后，用电量与碳排放量的长期正相关，在这些不同的经济计量模型规范中，结果仍然是稳健和一致的（吴涛和龙静云，2022）。电力系统产生的碳排放在技术上被称为内含碳，其计算是生命周期评估领域的一个关键部分（Daniels et al.，2016）。通过计算欧盟成员国内部电力交易的温室气体强度，进口国的电力碳强度将在国家范围内受到影响（Moro and Lonza，2017）。利德尔和萨多斯基（Liddle and Sadorsky，2017）确定了电力中的非化石能源在多大程度上缓解了二氧化碳排放，并发现可再生能源和核燃料发电增加1%有助于碳排放减少0.82%。研究结果表明，我国在区域层面降低电力碳强度的方案各不相同，具体而言，西部地区应尽量采用清洁能源，东部地区则应尽量提高热效率。用可生物降解的废弃物代替煤炭用于发电有利于气候变化，但其效果取决于废弃物是否被适当地填埋。通过三维分解模型分析碳强度，发现技术创新和结构调整是碳减排的主要对策（Peng and Tao，2018）。

通过对现有文献的回顾，可以明显看出，对"能源—增长"或"电力—碳排放"关系的研究引起了激烈的争论，并从国家层面、省级层面、地区层面等方面进行了大量的研究。尽管如此，对这一结论还没有达成一致意见。学者们主要借助格兰杰因果关系分析、时间序列数据分析、向量误差修正模型和协整分析等分析工具来论证自己的观点。现有的研究大多集中在两个或三个变量之间的因果关系上。本章将利用面板模型将时间序列和截面数据合并在一起，以获取更多的样本数据特征。

上述研究工作为本章提供了坚实的基础。然而，基于上述研究的种种弊端和局限性，本章的创新点体现在以下方面。首先，我们解析了电力消费对工业碳强度的影响。其次，与大多数现有的国家、地区或省级碳排放和碳强度研究不同，我们通过缩小制造业的范围来评估工业层面的碳强度。再次，我们采用一个改进的STIRPAT模型来衡量以前未发现的因素对工业碳强度的影响。最后，我们将电力消费分解为电力消费量和电力强度，然后将这些因素纳入相同的分析框架，研究它们对碳强度的影响，以及捕捉部门内影响的异质性。

5.3　实证研究

5.3.1　模型说明

为了修正多元解释模型的不足，埃尔利希和霍尔德伦（Ehrlich and Holdren，1971）将人类对环境的影响概念化，提出了 IPAT 模型。公式可以表示为：

$$I = P \times A \times T \qquad\qquad (5-1)$$

其中，I 表示环境影响或压力，P 表示人口，A 表示富裕，T 表示技术，这是支持富裕水平的具体技术。IPAT 模型将环境影响视为人口、技术和富裕程度的函数。

$$I = f(P,\ A,\ T) \qquad\qquad (5-2)$$

IPAT 模型将人的驱动力和环境问题的核心因素结合起来，构成一个分析框架。该模型简单地解释了环境问题产生的根本原因，假定为隐式线性模型。也就是说，不同的变量对冲击力的影响是等价的。而事实上，不同国家的人口、富裕程度和技术等因素在权重和机会上有着不同的影响。为了克服 IPAT 方程中各因素比例线性变化的局限性，迪茨和罗萨（Dietz and Rosa，1994）提出的 STIRPAT 模型将其修正为一个关于人口规模、富裕度和技术对环境影响的随机影响回归模型。

$$I_i = aP_i^{\,b} \times A_i^{\,c} \times T_i^{\,d} \times e_i \qquad\qquad (5-3)$$

其中，a 是常数项，b、c、d 表示每个变量的估计系数。如果我们用碳强度来代替环境影响，这个方程可以转换成以下形式：

$$CI = \psi P_i^{\alpha_1} \times A_i^{\alpha_2} \times T_i^{\alpha_3} \times \varepsilon_{it} \qquad\qquad (5-4)$$

其中，ψ 是模型参数，表示随机干扰参数。STIRPAT 模型不仅允许以各系数的估计为参数，而且可以对各影响因素进行分解。根据具体的调查目标，可以对 STIRPAT 模型进行修正，以适应不同的研究需要。可以利用工业化水平（IND）替代人口变量，利用产业结构（STRU）替代富裕变量，利用外资收入（FDI）替代技术。此外，还将能源消费结构（ECS）纳入模型。之后，将用电量分解为电力消耗量（VOL）和电力强度（EI）两部分，分别考察它们对碳排放强度的影响。将它们合并到上述方程中，然后取数据的自然对数形式，从而将改进的 STIRPAT 模型公式进一步转化为如下公式：

$$\ln CI_{it} = \alpha_0 + \alpha_1 \ln VOL_{it} + \alpha_2 \ln IND_{it} + \alpha_3 \ln STRU_{it}$$
$$+ \alpha_4 \ln FDI_{it} + \alpha_5 \ln ECS_{it} + \varepsilon_{it} \quad (5-5)$$

$$\ln CI_{it} = \beta_0 + \beta_1 \ln EI_{it} + \beta_2 \ln IND_{it} + \beta_3 \ln STRU_{it}$$
$$+ \beta_4 \ln FDI_{it} + \beta_5 \ln ECS_{it} + \mu_{it} \quad (5-6)$$

然后，我们对这些公式的两边取时间 t 的一阶导数，并导出反映影响机制的下列方程：

$$\frac{dCI/dt}{CI} = \alpha_1 \frac{dVOL/dt}{VOL} + \alpha_2 \frac{dIND/dt}{IND} + \alpha_3 \frac{dSTRU/dt}{STRU}$$
$$+ \alpha_4 \frac{dFDI/dt}{FDI} + \alpha_5 \frac{dECS/dt}{ECS} + \varepsilon_{it} \quad (5-7)$$

$$\frac{dCI/dt}{CI} = \beta_1 \frac{dEI/dt}{EI} + \beta_2 \frac{dIND/dt}{IND} + \beta_3 \frac{dSTRU/dt}{STRU}$$
$$+ \beta_4 \frac{dFDI/dt}{FDI} + \beta_5 \frac{dECS/dt}{ECS} + \mu_{it} \quad (5-8)$$

通过增加一个常数项来满足标准假设，式（5-7）和式（5-8）可以展开为：

$$\dot{CI} = c + \alpha_1 \dot{VOL} + \alpha_2 \dot{IND} + \alpha_3 \dot{STRU} + \alpha_4 \dot{FDI} + \alpha_5 \dot{ECS} + \varepsilon_{it}$$
$$(5-9)$$

$$\dot{CI} = c' + \beta_1 \dot{EI} + \beta_2 \dot{IND} + \beta_3 \dot{STRU} + \beta_4 \dot{FDI} + \beta_5 \dot{ECS} + \mu_{it}$$
$$(5-10)$$

电力消耗量对碳强度的影响方向主要取决于 α 和 β 的值。如果 α，β ≤ 0，影响为负或零，则意味着电力消耗量降低碳强度；如果 α，β > 0，则影响为正，则意味着电力消耗量提高碳强度。

5.3.2　变量选择

5.3.2.1　因变量

碳强度（CI）。碳强度是指单位产值的碳排放量，反映了生产过程中的环境绩效。根据研究目标，本章选择二氧化碳排放量除以工业总产值（按2005 年生产者价格指数平减）。因为二氧化碳排放量是温室气体的主要贡献者，不能直接得到，现有文献主要是通过估计来收集数据。本章根据能源消费过程中产生的二氧化碳的化学原理，估算了碳排放量。联合国政府间气候变化专门委员会（IPCC）于 2007 年建议采用这种方法，具体公式如下：

$$CO_{2i,t} = \sum_{j=1}^{n} E_{j,t} \times NCV_j \times CC_j \times COF_j \times \frac{44}{12} \qquad (5-11)$$

其中，以 10^4 吨为单位的二氧化碳排放量，t 为年，j = 1，2，3，…，8 为一次能源的 8 种类型，包括煤、焦炭、原油、汽油、煤油、柴油、燃料油和天然气。$E_{j,t}$ 是指这些能源的实际消耗量，单位为 10^4 吨标准煤当量，NCV_j 是发热值，CC_j 是碳排放系数，COF_j 是碳氧化率，3.667（44/12）是碳分子比。

5.3.2.2　核心自变量

对于核心解释变量的用电量，考虑到研究结果的准确性和可靠性，我们将其分为电力消耗量和电力强度两部分，从总量和利用效率两个角度更好地捕捉其效果。

（1）电力消耗量（VOL）。

在所有类型的工业中，制造业占了电力消耗量的大部分。考虑到制造业在能源消费和国民经济持续增长中的主导作用，我们需要区分高耗能行业。各制造业电力消耗量单位为 1 亿千瓦时。

（2）电力强度（EI）。

电力强度是衡量用电效率的重要指标。我们在此通过电力消耗量除以工业总产值得出数据。一个部门的强度值越高，说明其生产效率越低，同时也会产生大量的环境污染物。

5.3.2.3　控制变量

（1）外资依存度（FDI）。

在低碳经济条件下，利用流入的外商直接投资有助于促进工业经济增长，但同时也排放了破坏生态环境的有害污染物。如果前者大于后者，那么利用外资有利于提高生产效率和减少碳排放，反之亦然。本章选择香港、澳门、台湾的资本和实际接收外资，以工业总产值为指标。

（2）能源消费结构（ECS）。

总的来说，鉴于化石能源在能源消费总量中所占比例较大，包括二氧化碳、二氧化硫和工业废渣在内的有害污染物将相应地产生更多（Chapman and Itaoka，2018）。如果能源消费结构以化石燃料为主要特征，碳强度将因此提高。因此，我们采用各工业部门的煤炭消费量除以工业总煤炭消费量来表示能源消费结构。

（3）工业化水平（IND）。

工业化是后发国家在成为发达国家的道路上所经历的一个不可或缺的过程（Wang et al.，2018）。随着工业经济的发展，各种资源的过度消耗所支撑的盲目扩大生产规模，同时也付出了巨大的代价。本章选取各产业部门的从业人员数除以各产业部门的从业人员总数来代表工业化水平。

（4）产业结构（STRU）。

我国正处于从"第二产业、第三产业、第一产业"向"第三产业、第二产业、第一产业"的产业结构转型过程中，值得注意的是，在三大产业中，工业部门仍然占据着主导地位。总体来看，第二产业所占比重较大，明显抑制了工业碳强度的下降。此外，各工业部门的碳排放强度也各不相同。因此，我们选择每个产业部门的产值除以所有产业的总产值来表示产业结构。

5.3.3　数据来源

表 5 - 2 列出了 27 个样本制造业部门，所选变量的描述性统计如表 5 - 3 所示。我们使用的数据来源于《中国统计年鉴》（2006～2016 年）、《中国能源统计年鉴》（2006～2016 年）、《中国工业统计年鉴》（2006～2016 年）、《中国环境统计年鉴》（2006～2016 年）。

表 5 - 2　　　　　　　　　　　　制造业部门样本

编码	部门	编码	部门
S1	农副食品加工业	S15	医学制造业
S2	食品制造业	S16	化学纤维制造业
S3	饮料制造业	S17	橡胶和塑料制品业
S4	烟草制品业	S18	非金属矿物制品业
S5	纺织业	S19	黑色金属冶炼及压延加工业
S6	纺织服装、鞋、帽制造业	S20	有色金属冶炼及压延加工业
S7	皮革、毛坯、羽毛（绒）及其制品业	S21	金属制品业
S8	木材加工及木、竹、藤、棕、草制品业	S22	通用设备制造业
S9	家具制造业	S23	专用设备制造业
S10	造纸及纸制品业	S24	交通运输设备制造业
S11	印刷业和记录媒介的复制	S25	电气机械及器材制造业
S12	文教体育用品制造业	S26	通信设备、计算机及其他电子设备制造业
S13	石油加工、炼焦及核燃料加工业	S27	仪器仪表及文化、办公用机械制造业
S14	化学原料及化学		

表 5-3   变量的描述性统计

变量类型	变量名	符号	均值	标准差	最小值	最大值
因变量	碳强度	CI	0.6826	1.7241	0.0071	10.7446
核心自变量	电力消耗量	VOL	2.5752	0.5735	1.4542	3.7631
	电力强度	EI	1.4106	0.3579	0.6965	2.1675
控制变量	外资依存度	FDI	5.1702	3.4305	0.0061	36.1881
	能源消耗结构	ECS	1.6763	3.1706	0.0053	12.6181
	工业化水平	IND	3.2392	2.1281	0.2028	9.3018
	产业结构	STRU	3.2305	2.3883	0.4573	10.4481

5.3.4 典型事实

在进行回归分析之前，我们需要观察样本的整体特征。图 5-2 显示了 2015 年中国各制造业用电量的巨大差异。前五大用电行业主要分布在重化工部门，包括有色金属冶炼和压榨、黑色金属冶炼和压榨、化工原料和化工产品制造、非金属矿产品制造、纺织制造。纺织制造业属于低技术密集型和高劳动密集型行业，能源消费和电力消费在这一行业中所占比例较高。

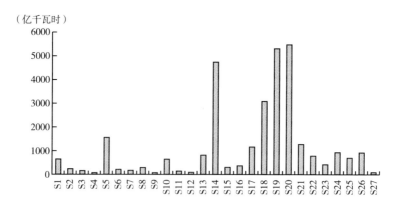

图 5-2   2015 年中国 27 个制造业部门用电量

接下来是二氧化碳的主要排放行业，根据 2006~2015 年的碳排放总量和百分比，在过去的 10 年里，前十大行业的排放量都超过了总量的 90%。

此外，前十大行业的排放量占总排放量的 95% 以上。我们以 2015 年的数据为例，排在前五位的碳排放者分别是：石油加工、焦化和核燃料加工；黑色金属冶炼和压榨；化工原料和化工产品制造；非金属矿产品制造；有色金属冶炼和压榨。它们是工业直接碳排放的主要部门，这反映出我国制造业碳排放问题具有行业集中性的特点，主要碳排放量分布在少数高耗能行业。

表 5-4 概述了 2015 年选定的所有制造业部门的碳排放量、碳排放比例和碳强度的总体数据。一般来说，碳排放量高的行业也往往具有高碳强度。

表 5-4　　　　2015 年 27 个制造业部门碳排放量、碳排放比例和碳强度

制造业部门	碳排放量 （10^4 吨）	碳排放占比 （%）	碳强度 （吨二氧化碳/万元）
农副食品加工业	4413.6	0.6969	0.0722
食品制造业	2619.3	0.4136	0.129
饮料制造业	1871.7	0.2955	0.1144
烟草制品业	121	0.0191	0.0136
纺织业	6764.8	1.0682	0.1849
纺织服装、鞋、帽制造业	521.3	0.0823	0.0252
皮革、毛坯、羽毛（绒）及其制品业	275.7	0.0435	0.0202
木材加工及木、竹、藤、棕、草制品业	795.3	0.1256	0.0606
家具制造业	181.7	0.0287	0.0245
造纸及纸制品业	6772.9	1.0694	0.5131
印刷业和记录媒介的复制	239.5	0.0378	0.0344
文教体育用品制造业	333.7	0.0527	0.0227
石油加工、炼焦及核燃料加工业	290609.7	45.8873	9.1238
化学原料及化学	78116.3	12.3346	1.0105
医学制造业	2363.2	0.3731	0.0989
化学纤维制造业	1594.9	0.2518	0.2346
橡胶和塑料制品业	1793.3	0.2832	0.0614
非金属矿物制品业	49674.6	7.8436	0.8918
黑色金属冶炼及压延加工业	150871.3	23.8226	2.6526
有色金属冶炼及压延加工业	22910.7	3.6176	0.5309

制造业部门	碳排放量（10^4 吨）	碳排放占比（%）	碳强度（吨二氧化碳/万元）
金属制品业	1635	0.2582	0.0467
通用设备制造业	2937.2	0.4638	0.0671
专用设备制造业	1127.6	0.178	0.0336
交通运输设备制造业	2657.6	0.4196	0.0317
电气机械及器材制造业	1403.1	0.2215	0.0217
通信设备、计算机及其他电子设备制造业	601	0.0949	0.0071
仪器仪表及文化、办公用机械制造业	106	0.0167	0.013

5.3.5　研究假设

结合上述典型事实，本章提出了以下研究假设，以期在接下来的实证分析部分得到验证。

H5－1：电力消费显著影响制造业碳排放强度。

H5－2：电力消耗量与碳强度呈负相关。近年来用电量增速下降，甚至低于工业产出增速。

H5－3：电力强度与碳强度正相关。尽管总用电量增速没有以前那么快，但在相当长的一段时间内，随着技术的进步，能源利用效率并没有明显提高。

H5－4：用电对碳强度的影响具有部门异质性。中国制造业的特点是重化工业占主导地位，制造业内部的效率也不尽相同，中国政府因此敦促相关企业进行产业优化和结构转型。

5.3.6　面板单位根检验

为了解决具有横截面依赖性的面板问题并确定变量的协整阶数，我们必须进行面板单位根检验。Levin Lin Chu（LLC）检验具有相同的单位根，Im-

Pesaran-Shin（IPS）检验考虑了面板间的异质性和横截面相关性，我们将这两种技术进行比较。表 5 - 5 中的检验结果表明，所有变量的协整阶数相同，即 I（1）。这也揭示了所有变量在水平上都不是平稳的，在一阶微分上都是平稳的。LLC 检验和 IPS 检验都表明，当所有变量的积分顺序相同时，变量之间可能存在长期均衡关系。

表 5 - 5　　　　　　　　　　　　面板单位根检验结果

Levin-Lin-Chu（LLC）检验				
变量	水平		一阶差分	
	截距项	截距项和趋势项	截距项	截距项和趋势项
CI	− 7. 3876 ***	− 13. 9733 ***	− 19. 5076 ***	− 28. 2497 ***
VOL	− 7. 8004 ***	− 3. 3163 ***	− 10. 1426 ***	− 10. 6571 ***
EI	− 6. 7136 ***	− 7. 2164 ***	− 10. 1447 ***	− 11. 5066 ***
Im-Pesaran-Shin（IPS）检验				
变量	水平		一阶差分	
	截距项	截距项和趋势项	截距项	截距项和趋势项
CI	− 0. 2358	− 2. 1823 **	− 8. 6545 ***	− 3. 7686 ***
VOL	0. 0524	0. 9556	− 4. 5583 ***	− 1. 2518 *
EI	0. 8776 *	− 0. 3298	− 4. 2357	− 0. 7745 *

注：* 表示 $p < 0.1$、** 表示 $p < 0.05$，*** 表示 $p < 0.01$。

5.3.7　面板协整检验

在下一个步骤里，我们需要探索变量之间是否存在长期均衡关系。由于我们的每个变量都是一阶积分，因此我们进行了 Pedroni 面板协整检验。给出了 7 种检验统计量：面板 v 统计量、面板 rho 统计量、面板 PP 统计量（非参数）、面板 ADF 统计量（参数）、群组 rho 统计量、群组 PP 统计量（非参数）和群组 ADF 统计量（参数）。结果见表 5 - 6。5/7 的检验统计证实了所选变量之间存在协整关系。我们认为碳强度、电力消耗量和电力强度序列具有长期均衡关系。

表 5 – 6   面板协整检验结果

Pedroni 检验		
备择假设：共同自回归系数（维数内）		
变量	截距项	截距项和趋势项
Panel v	1. 6013 **	0. 1343 *
Panel rho	– 0. 9847	2. 0311
Panel PP	– 8. 9912 ***	– 6. 0393 ***
Panel ADF	– 9. 4826 ***	– 6. 1206 ***
备择假设：个体自回归系数（维数间）		
变量	截距项	截距项和趋势项
Group rho	3. 1676	5. 1711
Group PP	– 5. 8689 ***	– 7. 6701 ***
Group ADF	– 12. 8016 ***	– 4. 3523 ***

注：* 表示 p < 0.1，** 表示 p < 0.05，*** 表示 p < 0.01。

5.3.8　面板因果检验

一旦在变量之间建立了长期动态，下一步就是发现短期内因果关系的方向。为此，我们进行了 Granger 因果检验和 Dumitrescu-Hurlin 因果检验。这个检验要求变量是平稳的，因此我们对序列分别进行一阶、二阶和三阶差分。研究结果表明，电力消耗量与碳强度、碳强度与电力强度之间存在单向因果关系，见表 5 – 7。短期内，碳强度、电力强度和电力消耗量之间不存在双向因果关系。

表 5 – 7   面板因果检验结果

	滞后期	Granger F – 统计值	Dumitrescu-Hurlin Z – 统计值
(a) VOL→CI	1	0. 3287	5. 0751 ***
	2	2. 2899 *	
	3	1. 2722	
	滞后期	Granger F – 统计值	Dumitrescu-Hurlin Z – 统计值
(b) CI→VOL	1	0. 3961	0. 7278
	2	1. 6872	
	3	0. 5861	

续表

	滞后期	Granger F – 统计值	Dumitrescu-Hurlin Z – 统计值
(c) EI→CI	1	3.3546	0.2505
	2	0.9912	
	3	1.3245	

	滞后期	Granger F – 统计值	Dumitrescu-Hurlin Z – 统计值
(d) CI→EI	1	4.2221	7.6455 ***
	2	2.5279 *	
	3	2.1965 *	

注：* 表示 $p < 0.1$，** 表示 $p < 0.05$，*** 表示 $p < 0.01$。

5.3.9　全样本估计

在进行回归之前，应进行 VIF 检验，以确保变量之间不存在多重共线性。从表 5 – 8 的列（7）可以看出，所有的 VIF 值在 1.48 到 8.69 之间（小于 10 的临界值），因此没有证据表明它们之间存在多重共线性。另外，F 统计值表明固定效应模型优于 OLS 回归模型。而豪斯曼检验表明，对于列（1）、列（2）、列（3）和列（5），固定效应模型也优于随机效应模型。该分析的估算结果汇总在表 5 – 8 中。在列（1）、列（2）和列（3）中，电力消耗量是核心解释变量。在列（4）、列（5）和列（6）中，核心解释变量是电力强度。

表 5 – 8　全样本估计结果

自变量	(1) lnCI	(2) lnCI	(3) lnCI	(4) lnCI	(5) lnCI	(6) lnCI	(7) VIF test
VOL	-0.8252 *** (-5.64)	-0.7652 *** (-5.29)	-0.8058 *** (-5.40)				8.69
EI				1.2216 *** (6.74)	0.9655 *** (5.07)	1.3308 *** (6.46)	5.00
FDI						-0.0093 (-1.15)	1.48

ECS		0.2938 *** (6.92)	0.2896 *** (6.79)		0.1961 *** (4.48)		1.94
IND						0.0107 (0.26)	3.58
STRU			0.0422 (1.04)				5.47
_cons	2.8078 *** (5.60)	2.1606 *** (5.24)	2.1355 *** (5.14)	-1.0407 *** (-4.06)	-1.0081 *** (-3.15)	-1.1465 *** (-2.76)	
R squa 可再生能源	0.0733	0.6969	0.7081	0.0426	0.4678	0.0507	
F-statistic or Wald	31.79 [0.00]	65.69 [0.00]	65.44 [0.00]	45.46 [0.00]	62.39 [0.00]	47.53 [0.00]	
Hausman 检验	8.95 [0.01]	32.39 [0.00]	31.07 [0.00]	0.06 [0.97]	37.44 [0.00]	4.49 [0.34]	
模型	FE	FE	FE	FE	FE	FE	

注：括号中的值是 t - 统计量或 z - 统计量；* 表示 $p < 0.1$，** 表示 $p < 0.05$，*** 表示 $p < 0.01$。

表 5 - 8 报告了全样本的估计结果。模型（1）和模型（4）在没有任何控制变量的情况下显示回归，而其他模型则通过逐步合并变量进行回归。列（1）、列（2）和列（3）显示，在 1% 显著性水平上，电力消耗量导致碳强度降低。因此，H5 - 1 和 H5 - 2 得以验证。但我们认为，这并不是由于生产过程中用电效率的提高导致的。由于列（4）、列（5）和列（6）的结果表明，电力强度与碳强度显著正相关，从而 H5 - 3 得以验证。与工业经济增长相比，电力消耗量通常不会同时以相同的速度增长。相比之下，电力消耗量往往呈现出周期性和季节性的特点。此外，近年来电力消耗量增速下降的事实也支持我们的推断。这些结果没有提供证据表明外国直接投资与碳强度之间存在关系。相反，能源消费结构与碳强度显著正相关。只要能源消耗是碳排放和碳强度的主要贡献者，这一结果并不超出我们的预期。在我们的数据中，工业化水平和产业结构与碳强度没有显著相关。

5.3.10　分样本估计

5.3.10.1　按要素密集度分组

由于要素密集度的变化，中国制造业在生产要素投入方面往往存在显著差异。制造业部门的这种变化可能对碳排放和碳强度的因素强度产生不同的影响。为了研究电力消耗量对工业碳强度的影响，本章将 27 个行业划分为资本、技术密集型（N = 130）、资源密集型（N = 60）和劳动密集型（N = 80）行业。更具体地说，S12、S14 ~ S17、S19 ~ S20、S22 ~ S27 是资本和技术密集型行业；S1 ~ S4、S8、S13 是资源密集型行业；S5 ~ S7、S9 ~ S11、S18、S21 是劳动密集型行业。分析结果见表 5 - 9，在列（1）、列（3）和列（5）中，电力消耗量是核心解释变量。在第（2）列、第（4）列和第（6）列中，电力强度是核心解释变量。

表 5 - 9　　按要素密集度分类的分样本估计结果

自变量	（1）资本－技术密集型	（2）资本－技术密集型	（3）资源密集型	（4）资源密集型	（5）劳动密集型	（6）劳动密集型
VOL	− 0. 8338 *** （− 6. 33）		− 2. 9225 ** （− 2. 63）		0. 0407 （0. 31）	
EI		1. 1669 *** （6. 32）		1. 6368 ** （2. 39）		0. 5006 ** （2. 15）
FDI	− 0. 0032 （− 0. 69）	− 0. 0046 （− 0. 97）	− 0. 0439 * （− 0. 64）		0. 0034 （0. 19）	− 0. 0166 （− 1. 53）
ECS	0. 2021 *** （4. 24）	0. 1311 *** （2. 75）	− 0. 5912 ** （− 2. 09）	− 0. 8553 *** （− 3. 48）	0. 3806 *** （5. 99）	0. 3623 *** （5. 88）
IND	0. 1012 *** （2. 61）		1. 5856 ** （2. 16）	1. 2193 ** （1. 79）	0. 2068 *** （4. 03）	0. 1861 *** （3. 68）
STRU	0. 0019 （0. 07）	0. 0432 * （1. 48）	− 0. 8113 * （4. 12）	− 0. 7189 * （− 1. 63）	− 0. 5523 *** （− 6. 48）	− 0. 4946 *** （− 5. 73）

自变量	（1） 资本－技术 密集型	（2） 资本－技术 密集型	（3） 资源 密集型	（4） 资源 密集型	（5） 劳动 密集型	（6） 劳动 密集型
_cons	2. 0525 *** ［5. 65］	－ 1. 5906 *** ［－5. 16］	9. 0395 *** （4. 12）	1. 1521 *** （0. 72）	0. 1881 *** （0. 52）	－ 0. 3803 *** （－1. 09）
拟合优度	0. 4048	0. 7377	0. 9582	0. 9414	0. 7904	0. 8733
F-statistic or Wald	11. 24 ［0. 00］	14. 05 ［0. 00］	5. 35 ［0. 00］	5. 63 ［0. 00］	66. 71 ［0. 00］	57. 07 ［0. 00］
Hausman 检验	16. 62 ［0. 01］	15. 98 ［0. 00］	33. 18 ［0. 00］	30. 35 ［0. 00］	35. 32 ［0. 00］	36. 30 ［0. 00］
模型	FE	FE	FE	FE	FE	FE

注：括号中的值是 t－统计量或 z－统计量；＊表示 $p < 0.1$，＊＊表示 $p < 0.05$，＊＊＊表示 $p < 0.01$。

对于资本－技术密集型行业，电力消耗量和电力强度分别在 1% 显著水平上显著正向和负向影响碳强度。值得注意的是，对资本－技术密集型行业而言，成交量效应的重要性高于整个制造业。这可能是由于电力使用与工业经济增长之间的关系在资本－技术密集型行业偏离最大。对于资源密集型行业，电力消耗量在 5% 显著水平上显著增加碳强度，而电力强度的影响则相反。因此，H5－4 得以验证。有趣的是，强度效应的大小不仅是三类行业中最大的，而且总体上也大于制造业。对于劳动密集型行业，电力消耗量与碳排放量或碳强度没有显著相关。相比之下，电力强度对碳强度有显著的正向影响。更具体地说，研究结果表明，电功率强度每增加 1%，碳强度增加 0.5006%。

5.3.10.2 按碳排放量和碳强度分组

根据碳排放总量和碳强度，本章将制造业平均分为四类，见图 5－3。我们定义 2000 万吨二氧化碳以上的行业属于高排放行业（S1、S2、S5、S10、S13 ~ S15、S18 ~ S20、S22、S24），2000 万吨二氧化碳以下的行业属于低排放行业（S3、S4、S6 ~ S9、S11、S12、S16、S17、S21、S23、S25 ~ S27）；

0.1 吨/万元以上的行业属于高强度行业（S2、S3、S5，S10、S13、S14、S16、S18 ~ S20），而二氧化碳排放量小于 0.1 吨/万元的区域属于低强度类型（S1、S4、S6 ~ S9、S11、S12、S15、S17、S21 ~ S27）。分析结果见表 5 - 10，在列（1）、列（3）、列（5）和列（7）中，核心解释变量是电力消耗量。在列（2）、列（4）、列（6）和列（8）中，核心解释变量是电力强度。

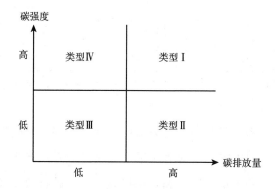

图 5 - 3　按碳排放量和碳强度划分的部门

表 5 - 10　　按碳排放量和碳排放强度分类的分组估算结果

自变量	(1) 高排放量	(2) 高排放量	(3) 低排放量	(4) 低排放量	(5) 高强度	(6) 高强度	(7) 低强度	(8) 低强度
VOL	- 2. 5071 *** (- 4. 22)		- 0. 1135 *** (- 4. 42)		- 4. 1051 *** (- 6. 22)		- 0. 2199 *** (- 6. 45)	
EI		3. 6617 *** (4. 61)		0. 2251 *** (4. 94)		5. 7975 *** (- 3. 38)		0. 2895 *** (7. 30)
FDI	- 0. 0763 (- 1. 31)	- 0. 1117 * (- 1. 77)	0. 0002 (0. 14)	- 0. 0006 (- 0. 52)	- 0. 1305 ** (- 2. 47)	- 0. 2334 *** (- 3. 38)	- 0. 0007 (- 0. 64)	- 0. 0004 (- 0. 37)
ECS	0. 1298 * (1. 43)	- 0. 0373 (- 0. 45)	0. 7833 *** (12. 90)	0. 7239 *** (8. 69)	0. 2053 ** (2. 24)	- 0. 0562 (- 0. 66)	0. 2129 *** (3. 74)	0. 2524 *** (4. 93)
IND	0. 0957 (1. 17)	0. 0292 (0. 31)	0. 0121 * (1. 73)	0. 0199 ** (1. 96)	0. 0485 (0. 47)	0. 0518 (0. 49)	0. 0279 *** (3. 27)	0. 0151 * (1. 89)
STRU		0. 1056 (1. 13)	- 0. 0086 (- 1. 24)	0. 0148 (1. 34)	- 0. 15419 * (- 1. 51)	0. 0504 (0. 50)	- 0. 0054 (- 0. 67)	0. 0107 (1. 30)

续表

自变量	(1) 高排放量	(2) 高排放量	(3) 低排放量	(4) 低排放量	(5) 高强度	(6) 高强度	(7) 低强度	(8) 低强度
_cons	8. 3374 *** (4. 70)	− 4. 3713 *** (− 3. 48)	0. 2308 (3. 95)	− 0. 3747 *** (− 5. 13)	14. 0091 *** (6. 71)	− 7. 1881 *** (− 4. 66)	0. 4879 *** (5. 50)	− 0. 4005 *** (− 6. 23)
拟合优度	0. 1371	0. 0023	0. 6237	0. 3109	0. 0797	0. 0045	0. 0159	0. 1960
F 值	8. 67 [0. 00]	7. 74 [0. 00]	245. 30 [0. 00]	52. 13 [0. 00]	11. 40 [0. 00]	10. 72 [0. 00]	30. 07 [0. 00]	33. 73 [0. 00]
豪斯曼 检验	15. 40 [0. 00]	28. 13 [0. 00]	6. 99 [0. 32]	21. 11 [0. 00]	15. 16 [0. 02]	28. 47 [0. 00]	25. 60 [0. 00]	21. 75 [0. 00]
模型	FE	FE	FE	FE	FE	FE	FE	FE

注：括号中的值是 t – 统计量或 z – 统计量； * 表示 $p < 0.1$， ** 表示 $p < 0.05$， *** 表示 $p < 0.01$。

对于碳排放量较高的行业，电力消耗量和电力强度对碳排放强度的影响与上述分析一致。FDI 在 10% 显著水平上对碳排放强度产生负效应，表明利用外资有助于这类行业的碳减排和效率提高。对于碳排放量较低的行业，核心解释变量的影响在四类行业中最小。更具体地说，每增加 1% 的电力强度，碳强度就会下降 0.2251%。在控制变量方面，能源消费结构和工业化水平对该行业碳强度的影响最大。在高碳强度行业中，电力强度在提高碳强度中所占比例最大。因此，应密切监测这一部门的电力利用效率和效益。对于低碳强度行业，我们可以观察到，估计出的核心解释变量效应达到了一致性。此外，工业化水平是该行业碳强度的主要驱动力。

5.3.11　稳健性检验

为了评价结果的一致性，本章对分析结果进行了一系列的稳健性检验。为了分离时间趋势对实证结果的影响，我们将整个时间段分为 2006 ~ 2010 年和 2011 ~ 2015 年两个时间段。分析结果显示，在表 5 – 11 的列（1）、列（2）、列（3）和列（4）中，两个核心自变量的系数仍然显著，其符号保持不变。同样，与此模型中的控制变量相关的其他估计与固定效应回归模型的结果一致。

随后，本章进行了可行的广义最小二乘（FGLS）检验，以克服数据中可能导致估计结果偏差的异方差和自相关问题。分析结果见表5－11的列（5）和列（6），电力消耗量和电力强度这两个核心自变量对碳强度分别表现出显著的正、负效应，说明制造业电力消耗量对碳强度有影响。此外，与控制变量相关的结果也与原模型一致，说明回归结果是稳健的。

表5－11　　　　　　　　　　　稳健性检验

自变量	(1) 2006~2010年	(2) 2006~2010年	(3) 2011~2015年	(4) 2011~2015年	(5) FGLS	(6) FGLS
VOL	−1.8348*** (−3.86)		−0.0963 (−0.39)		−0.2667*** (−3.44)	
EI		1.9001*** (4.11)		0.4648** (2.14)		1.2307*** (−7.26)
FDI	−0.0452 (−1.34)	−0.0375 (−1.21)	−0.0002 (−0.04)	−0.0014 (−0.32)	0.0018 (8.76)	0.0296* (1.76)
ECS	−0.5766 (−3.18)	−0.7594*** (−4.29)	0.2237*** (5.06)	0.2133*** (5.20)	0.2988*** (8.76)	0.5083*** (22.44)
IND	0.3287 (3.17)	0.1274 (1.42)	0.0862 (1.26)	0.0812 (1.21)	0.0391** (1.88)	−0.2304*** (−5.26)
STRU	−0.1126 (−1.77)	−0.0121 (−0.19)	−0.2174*** (−4.02)	−0.1799*** (−3.25)	−0.0931*** (−6.60)	0.0748* (1.76)
_cons	5.9154*** (4.74)	−0.8516*** (−1.19)	0.8987*** (1.43)	−0.0685 (−0.17)	0.8512*** (3.68)	1.9176*** (7.98)
拟合优度	0.5491	0.7336	0.5905	0.5681		
F值	7.55 [0.00]	8.02 [0.00]	11.49 [0.00]	12.87 [0.00]	98.93 [0.00]	837.40 [0.00]
豪斯曼检验	36.39 [0.00]	43.05 [0.00]	16.48 [0.01]	21.65 [0.00]		
模型	FE	FE	FE	FE	FGLS	FGLS

注：括号中的值是t－统计量或z－统计量；＊表示$p<0.1$，＊＊表示$p<0.05$，＊＊＊表示$p<0.01$。

5.3.12 讨论

中国是一个发展中国家，正经历着快速的经济发展转型。在本章中，我们发现碳强度、耗电量和电力强度为 I（1）序列。此外，我们揭示了从电力消耗量（VOL）到碳强度（CI），碳强度（CI）到电力强度（EI）的单向因果关系。相比之下，能源消耗和碳强度之间存在双向因果关系。研究结果的不同可能归因于研究对象的选择、样本量和时间周期的不同。本章还观察到电力强度对碳强度有积极影响，电力消费对碳强度的影响在不同的要素密集型行业中也有所不同。电力消耗量与碳强度呈负相关，这与哈姆迪等（Hamdi et al.，2014）的研究结果有所区别。

能源使用和可持续发展之间的关系一直是一个有争议的话题，因为它影响许多关键的政策决定。作为一种必不可少的自然资源，传统化石能源在创造福利的同时也带来了各种生态问题，尤其是温室气体排放的大量增加。因此，能源转型已成为实现碳中和的必然选择。在这方面，可再生能源的发展至关重要，原因如下。首先，随着世界工业化，能源需求持续上升。可再生能源分布广泛，具有巨大的发展潜力，可确保能源供应安全，缓解能源短缺。其次，化石能源的开采和利用不仅会排放温室气体，还会暴露土地、水、空气等生态资源，危害人类健康。同样的能源消耗，可再生能源排放的污染物和温室气体更少。总之，发展可再生能源已成为缓解气候变化、解决能源安全、改善环境质量的重要手段。可再生能源是指来自自然并不断被补充的能源，如太阳能、风能、水能和潮汐能。可再生能源主要以三种方式取代化石能源：发电、加热冷却和运输燃料。其中，发电占据主导地位。

为了将经济增长与碳排放脱钩，并提高国家自主贡献，全球能源转型正在被大力推动。可再生能源一直是碳中和的大趋势，2020 年我国在第七十五届联合国大会一般性辩论上表示有意在 2060 年之前建立零碳经济。目前，一些主要国家和地区已经制定了各自实现碳峰值的计划，碳中和与绿色可持续发展现在已经成为全球共识，而这一浪潮似乎势不可挡。必须指出的是，碳中和目标的关键要素是使用清洁能源，从而为经济提供动力。与燃煤发电站相比，可再生能源现在不仅更清洁，而且被证明与化石燃料相比更经济。与此同时，主要由可再生能源驱动的大规模转向电力运输也将在减少目标碳排放方面发挥巨大作用，并将有助于减少世界主要城市的空气污染。因此，本章分析了可再生能源和碳排放之间存在的联系，以确定可再生能源是否有助于我国实现碳中和的目标。

氢能是后石油时代最理想的能源载体，在碳中和的目标下，有必要构建类似煤炭行业、石油行业的全链氢产业。系统核心为绿色氢，涵盖制备、储存、运输、加氢、利用、检测、安全等操作。因此，氢气工业可以应用于涉及氢气运输、氢气储存、氢气化工、氢气冶金等运输领域。目前，氢能主要由化石燃料生产，主要供应于炼油、合成氨、甲醇生产、炼钢等行业。然而，氢能在交通运输、发电、建筑等领域还没有得到广泛的推广和应用。氢能成本高是阻碍其在发电、工业和民用领域应用的主要原因。即便如此，氢能也难以在"零碳排放"和长途运输的电气化行业中得到广泛应用。氢产业将取代石油产业，产业核心将由石油向绿色氢转型。氢能将广泛应用于发电、工业、建筑、交通等主要领域。从制氢、储存、运输到燃料电池供应、加氢站，将形成完整的氢气生产链。在碳达峰和碳中和目标的引导下，中国天然气市场未来前景光明。

工业电力用煤换天然气。因此，在"十四五"规划中，天然气的发展要重点抓好产、供、储、销链条的系统一体化建设。建立稳定的国内外天然气供应体系。天然气供应必须坚持"国内为主、多源进口"的原则。自从"十三五"以来，我国建立了多维市场体系，形成了竞争多元的市场结构。在"十四五"期间，政府部门应明确调峰供应责任，制定管网建设和运行的相关规则和标准。在推进地方管网改革时，禁止区域垄断。根据能源消费的工业比重来看，工业仍是中国的主要能源来源。而降低工业能耗的关键途径是调整产业结构，突破技术难题，提高能源效率，向高端、绿色方向发展产业。建筑运营和交通运输能源也是能源消耗和排放的重要来源。改变现状的有效途径是采用最优住宅设计理念，应用低能耗建筑技术，开发清洁能源和新能源汽车，打造智能化和信息化交通。在中国的能源结构中，煤炭单位能耗较高，在能源消费总量中占比较大。参考德国的能源转型路线"煤炭逐步淘汰"，中国摆脱煤炭依赖的关键步骤应包括：逐步淘汰煤炭、推进落后矿区改造、推进电力系统现代化建设、探索分布式和可再生储能技术。

5.4　本章小结

本章探讨了 2006～2015 年中国 27 个制造业用电量对碳强度的影响。目前，我国正面临产业结构调整和碳减排的双重压力。因此，研究能源消费对工业碳排放和碳强度的影响，对于实现这两个目标具有重要意义。为此，我们采用了一个改进的 STIRPAT 模型来捕捉潜在的影响因素。本章还从各要素密集度、高/低碳排放和碳强度等方面分析了用电量对工业碳强度的影响。此外，我们进行了稳健性检查，以验证我们发现的一致性。结果表明，用电量具有季节性变化趋势，且用电量增速下降速度快于工业经济增速。然而，电力强度与碳强度正相关，说明能源消耗与经济发展未能实现脱钩效应。电力强度对资源密集型行业碳强度的正向影响最大。利用外商直接投资对实现低碳发展，特别是高碳排放和高碳强度行业的低碳发展具有重要作用。

基于这些研究结论，为降低制造业碳排放强度，本章提出以下政策建议。

第一，在电力生产方面，开发和引进新技术，提高能源转化效率，通过热电联产、煤气化联合循环（IGCC）等方式，降低煤、油、气的消耗，实现能源的综合、高效分级利用。

第二，在输配电方面，政府应鼓励研发和采用新技术、新材料。智能电网的建设涉及电力的生产、分配、消耗和调度，它可以有效地提高电网的资源配置能力，实现电力的远距离、大容量输送，从而降低电力损耗，提高整个电力系统的运行效率。

第三，在用电方面，一是产业结构升级优化，消除低效、过剩产能，积极发展服务业，抑制重工业特别是高耗能产业发展；二是提高能效等级标准，通过出台鼓励节能的财税政策，加大节能补贴力度，建立更加严格的市场准入制度，最终提高能效水平；三是实行合理的多级电价，通过经济手段减少用电和浪费；四是要培养节能意识。节能减排需要大家参与，通过加强宣传或培养人们的环境观念和节能意识，使节能减排落到实处。

行业具体层面的政策建议如下。

首先，对于高排放量、高碳强度的 I 类行业（H-H），如石油、焦化、核燃料加工等需要大力支持天然气发展，调整石油产品结构，促进能源结构优化升级，充分发挥石油工业间接减排潜力。此外，还应通过调整产品结构、催化剂技术、减少电化学工艺的使用、采用生物工艺等途径，使化工原料和化工产品生产向低碳方向发展。非金属矿产品的生产可以通过改善非金属矿的储存、实验室布局和化学用途来改善环境保护。冶炼和压榨黑色金属、有色金属，可以促进工业向煤炭资源丰富、电价低廉的西部地区快速转移。纺织制造业可以选择低碳排放的纺织材料，选择可回收材料制成的纺织品，提高纺织品利用率，降低总消费。食品制造业要结合自身的生产特点，挖掘自身的节能潜力，实现单位食品能耗降低的目标。此外，还应通过生产设备和工业节能方案的开发、筛选和实施，实现降低成本和节能降耗的双赢目标。在纸及纸制品制造方面，自制废纸浆的单位能耗低于自制原浆。因此，建设先进的废纸制浆设施，扩大总容量或部分取代原有纸浆，是一项强有力的节能措施。

其次，对于高排放量、低碳强度的 II 类行业（H-L），农产品食品加工可实施干燥、去皮、粉碎、酶失活、风干、贮存等定量控制，避免能源浪费。药品生产应严格审核包括原料药生产企业在内的所有外包项目供应商，确保其符合生产企业的节能环保标准。通用机械制造作为交通运输设备的汽车制造，在产业链的前端，材料应用和制造工艺是实现低碳发展的重要组成部分，包括制造工艺中的节能技术、轻质代用材料，废旧汽车材料回收利用技术。

再次，对于低排放量、低碳强度为特征的 III 类行业（L-L），单位产值用电量较低，即生产率达到规模经济，但部分行业碳排放量和排放强度的增长趋势不容忽视。橡塑制品制造业要大力开展废旧轮胎等橡胶制品的回收利用，加强先进生产技术的研究，提高塑料制品的附加值，采用低污染、高降解、可循环利用的绿色材料。金属产品制造应从产品设计程序入手，在设计中采用无污染、低污染、可再生、可重复利用的材料，选择科技含量高、资源消耗低、环境污染小的技术和工艺，采用便于高效清洗和综合利用的技术方案，如在钢铁企业推广烧结余热发电技术。

最后，对于低排放量、高碳强度的 IV 类产业（L-H），白酒、饮料、精制茶制造业可重点建设"绿色工厂"，尽量使用环保节能材料以及太阳能、风能等设备，实现产业链低碳化、高效率。化纤制造业应采取新技术、新工艺、新材料，探索产业发展新模式，实现产品创新和工艺创新，实现上下游地区生产力的显著提高和节能减排。

第 6 章

开放经济下数字经济的碳减排效应

气候变化是当今世界面临的最重要威胁之一，轻微的气温变化可能会导致大规模的灾难，表现形式包括海平面上升、沙漠化、猛烈和不可预测的天气模式、水资源短缺、饥荒，以及包括全球战争或冲突在内的其他次生影响。大幅减少全球温室气体（GHG）排放对于防止气候变化受到最严重的影响至关重要。人类通过燃烧煤炭、石油和天然气来产生用于电力、食品、工业和交通运输的能源，从而产生温室气体，森林砍伐和农业活动也会导致温室气体排放。当今世界的环境格局更加复杂。发达国家和发展中国家共同努力，通过实施可持续的政策来减少温室气体排放。

亚洲金融危机对中国经济，特别是出口相关产业造成了巨大的冲击，由于出口相关产业多为低碳轻工业，现阶段受影响较大，投资能力不足（刘自敏和申颢，2020）。这一轮投资主要集中在重化工行业，而重化工行业基本是高碳产业，导致碳强度较高。由于经济形势好转，特别是出口相关产业改善，这些产业的投资需求增加，导致低碳产业比重逐步上升，碳强度迅速下降。随着我国加入世界贸易组织以来，发达国家加大了高污染、高排放的重化工产业向中国转移的力度。国内很多地区单方面追求产值增长，也重点发展重化工产业。为减缓各地高碳产业加速发展的态势时，我国相继出台减少高排放、高污染产业的相关措施。部分高排放、高污染企业被取缔，使碳强度逐步下降。随着国内工业经济的稳步增长，产业结构不断优化，使碳排放逐步企稳，碳强度持续下降。

本章从数字转型的角度研究碳排放的门槛效应，收集整理了 2002～2021 年全球 29 个主要出口国的面板数据，通过构建多变量门槛值模型来探讨能源消费对二氧化碳排放的影响。我们进一步将数字转型分解为数字基础设施发展、数字贸易竞争力和数字技术开发等几个指标。主要研究结果表明，能源消耗对碳排放具有显著的门槛效应。当人均能源使用量作为核心解释变量时，数字基础设施和数字技术开发显示出显著的单门槛效应。同样，当可再生能源消费比例被视为关键自变量时，数字贸易竞争力和数字技术开发也会产生显著的单门槛效应。总体而言，数字化转型越深入，人均能耗对碳排放的促进作用越弱，可再生能源比例对碳减排的影响越大。稳健性检验证实了本章结论的稳定性和一致性。故建议决策者应该更好地利用数字转型为节能和实现碳中和提供的机会。具体的政策建议包括：一是提高可再生能源在数字基础设施中的应用规模；二是完善数字产业可再生能源利用评价体系；三是提升激励机制，促进数字化过程中清洁能源的采用；四是稳步推进数字转型和产业结构优化；五是高收入发达经济体应帮助中低收入发展中国家加快发展低碳经济。

6.1　数字化转型助推双碳目标

全球气候变暖问题是人类社会面临的重大挑战之一，以二氧化碳为代表的温室气体排放被公认为主要诱因。自 20 世纪末以来，国际环境保护机构一直在努力促进各国之间的合作，并期待达成一致的减排战略（郭丰等，2022）。与自然和谐相处、防止流行病灾害进入气候灾害的首要性逐渐成为国际共识。各国碳达峰和碳中和目标明显加快。随着经济全球化的深入，分散在世界各地的生产部门被纳入全球生产分工体系。在当前的分工背景下，发达国家凭借技术优势占据全球价值链的上游环节，转移高碳排放产业，实现自身的碳减排，但增加了下游发展中国家的碳排放压力。在进出口贸易领域，各国正在逐步实施低碳进口政策，国际低碳壁垒也在逐步增加。近几十年来，世界主要出口国（见表 6-1）均面临环境问题，如碳排放量急剧上升和温室效应不断恶化。美国的页岩油产量和人均汽车拥有量均居世界首位，多种因素使其人均碳排放量一直居世界前列。虽然澳大利亚人口少，受益于近年来经济的快速发展，但采矿业和水产养殖业的快速增长导致人均碳排放量稳步攀升。沙特阿拉伯是世界上最大的石油生产国和出口国，主要从事石油生产和冶炼，然后出口到其他国家，在此期间，排放了大量的二氧化碳。因此，发展低碳节能技术已成为各国的共识。

表 6-1　　　　　　　全球 29 大出口型国家

代码	国家	代码	国家	代码	国家
1	澳大利亚（AUS）	11	爱尔兰（IRL）	21	韩国（KOR）
2	奥地利（AUT）	12	意大利（ITA）	22	西班牙（ESP）
3	比利时（BEL）	13	日本（JPN）	23	瑞典（SWE）
4	巴西（BRA）	14	马来西亚（MYS）	24	瑞士（CHE）
5	加拿大（CAN）	15	墨西哥（MEX）	25	泰国（THA）
6	中国（CHN）	16	荷兰（NLD）	26	土耳其（TUR）
7	法国（FRA）	17	波兰（POL）	27	英国（GBR）
8	德国（DEU）	18	俄罗斯（RUS）	28	美国（USA）
9	印度（IND）	19	沙特阿拉伯（SAU）	29	越南（VNM）
10	印度尼西亚（IND）	20	新加坡（SGP）		

　　碳中和强调企业、团体或个人在一定时期内直接或间接计算温室气体排放总量，通过植树造林、节能减排抵消自身二氧化碳排放，实现二氧化碳零排放。碳中和目标不仅是世界经济实现可持续高质量发展的内在要求，也是推动建设人类命运共同体的必然选择，还是全面考虑气候缓解和适应能力的科学判断（李建军和刘紫桐，2021）。与此同时，数字技术对绿色低碳产业发展的重要性日益凸显。数字技术可以推动传统行业的节能和排放控制，并在实现碳中和目标方面发挥关键作用。目前，世界各国正在加快发展新一代信息技术，推动互联网、大数据、人工智能（AI）、第五代移动通信（5G）

等新兴技术与绿色低碳产业深度融合。建设绿色网络是一项系统工程（闫衍等，2022）。在能源供应方面，新能源解决方案需要侧重于减少能源引进带来的碳排放。在能源消耗方面，需要建设绿色网站和绿色数据中心，以显著减少能源使用产生的碳排放。数字技术正在与机器视觉、人工智能和大数据相结合。这些技术的结合，不仅加速了能源、金属冶炼、制造、运输等高耗能行业的数字化转型，还在节能降耗方面取得了最为突出的成就。本章的研究具有重要意义，与现有研究不同之处在于，我们从数字转型的角度出发，探索节能减排效果。因此，有必要在以数字经济为特征的社会经济发展前沿领域，全面推进碳达峰和碳中和的有机融合与协调。数字经济对实现碳中和具有重要意义。

本章框架的其余部分按以下形式组织：第2节回顾了相关文献，以解释本章研究的贡献；第3节构建数理模型，从理论上阐述数字转型与碳中和的关系，并说明了直观观察数据特征的方法和变量选择；第4节介绍了计量经济学技术，并讨论了与现有研究进行比较的结果；第5节总结研究结果并提出政策建议。

6.2　开放型经济体双碳机遇及挑战

6.2.1　开放经济的环境效率研究

目前，关于贸易开放与环境污染关系的理论主要分为以下三类。

一是贸易有益理论。贸易开放程度的提高最终会改善生态系统，减少环境污染，一些研究人员的实证结果有力地支持了这一观点。许多学者发现，贸易开放的兴起不仅有利于提高制造业的碳排放绩效，减少中国的碳排放，而且对促进经济发达国家的碳减排也有一定的作用（丁明磊等，2022）。一些研究还证实，贸易开放将减少碳排放。林和孙（Lin and Sun，2010）通过使用阈值回归技术调查中国省际面板数据，报告了贸易开放对绿色全要素生产率（GTFP）增长具有显著的积极影响，但由于外国直接投资和人力资本水平的阈值效应，这种影响呈现非线性特征和空间异质性。

二是贸易有害理论，其代表性理论主要有"污染天堂假说"和"竞逐底线假说"。埃图格鲁尔等（Ertugrul et al.，2016）和胡等（Hu et al.，2018）认为，发展中国家将通过降低其环境监管标准，吸引发达国家将污染密集型企业迁往本国，发展其国内经济，并以牺牲环境为代价提高其贸易竞争力。谢赫等（Shaikh et al.，2020）进一步验证了贸易有害理论，认为贸易开放会促进碳排放。关于印度的贸易碳排放关系也得出了类似的结论（Kanjilal and Ghosh，2013）。基于面板平滑过渡回归模型，安德森（Andersson，2018）的结论表明，进出口加剧了环境污染。

三是贸易中立理论。拉乌等（Lau et al.，2014）将贸易对环境的影响分为三种类型：规模效应、技术效应和结构效应。规模效应是指经济规模扩张引起的环境恶化；技术效应是指正常生产经营过程中使用的手段对环境的影响；结构效应是指产业结构对环境的影响。但贸易对环境的正面影响还是负面影响取决于这三种影响的总和（Marques et al.，2013）。费尔南德斯－阿玛多等（Fernández-Amador et al.，2016）的研究从不同的角度讨论了贸易自由化的绿色经济增长，发现在国内研发合作下，进口可以促进绿色技术的进步，而出口则会产生抑制性影响。戈兹戈尔（Gozgor，2017）进行的加工贸易对碳排放影响的实证研究表明，加工贸易与碳排放效率之间存在显著的倒"U"型曲线关系。

6.2.2　数字转型对碳中和的影响研究

随着计算机技术的进步，数字经济对环境和可持续发展的影响在学术界引起了广泛的争议。

首先，数字化可以促进双碳目标实现。西奥丘（Ciocoiu，2011）指出，在全球生态环境加速恶化的背景下，全球数字网络可以连接世界所有地区，培育新的社会规范。从长远来看，它可能在环境保护方面发挥深远的作用。

福尔卡德和克洛茨（Fourcade and Kluttz，2020）阐明，数字化有助于实现生产过程的生态现代化，从而确保资源的高效利用以及国家和全球经济的可持续发展。互联网技术的进步提高了资源利用效率和新环保技术的广泛使用，提高了污染物排放的预防和控制水平（Lopez et al.，2019）。博拉等（Bolla et al.，2010）报告称，数字转型和碳中和是协同作用的。一方面，数字化转型可以有效地促进全球经济的节能减排。另一方面，碳中和还可以帮助数字经济实现绿色和可持续发展。鉴于互联网平台成本低、效率高的优点，企业有利于自身产品创新和低碳生产模式的转变（Wahab et al.，2021）。

其次，数字转型在改善环境方面具有巨大潜力，但数字经济对环境的负面影响不容忽视（Park et al.，2018）。周等（Zhou et al.，2021）通过收集和研究世界前10位国家的数据，指出数字化不利于低碳或可持续经济的发展。此外，全球绿色增长目标的实施需要控制数字化转型的传播速度。其他研究则发现，数字技术的发展提高了对能源的需求，加剧了生态状况（Schulte et al.，2016）。工业数字化导致更多的能源消耗和碳排放（孙振清和聂文钰，2021）。格兰内尔等（Granell et al.，2016）研究表明，如果互联网用户数量增加1%，人均用电量将增加0.026%。同时，周等（Zhou et al.，2019）研究发现，信息技术产业的能源使用和对污染产品的中间投资导致了大量的碳排放。阿沃姆等（Avom et al.，2020）揭示了撒哈拉以南非洲通信技术与能源消费之间的单向因果关系。

一些研究表明，数字转型与碳中和之间存在非线性关系。科瓦奇科娃等（Kovacikova et al.，2021）通过检验中国省级面板数据，验证了数字转型与二氧化硫排放之间存在倒"U"型曲线关系。数字转型对中国发达地区的碳中和有积极影响，而对落后地区则有显著的负面影响。数字经济在早期增加了碳排放，在后期减少了污染物排放（Latif et al.，2018）。

6.2.3　简要述评

前面的文献为本章的研究奠定了坚实的基础。通过对现有研究的梳理，我们发现学者们大多对碳排放的影响因素有所了解。数字技术对经济发展的影响一直备受学者关注，但对数字转型如何影响碳中和缺乏系统的研究。据我们所知，关于数字经济和数字转型对碳排放影响的研究尚处于起步阶段，文献数量相对较少，大多数调查都是基于定性分析，而定量研究不足。

综上所述，现有关于碳排放和碳中和的文献很少涉及数字转型阈值效应的测量。数字经济大多采用单指标法进行估算，难以准确描述数字转型的实际变化水平。很少有研究讨论信息和通信技术（ICT）对碳排放的影响。与ICT 相比，数字转型综合评价指标更能全面反映数字技术对经济社会、商业模式、生产和交易模式的影响。"互联网＋"发展模式已成为国际社会实现产业升级和绿色制造的必由之路。

因此，本章的贡献体现在以下几个值得注意的地方。首先，本章丰富了数字转型对碳中和影响的理论基础。其次，我们还制定了三类指标来系统地衡量数字转型的特征，包括数字基础设施发展、数字贸易竞争力和数字技术开发。最后，在定量研究的基础上，本章构建了一个面板阈值模型，以捕捉数字化转型对碳排放和碳中和影响的阶段性特征。

6.3　模型构建与数据方法

6.3.1　开放经济下的生产技术假设

安特维勒等（Antweiler et al.，2001）提出的贸易与环境一般均衡模型认为，贸易开放的规模效应将增加一国的碳排放，而技术效应将有助于减少碳排放。在贸易自由化和生产全球化的背景下，假设一个开放经济体使用生产资本（K）和劳动力（L）两个要素进行生产，这两个产品是 X 和 Y。X是产生碳排放的污染产品，Y 是不产生碳排放的清洁产品。假设 X 和 Y 的价格为 PX 和 PY。在生产技术方面，这两种产品的规模回报率保持不变。在要素投入方面，假设经济中只有资本和劳动力投入，供给弹性为零。在经济内部，资本利率为 r，工资水平为 w。基于科普兰德和泰勒（Copeland and Taylor，2004）的分析和要素禀赋假设，我们推断 X 是资本密集型产品，Y 是劳动密集型产品。根据上述假设，产品 X 和 Y 的生产函数可以表示为：

$$X = (1 - \theta)F(K_x, L_Y) \tag{6-1}$$

$$Y = H(K_x, L_y) \tag{6-2}$$

$$C = \mu(\theta)F(K_x, L_y) \tag{6-3}$$

其中，F 和 H 是递增的齐次凹生产函数。F 代表生产 X 的企业的理想最大产量，即 X 部门的所有要素投入产品生产时的最大产量。θ 反映 X 部门碳减排的资源配置，$0 \leqslant \theta \leqslant 1$、$M(\theta)$ 反映了碳排放控制的强度，是要素投入比例的函数。这反映了数字要素投入在碳排放控制中的比例越高，在给定的理想产出水平下，实际碳排放水平越低。根据式（6-1），产品 X 的输出由产品 X 的潜在最大输出和数字元素输入的比例决定。产品 X 的产量是 θ 的递减函数。但碳减排函数 $\mu(\theta)$ 也会受到技术水平 A 的影响。我们将部门 X 的碳减排强度函数设定如下：

$$\mu(\theta) = \frac{1}{A}(1 - \theta)^{1/\alpha} \tag{6-4}$$

其中，α 为函数参数，且 $0 < \alpha < 1$；A 代表碳减排的数字技术水平。随着 A 的增加，X 部门的碳减排技术水平稳步提升。这意味着，当投入要素比率保持不变时，行业的碳减排强度会随着技术进步的提高而攀升。通过将碳排放强度函数式（6-4）引入碳排放生产函数式（6-3），我们可以得到：

$$C = \frac{1}{A}(1 - \theta)^{1/\alpha}F(K_x, L_x) \tag{6-5}$$

此时，产品 X 的生产函数可以表示为：

$$X = (AC)^\alpha \left[F(K_x, L_x) \right]^{1-\alpha} \tag{6-6}$$

上述公式表明，产品 X 可被视为二氧化碳排放量 C 和潜在产出 F 两个输入因子的生产，符合齐次函数的特征，规模收益率恒定。

6.3.2　数字转型与碳排放的理论效应模型

本章在沃尔特和乌格罗（Walter and Ugelow，1979）以及埃斯蒂和杜瓦（Esty and Dua，1997）的研究基础上，构建数字转型对碳中和影响的理论模型。在该模型中，创造性破坏是推动绿色技术创新和碳中和的核心驱动力。模型的假设如下所示：允许企业进出；帮助碳中和的绿色技术创新来自新企业或现有企业；企业是一系列生产单位的集合；企业通过产品线上的绿色技术创新进行扩张，以取代产品线上原有的企业。我们假设该时期内具有产品类型的企业的价值满足贝尔曼方程（Bellman Equation），那么：

$$rK_t(n) - \dot{K}_t(n) = \max_{z_i \geq 0} \{ n\pi_t - w_t\lambda nz_i^\theta + nz_i [K_t(n+1) - K_t(n)]$$
$$+ nx[K_t(n-1) - K_t(n)] \} \tag{6-7}$$

其中，$K_t(n) = n\kappa Y_t$，工资率 $w = W/Y$，$\kappa = \dfrac{\pi - \lambda w z_i^\theta}{\tau + x - z_i}$，$\pi$ 为利润；θ 是绿色技术创新影响数字化研发人员弹性的倒数；λ 是规模参数。现有企业 z_i 的绿色技术创新强度可由式（6-7）得出：

$$z_i = \left(\frac{\kappa}{\theta\lambda w} \right)^{1/(\theta-1)} \leq \left(\frac{\sigma\kappa}{\lambda w} \right)^{1/\theta} \tag{6-8}$$

一个潜在的新企业雇佣 δ 个数字研究人员，并以 $\zeta > 1$ 的数量进行数字技术创新。市场可以自由进入的假设意味着新企业 $K_t(1)$ 的价值必须等于绿色技术创新的成本 $w_t\delta$。我们将每种产品的市场进入率设置为 z_e。由于每种产品的创造性破坏相当于新企业的市场进入率加上现有企业的创造性破坏率，因此 $x = z_i + z_e$。从式（6-7）中，我们可以得到：

$$(\tau + z_e)\kappa = \pi - \lambda w\left(\frac{\sigma\kappa}{\lambda w} \right), \quad z_e = \frac{\pi}{w\delta} - \sigma - \tau \tag{6-9}$$

其中，ρ 是消费者的主观折现率。在实现数字化转型之前，现有企业对绿色技术创新的投资不能超过其市场价值的 σ 倍。假设 $\theta = 0.5$，则绿色技术创新对数字研发人员的弹性为2，则均衡增长率为：

$$g = x\ln\zeta = (z_i + z_e)\ln\zeta = \left(\frac{\pi}{w\delta} - \sigma - \tau + \frac{\delta^2}{\lambda^2}\sigma^2\right)\ln\zeta \qquad (6-10)$$

从上述公式可以看出，数字转型与绿色技术进步之间存在着非线性关系。

6.3.3　数字经济对碳排放绩效的影响机制

在供给侧，数字经济通过改变产品性质、创造新价值和塑造数字环境，使企业获得新的竞争优势，从而促进投入要素的优化配置。此外，数字经济的固有优势和本质特征，如跨时空的信息传播、数据创造和共享，可以减少不必要的活动，从而减少能源消耗和碳排放，提高碳排放绩效。在需求端，数字经济为消费者提供了有效的激励机制，引导其采取更绿色的行为。此外，数字经济为低碳技术企业提供支持，为相关行业的技术发展创造了条件。

除了直接影响外，数字经济还可以间接影响碳排放绩效。其影响机制如下：一是能源消费，包括能源强度、能源消费规模和能源消费结构。有学者研究认为，数字经济或互联网发展可以提高绿色全要素能源效率和能源生产技术，从而降低企业生产过程中的能源消耗。二是绿色创新。电信基础设施可以通过提高信息水平，打破时空壁垒，提升媒体关注度和公司治理，从而促进绿色技术创新，而绿色创新是影响碳排放绩效的重要因素。三是开放。数字经济的出现转移了人们的生产和生活方式，重塑了国际产业链，影响了各国的经济发展模式。此外，数字经济还改变了区域间贸易的产品和方式，提高了市场交易效率。四是产业结构升级。数字经济可以促进企业之间创新技术和知识的共享，降低企业搜索成本，引导创新资源和要素向高生产率产业流动，促进资源优化配置和产业结构升级。由于互联网技术具有明显的技术溢出效应，从而推动产业结构向资源节约型和低碳环保产业转型升级。值得注意的是，中国的能源消费对煤炭存在刚性需求。短期来看，中国的能源密集型产业无法完全退出市场，也无法转型为低碳、生态友好型产业。此外，由于能源反弹效应，能源密集型产业的能源消费和产出增速高于其他产业，能源密集型产业产出占经济总产出的比重有所提高。五是环境规制。数字经济可以推动经济高质量发展。在这种情况下，对更好环境的渴望会越来越强烈，这将迫使政府完善环境法规。已有研究证实，环境规制对碳排放具有重要影响。六是城市绿化。数字经济通过城市绿化影响碳排放绩效。数字经济通过技术创新促进城市绿色经济效率，数字经济集聚可以通过能源消费、技术进步、产业结构等因素促进城市绿色增长。并且，植树造林有助于碳固存，是中国提高能源利用效率、减少碳排放的重要手段。也有人认为，植树造林在城市生态环境保护中发挥着重要作用。因此，数字经济可能对碳排放绩效有正向影响，中介机制为能源强度、能源消费规模、能源消费结构、开放、绿色创新、产业结构升级、环境规制、城市绿化。

6.3.4　数字经济对碳排放绩效的非线性溢出效应

根据上述分析，数字经济以其独特的优势和特点，有助于优化投入要素资源配置，降低能源消耗和碳排放，实现经济产出最大化。有学者通过理论分析和实证研究得出结论，数字经济或互联网技术的发展可以通过提高经济增长、经济生产率、能源和资源利用效率来提高碳排放绩效。尽管近年来数字经济带来了巨大的成就，但数字技术产业本身并不环保，其生产过程中消耗了大量的化学、金属和非金属材料，造成了碳排放。莫耶和休斯（Moyer and Hughes，2012）利用经济合作与发展组织（OECD）数据，采用多面板回归方法研究了数字技术创新和技术溢出对国内碳排放强度的影响，并分析了其影响机制。他们发现，信息产业的技术创新导致碳排放强度上升。信息技术对碳排放有负向影响，而这种影响在不同情景下可能会有所不同。吴等（Wu et al.，2022）采用动态阈值面板模型研究能源消费对碳排放的影响。研究发现，能源消费会促进碳排放，但随着环境规制水平的提高，促进作用逐渐减弱。由于资本和劳动力资源差距的增大，互联网发展对绿色全要素能源效率的影响逐渐减小，两者之间存在非线性关系。随着技术、能源结构、人力资本和开放水平的变化，互联网发展对节能减排具有非线性影响。受制度质量、市场化水平和知识产权保护的影响，绿色投资对环境污染具有非线性溢出效应。因此，数字经济对不同情景下的二氧化碳排放有着复杂的影响。

6.3.5　计量经济学方法

6.3.5.1　横截面相关性检验

在使用面板数据模型进行计量经济分析时，在某些情况下，各部分之间会存在较强的相关性，其判断依据是误差项之间存在横截面相关性。原因是，影响因变量的共同经济影响和未确定的组成部分没有作为自变量引入，而是成为误差项的一部分，这将导致模型估计有偏差和不一致。因此，在估计模型之前，需要进行横截面相关性检验。

6.3.5.2　单位根检验

本章的研究基于从多国收集的宏观经济时间序列数据。在大多数经济领域，宏观经济时间序列的均值和方差随时间而变化。用非平稳经济变量构建回归模型会带来伪回归。因此，检验经济变量的不稳定性是本章必须解决的问题。考虑到干扰项可能具有自相关性，列文等（Levin et al.，2002）引入了高阶差分滞后项。

$$\Delta y_{it} = \delta y_{i,t-1} + z'_{it}\gamma_i + \sum_{j=1}^{p_i} \theta_{ij}\Delta y_{i,t-1} + \varepsilon_{it} \qquad (6-11)$$

其中，δ 为公共自回归系数，即公共根；不同个体的滞后顺序 p_i 可能不同；$\{\varepsilon_{it}\}$ 是一个稳定的自回归滑动平均过程模型；不同个体之间的 ε_{it} 相互独立，但允许异方差。通过引入足够高阶的微分滞后项，我们可以确保 ε_{it} 是白噪声。

6.3.5.3 协整检验

协整是对非平稳经济变量长期均衡关系的统计描述。一个时间序列可能单独是非平稳的，但线性组合后的两个或多个序列将是稳定的。线性组合后的平稳序列具有长期稳定的均衡关系，称为协整关系。具有协整关系的变量在短期内可能脱离这种协整关系，但在长期变化后仍会回到这种协整均衡关系。本章建立的平稳线性群是两个以上经济变量之间的关系，因此我们采用了 Johansen 协整检验，这优于 EG（Engle-Granger）两步检验。

对于 k 维时间序列 $y_t = (y_{1t}, y_{2t}, \cdots, y_{kt})'(t = 1, 2, \cdots, n)$，k 维向量的分量 y_t 称为顺序协整（d，b），记录为 $y_t \sim CI(d, b)$。如果 y_t 的每个分量 $y_{it} \sim I(d, b)$ 都是非零向量 β（也称为协整向量），那么 $\beta' y_t \sim I(d - b)$，$0 < b \leq d$。

如果由 y_t 的协整向量组成的矩阵是 A，矩阵的秩 A 为 r，则 $0 < r < k$。对于以下模型 $y_t = A_1 y_{t-1} + A_2 y_{t-2} + \cdots + A_p y_{t-p} + Bx_t + U_t$，公式中 y_t 是一个非平稳变量，$A_1, A_2, \cdots, A_p$ 是一个 $k \times k$ 阶的参数矩阵，x_t 是一个稳定的 d 维外生向量，表示趋势项和常数项等确定性项，U_t 是 k 维随机误差向量。微分变换后得到如下公式：

$$\Delta \ln y_t = \prod \ln y_{t-1} + \sum_{i-1}^{p-1} \tau_i \Delta \ln y_{t-1} + B \ln x_t + U_t \qquad (6-12)$$

其中，$\prod = \sum_{i=1}^{p} A_i - I$，$\tau_i = -\sum_{j=i+1}^{p} A_j (i = 1, 2, \cdots, p-1)$，$\prod$ 表示压缩矩阵。利用 Johansen 协整检验的特征值和迹统计量，得到矩阵 $\prod$ 的特征根 $\varphi_1 > \varphi_2 > \cdots > \varphi_k$。零假设 $H_{r0}: \varphi_r > 0$，$\varphi_{r+1} = 0$ 是最多存在 r 个协整向量，另一种假设 $H_{r1}: \varphi_{r+1} > 0$ 是存在 r + 1 个协整向量（$r = 0, 1, 2, \cdots, k-1$），相应的检验统计量为：

$$\omega_r = -n \sum_{i=r+1}^{k} \ln(1 - \varphi_i) \qquad (r = 0, 1, 2, \cdots, k-1) \qquad (6-13)$$

ω_r 表示特征值和迹统计量，依次检验统计量的显著性。当 ω_r 小于临界值时，则接受零假设 H_{r0}，这表明存在 r 个协整向量。当大于临界值 ω_r 时，则拒绝零假设 H_{r0}，这意味着至少存在 r + 1 个协整向量。

6.3.5.4 门槛检验

在传统的实证研究中，当需要研究一个解释变量的解释力对被解释变量的解释力随另一个解释变量变化的非线性结构突变时，通常通过交互项检验、分组检验或引入虚拟变量来建立模型。分组检验通过主观经验设定切分点，而交互项检验则受到交叉项目形式不确定性的限制。两者均不能检验门槛效应的显著性。汉森（Hansen，2000）提出的门槛回归模型可以克服上述两种方法的缺点。它不仅可以准确估计门槛，还可以完成显著性检验。与传统的主观分组不同，面板门槛法不需要根据理论值或经验预设门槛。门槛回归对样本数据进行内生分组，消除了主观性，可以在估计样本数据的门槛后检验显著性。此外，该方法还可以在单阈值模型的基础上进一步扩展到多门槛模型。此外，面板门槛可以通过整合横截面个体和连续时间序列的二维信息优势来估计门槛。因此，本章利用这一技术，以数字转换为门槛变量，构建了能源消耗对碳中和影响的门槛模型：

$$CE_{it} = \mu_{it} + \alpha_1 \ln X_{it} + \alpha_2 EC_{it} \times I(DT_{it} \leq \gamma_1)$$
$$+ \alpha_3 EC_{it} \times I(DT_{it} > \gamma_1) + \varepsilon_{it} \qquad (6-14)$$

$$CE_{it} = \mu_{it} + \beta_1 \ln X_{it} + \beta_2 REN_{it} \times I(DT_{it} \leq \gamma_{11})$$
$$+ \beta_3 REN_{it} \times I(DT_{it} > \gamma_{11}) + \varepsilon_{it} \qquad (6-15)$$

其中，i，t 分别为国家和年份；μ_{it} 是常数项；X 是控制变量矩阵；I（·）是指示函数；如果括号中的表达式为真，则值为 1；否则，该值为 0；γ 是要估计的门槛。考虑到可能存在多个门槛，我们进一步设置多门槛模型如下：

$$CE_{it} = \mu_{it} + a_1 \ln X_{it} + a_2 EC_{it} \times I(DT_{it} \leq \gamma_{21})$$
$$+ a_3 EC_{it} \times I(\gamma_{21} < DT_{it} \leq \gamma_{22}) + \cdots$$
$$+ a_{n+1} EC_{it} \times I(DT_{it} > \gamma_{2n}) + \varepsilon_{it} \qquad (6-16)$$

$$CE_{it} = \mu_{it} + b_1 \ln X_{it} + b_2 REN_{it} \times I(DT_{it} \leq \gamma_{211})$$
$$+ b_3 REN_{it} \times I(\gamma_{211} < DT_{it} \leq \gamma_{212}) + \cdots$$
$$+ b_{n+1} REN_{it} \times I(DT_{it} > \gamma_{21n}) + \varepsilon_{it} \qquad (6-17)$$

（1）门槛效应检验。

在门槛估计中，需要解决两个问题：一是估计重要变量 DT 的门槛 γ 和回归参数；二是检验估计出来的门槛值。其中，门槛 γ 和关键考察变量 DT 是通过在假定的阈值数下最小化普通最小二乘估计的残差估计值来获得的。在获得相应的参数估计后，需要验证门槛效应的显著性和估计门槛的置信区间。门槛值效应显著性检验的原假设 H_0：$\beta_1 = \beta_2$ 是不存在门槛效应，备择假设 H_1：$\beta_1 \neq \beta_2$ 是存在门槛效应。检验统计值为：

$$F_1 = \frac{S_0 - S_1(\hat{\gamma})}{\hat{\sigma}^2} = \frac{S_0 - S_1(\hat{\gamma})}{S_1(\hat{\gamma})/n(T-1)} \qquad (6-18)$$

其中，S_0 和 $S_1(\hat{\gamma})$ 分别是零假设和门槛值估计下残差的平方和；$\hat{\sigma}^2$ 是阈值估计下残差的方差。由于零假设下的阈值不可识别，F_1 统计量为非标准分布，但似然比检验的渐近分布可以用"自抽样"来模拟，由此构造的 p 值也具有渐近有效性。如果 p 值小于我们设定的临界值，那么我们可以拒绝零假设并断言门槛效应是显著的，否则我们可以声称模型中没有门槛效应。

（2）门槛估计值与实际值的一致性检验。

对于门槛值的一致性检验，零假设为 H_0：$\hat{\gamma} = \gamma_0$，替代假设为 H_1：$\hat{\gamma} \neq \gamma_0$。在门槛值效应的前提下，$\hat{\gamma}$ 是 γ_0 的一致估计量，但其渐近分布是非标准的。因此，可以通过 LR 统计值建立 γ 的非拒绝区域。LR 检验统计值可以构造为：

$$LR_1(\gamma) = \frac{S_1(\gamma) - S_1(\hat{\gamma})}{\hat{\sigma}^2} \qquad (6-19)$$

其中，$S_1(\gamma)$ 是无约束条件下残差的平方和，$LR_1(\gamma)$ 也是非标准分布。当 $LR_1(\gamma) > c(\alpha)$，原假设被拒绝，并认为门槛估计值不等于其实际值，其中，

$c(\alpha) = -2\ln(1 - \sqrt{1 - \alpha})$，$\alpha$ 为显著性水平。同时，可以绘制 LR 检验图，更直观地观察门槛值的置信区间和拒绝区域。为了确定模型中是否存在多个门槛值，有必要根据单门槛模型检查下一个门槛值的显著性和置信区间。如果检验失败，我们可以接受单一门槛值假设；否则，继续进行更多门槛值检验。

6.3.6　变量选取

6.3.6.1　被解释变量

碳排放（CE）。碳排放是现代经济发展过程中能源消费不可避免的副产品。碳排放是一把"双刃剑"，它不仅在很大程度上反映了经济活动的规模，还会产生温室效应。促进碳中和的根本是减少碳排放（Khan et al.，2020）。解决这一问题的关键是以绿色创新理念引领高质量经济增长，以深度脱碳共同提升经济社会发展。贸易一直是世界碳排放的重要驱动力，但一些发展中国家正在成为国际高碳排放产业转移的避难所。在一定的污染税率下，随着发达国家和发展中国家贸易自由化的演变，各国的环境问题表现出分歧（Dou et al.，2021）。本章收集人均碳排放量数据（单位：公吨），描述各国的环境状况。

6.3.6.2　核心解释变量

（1）能源消费（EC）。

将碳中和目标融入外向型国家经济、社会和生态环境协调高质量发展进程，对实现全球经济绿色低碳增长具有深远意义。在主要出口国中，煤炭和石油消费占一次能源消费的比例高于全球平均水平，碳排放主要来源于能源消费，总量较高，应通过限制总能源消耗和促进能源结构升级来实现碳中和。因此，本章选择人均能耗（单位：千克油当量）作为核心解释变量之一。

（2）可再生能源消费（REN）。

能源转型越成功，碳达峰目标越能较快实现，全社会在实现长期碳中和目标过程中付出的成本越小。因此，能源转型是实现碳中和目标，乃至将绿色发展转化为新的综合国力和国际竞争优势的关键步骤。未来几十年国际低碳能源转型的核心内容是不断提高清洁能源的比重，其主要特点是单位 GDP 碳排放量逐步下降。本章选取可再生能源消费比例（单位:%）来衡量能源结构转换的重要性。

6.3.6.3　门槛变量

（1）数字基础设施发展（INRT）。

以互联网普及为支撑的企业组织管理创新可以降低信息搜索、产品运输和订单跟踪的成本，提高企业运营、生产和创新活动的效率。互联网技术通过降低单位交易成本、促进产业融合和改善能源消费结构，提升了制造业全要素生产率。然而，在学术界，没有公认的指标来估计数字基础设施的发展水平。众多研究将数字基础设施嵌入数字经济指标体系，以互联网用户数量、手机用户数量、固定宽带和固定电话普及率以及移动网络覆盖率作为衡量指标。因此，本章选取互联网用户占总人口的比例（单位:%）来衡量数字基础设施的完善程度。

（2）数字贸易竞争力（ICT）。

作为数字经济的延伸和应用，数字贸易的特点是以数字知识和信息为关键生产要素，借助现代信息网络进行传播甚至交易。数字贸易是以提升传统经济活动绩效、提升经济结构为目的的贸易活动。数字贸易的兴起促进和加速了知识和信息的传播和交易，促进了技术进步，提高了经济效率。这些数字知识和信息通过互联网通信迅速传播和交易，最终可以优化资源配置，促进节能减排。本章采用 ICT 产品出口占总出口的比例（单位:%）来衡量数字贸易的竞争力。

（3）数字技术开发（PAP）。

数字技术是数字经济的核心，是推动数字经济增长的主要引擎。同样，实现碳中和与技术创新密不可分。其中，数字技术创新的科研水平因其成果应用的时间滞后性小而发挥的积极作用最大，可以帮助企业实现数据创新和清洁生产（Li et al.，2018）。科技论文数量所蕴含的数字科研实力是制造业产业结构优化的原动力。在科研机构有效的成果转化机制下，数字技术创新便于立即实施，并可迅速应用于制造业的绿色低碳生产。在我们的研究中，发表的科学和工程论文数量是数字技术开发水平的代表。

6.3.6.4　控制变量

如果我们只研究能源消耗对二氧化碳排放强度的影响，虽然很容易确定其直接影响，但忽视其他重要解释变量对碳排放的作用，可能会导致估计结果的不稳定性和偏差。为了避免上述问题，将影响碳排放的其他控制变量纳入模型中进行分析。具体而言，本章采用城市化率（URB）来衡量城市人口占总人口的比例，专利申请量（PAT）、商品贸易量（TRD）以 GDP 的比例为单位，人均国内生产总值（GDP）以 2010 年不变价美元为单位。

6.3.7　数据来源和特征

鉴于主要出口国由发达国家和新兴工业化国家组成，它们占世界总碳排放量的很大一部分。进入 21 世纪后，一些国家相继启动了碳中和计划。考虑到数据的可用性和一致性，本章采用了 2000～2019 年全球主要出口经济体的面板数据，使用的数据来自世界银行的世界发展指标（WDI 数据库）。为了消除可能的异方差，一些数据被转换成自然对数形式。样本数据的统计描述和相关矩阵如表 6-2 所示。

表 6-2　　　　　　　　　　　变量的统计性描述

变量类型	变量名	符号	均值	标准差	最小值	最大值	偏度	峰度
因变量	碳排放	CE	7.8158	4.5041	0.8873	20.4719	0.6509	2.9363
核心自变量	能源消费	EC	2.1027	0.3648	0.9751	2.7984	-0.8593	3.3977
	可再生能源消费	REN	15.4173	14.2806	0.0066	57.9803	1.1098	3.1878

续表

变量类型	变量名	符号	均值	标准差	最小值	最大值	偏度	峰度
门槛变量	数字基础设施发展	INRT	55.6368	28.2311	0.5275	96.5	−0.4568	1.9523
	数字贸易竞争力	ICT	10.1787	11.0743	0.0015	54.9744	1.5297	4.9733
	数字技术开发	PAP	4.3691	0.6274	2.3037	5.7657	−0.5769	3.7391
控制变量	城镇化率	URB	71.7376	17.6438	24.374	100	−0.9104	3.2736
	专利申请量	PAT	3.6951	0.9023	1.5314	6.1442	0.5415	2.7785
	商品贸易量	TRD	1.8656	0.2691	1.2913	2.6408	0.4207	3.0678
	经济水平	GDP	4.2632	0.4909	2.8794	4.9465	−0.9296	2.9221

世界上最大的出口导向型经济体既包括发达国家也包括相当数量的发展中国家。发达国家包括澳大利亚、比利时、加拿大、美国、德国、爱尔兰、意大利、日本、荷兰、新加坡、韩国、西班牙、瑞典、英国等。发展中国家包括巴西、中国、印度、马来西亚、墨西哥、俄罗斯、沙特阿拉伯、泰国、土耳其、越南等。发达国家和发展中国家已经显示出不同程度的数字转型，在数字基础设施建设和数字技术开发方面，样本发展中国家呈现出追赶样本发达国家的趋势。相反，样本发展中国家的数字贸易量正呈现稳定状态，而样本发达国家的数字贸易比重逐渐下降。发达经济体数字产业发展起步较早，数字经济发展相对领先。过去一段时间，数字贸易的主要发展中心是发达国家和中国。随着全球电子商务巨头在发展中国家的积极布局，数字贸易继续从发达国家传播到发展中国家。

6.4   实证研究

6.4.1   横截面相关性和单位根检验

门槛回归模型要求模型中的变量，尤其门槛变量是平稳的。因此，在进行实证回归之前，有必要检查每个面板数据系列的单位根。就发生时间而言，面板单位根检验方法可分为两个阶段。第一代面板单位根检验需要独立的截面，当存在截面相关性时，第一代面板单位根检验的检验结果可能不可靠。第二代面板单位根检验假设了截面相关性的空间效应，并对截面相关性的形式做出了不同的规范，可以同时考虑截面异质性和相关性。截面相关性检验的结果表明，不存在截面相关性。因此，我们选择第一代单位根检验。

鉴于检验结果的稳健性，本章采用了同质面板单位根假设的 LLC 检验和异质面板单位根假设的 Fisher 检验来验证每个变量的平稳性。经检验，原始序列是不稳定的，具有单位根。经过一阶差分后，具体检验结果如表 6 – 3 所示。可以看出，各变量的序列在一阶滞后时呈现稳定的趋势，且均在 1% 的显著性水平上表现出平稳性。

表 6 – 3   各变量单位根检验结果

变量名	形式	LLC 检验		Fisher 检验	
	(c, t, l)	统计值	概率	统计值	概率
CE	(c, 0, 1)	– 2. 6629	0. 0000	107. 9515	0. 0000
EC	(c, 0, 1)	– 4. 3716	0. 0000	138. 5581	0. 0000
REN	(c, 0, 1)	– 1. 1901	0. 0000	114. 2067	0. 0000
INRT	(c, 0, 1)	– 2. 8639	0. 0000	125. 9601	0. 0000
ICT	(c, 0, 1)	– 34. 2929	0. 0000	207. 1324	0. 0000
PAP	(c, 0, 1)	– 1. 7616	0. 0000	87. 8944	0. 0000
URB	(c, 0, 1)	– 5. 2491	0. 0000	193. 2073	0. 0000
PAT	(c, 0, 1)	– 2. 2393	0. 0000	165. 4094	0. 0000
TRD	(c, 0, 1)	– 1. 6841	0. 0000	121. 5471	0. 0000
GDP	(c, 0, 1)	– 3. 5087	0. 0000	115. 3419	0. 0000

注：c、t、l 分别表示具有常数项、时间趋势和滞后阶数的检验。

6.4.2　协整检验

从表 6–4 可以看出，对应于至多一个协整关系的零假设的迹统计量和最大特征统计量大于各自的 5% 临界值，表明零假设没有被拒绝。因此，碳排放、人均能源消费、可再生能源消费比例、数字基础设施发展、数字贸易竞争力、数字技术开发、城市化、专利申请、贸易开放度和人均 GDP 之间存在协整关系，且至多存在协整关系。

表 6 - 4　　　　　　　　　Johansen 协整检验结果

原假设	特征值	迹统计量	5% 临界值	最大特征值	5% 临界值
无	0.0823	51.9688	29.7971	42.3471	21.1316
最多 1 个	0.0166	9.6218	15.4947	8.2967	14.2646
最多 2 个	0.0026	1.3251	3.8415	1.3251	3.8415

6.4.3　门槛效应估计结果

从表 6 - 5 和图 6 - 1（1）中可以看出，在显著性水平为 1% 时，INRT 有一个单一阈值，阈值为 1.8152。根据面板数据阈值回归模型的处理方法，以 1.8152 为阈值点，将 INRT 分为不大于 1.8152 和大于 1.8152 的两个区间，并在不同区间回归 EC 与碳排放的关系，以考察 INRT 在不同尺度上对能源相关碳排放的影响。在 10% 显著性水平，PAP 也有一个单一阈值，如图 6 - 1（2）所示。当 EC 和 REN 被视为内生解释变量时，阈值分别为 3.9341 和 3.7697，如图 6 - 1（4）所示。同样，将 REN 作为内生解释变量时，ICT 的阈值为 4.1009，这在 10% 的水平上是显著的，如图 6 - 1（3）所示。

表 6 - 5　　　　　门槛变量的显著性检验、估计值和置信区间

核心自变量	门槛变量	门槛数	F 统计值	10%临界值	5%临界值	1%临界值	门槛值	95%置信区间
EC	INRT	单门槛	60.60***	48.8534	58.7292	85.0225	1.8152	[1.8019, 1.8170]
		双门槛	23.88	33.0939	42.8853	58.8960	1.7469	[1.7395, 1.7474]
	ICT	单门槛	94.02	54.1671	64.6346	77.8548	39.3504	[2.0854, 2.2290]
		双门槛	21.13	133.8675	163.8154	252.5556	2.1919	
	PAP	单门槛	71.72**	73.6647	82.8460	115.4785	3.9341	[3.9049, 3.9420]
		双门槛	32.50	62.0924	79.4156	100.4572	2.5142	

核心自变量	门槛变量	门槛数	F统计值	10%临界值	5%临界值	1%临界值	门槛值	95%置信区间
REN	INRT	单门槛	39.97	54.0776	65.1661	85.7756	2.6003	[2.2989, 2.6397]
		双门槛	25.54	51.6576	58.4546	71.5791	76.0000	[72.9000, 76.008]
	ICT	单门槛	51.04**	50.2495	56.7764	69.9446	4.1009	[4.0605, 4.1397]
		双门槛	20.72	42.8646	51.1515	62.0491	0.0922	[0.0812, 0.1100]
	PAP	单门槛	63.43**	65.3643	82.9168	109.8504	3.7697	[3.7182, 3.7772]
		双门槛	22.13	55.6549	68.2298	94.0817	2.8727	[2.6598, 2.8941]

注：* 表示 $p < 0.1$，** 表示 $p < 0.05$，*** 表示 $p < 0.01$。

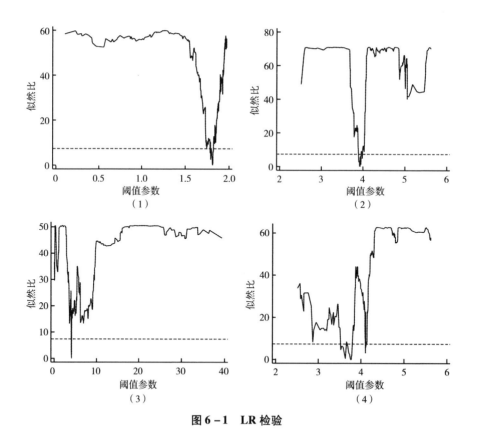

图6-1　LR检验

组内自相关和组间异方差的统计分别为 53.427 和 3121.43，在 1% 显著性水平上拒绝了零假设，即变量之间存在组内自相关和组间异方差。横截面相关性的统计值为 22. 151，这并不否定零假设。因此，变量之间没有横截面相关性。在基准回归分析中，本章采用了可行的广义最小二乘估计（FGLS）方法，可以有效地克服组内的自相关和组间的异方差，结果如表 6 - 6 列（1）所示。能源消耗和可再生能源消耗对碳排放的影响系数在 5% 的检验水平上显著，且一正一负。对于面板阈值估计，无论只加入 EC 还是其他控制变量，回归结果都是一致的。我们通过添加所有变量来讨论回归结果。当 INRT 小于或等于 1. 8152 时，EC 系数为 0. 9521，即当能耗增加 1 个百分点时，碳排放量将增加 0. 9521 个百分点。当 INRT 大于 1. 8152 时，EC 系数为 0. 9398，这也是非常显著的。这表明，随着数字基础设施规模的扩大，能源燃烧对碳排放的促进作用逐渐减弱。互联网的发展水平会影响一系列数字低碳技术服务的研发过程、传输效率、吸收程度和应用效果，从而影响一个国家低碳技术标准的提升。通过工业互联网平台在资源配置和优化中的应用，可以对分散的海量资源进行组织和调度，提高生产资源的匹配性能和全要素能效。当选择 PAP 作为阈值变量时，当 PAP 不大于 3. 9341 时，EC 的估计系数为 1. 0461。然而，当阈值大于 3. 9341 时，系数下降到 1. 0243。这意味着，在突破数字技术开发的一定门槛后，主要出口国将能够提高能源的利用效率，帮助实现碳减排。在表 6 - 6 中，列（6）和列（7）报告了动态阈值估计结果。结果与静态阈值一致，而估计系数的绝对值显示出更强的冲击强度。

表 6 - 6　　　　　　　　以 EC 为内生变量的门槛回归结果

解释变量	（1）	（2）	（3）	（4）	（5）	（6）	（7）
EC	0. 5377 *** （0. 0190）						
REN	- 0. 0065 *** （0. 0002）						
EC_0		0. 9146 *** （0. 0184）	0. 9521 *** （0. 0346）	0. 9511 *** （0. 0201）	1. 0461 *** （0. 0314）	1. 3195 *** （0. 2353）	1. 5365 *** （0. 3502）
EC_1		0. 8991 *** （0. 0185）	0. 9398 *** （0. 0353）	0. 9312 *** （0. 0196）	1. 0243 *** （0. 0317）	- 0. 3661 *** （0. 1694）	- 0. 9396 *** （1. 9787）

解释 变量	（1）	（2）	（3）	（4）	（5）	（6）	（7）
阈值		INRT≤ 1.8170	INRT≤ 1.8152	PAP≤ 4.0301	PAP≤ 3.9341	INRT≤ 1.7434	PAP≤ 4.0239
		INRT＞ 1.8170	INRT＞ 1.8152	PAP＞ 4.0301	PAP＞ 3.9341	INRT＞ 1.7434	PAP＞ 4.0239
URB	0.0066 （0.0684）		− 0.0167 （0.0823）		− 0.0374 （0.0816）	− 0.1437 （0.2125）	1.6045 * （0.8757）
PAT	0.0081 （0.0054）		0.0279 *** （0.0094）		0.0422 *** （0.0096）	0.0181 （0.0189）	0.2502 * （0.1625）
TRD	− 0.0031 （0.0096）		− 0.0372 ** （0.0207）		− 0.0968 *** （0.0203）		
GDP	0.1267 *** （0.0293）		− 0.1232 *** （0.0333）		− 0.2056 *** （0.0301）	0.1456 ** （0.0746）	0.3357 （0.3352）
常数项	− 0.4503 *** （0.1176）	− 1.1037 *** （0.0387）	− 0.6632 *** （0.1138）	− 1.1641 *** （0.0415）	− 0.3886 *** （0.1068）	0.6264 （0.5281）	− 2.8388 * （1.9787）
R²		0.8158	0.8373	0.8079	0.8382		
F 值	3280.56	1296.38	454.79	1126.10	464.90		

注：* 表示 p < 0.1，** 表示 p < 0.05，*** 表示 p < 0.01；括号内的值为标准误。

数字经济的碳减排效应主要体现在以下几个方面：数字产业有其自身的环保特点，对环境的负面影响很小；数字产业以互联网企业、信息服务业等信息企业为主，其绿色水平普遍高于传统制造业；数字产业由于其强大的经济优势，往往更加关注环境效益；数字产业作为数字经济的产业基础，可以促进其他部门减少碳排放；数字产业可以利用数字技术的渗透和扩散来改造传统产业，促进智能和绿色产业的发展，扩大工业附加值，减少能源消耗和碳排放。数字经济的扩张有利于建立碳市场，从而大幅减少碳排放，实现碳中和。

当可再生能源消费被视为内生解释变量时，ICT 和 PAP 在表 6－7 中的10% 水平上显著，阈值分别为 4.1009 和 3.7697。整个样本分为两个阈值范围：数字贸易竞争力低的国家和数字贸易竞争力高的国家。从绝对值来看，可再生能源消费在不同阈值范围内对碳中和的影响从弱到强。当数字交易水平低于第一阈值 4.1009 时，可再生能源影响碳排放的参数估计值为 - 0.0115，并通过了 1% 水平的显著性检验。由此可知，当数字贸易竞争力水平较低时，不利于可再生能源碳减排效应的充分释放。当 ICT 大于 4.1009 时，系数为 - 0.0268，在 1% 水平上显示显著性。可以推断，当数字贸易竞争力处于较高水平时，可再生能源的减排效应更加明显。在世界各国应对可持续发展的背景下，一些国家的可再生能源消费份额已接近 40%。因此，在利用可再生能源替代化石能源的过程中，各国应充分认识到新兴数字技术的作用，并利用能够提升技术前沿的数字转型，帮助协调能源消费转型与绿色经济增长之间的关系。数字转型水平高的国家也显示在表 6 - 8 中。

表 6 - 7　　　　　　　　以 REN 为内生变量的门槛回归结果

解释变量	(1)	(2)	(3)	(4)	(5)	(6)
REN_0	- 9.5656 (1.6994)	- 0.0115 *** (0.0004)	- 0.0133 *** (0.0004)	- 0.0086 *** (0.0005)	0.0039 (0.0048)	0.0093 (0.0032)
REN_1	- 0.0138 (0.0003)	- 0.0100 *** (0.0004)	- 0.0038 *** (0.0014)	- 0.0119 *** (0.0004)	- 0.0144 *** (0.0028)	- 0.0129 *** (0.0056)
阈值	ICT ≤ 0.0812 ICT > 0.0812	ICT ≤ 4.1009 ICT > 4.1009	PAP ≤ 5.4569 PAP > 5.4569	PAP ≤ 3.7697 PAP > 3.7697	ICT ≤ 18.3698 ICT > 18.3698	PAP ≤ 4.5587 PAP > 4.5587
URB		0.2717 *** (0.0916)		0.6257 *** (0.1015)	0.0153 *** (0.1775)	- 1.5186 *** (0.9564)
PAT		0.0659 *** (0.0103)		0.0525 *** (0.0102)	- 0.0601 *** (0.0136)	- 0.0776 (0.1192)
TRD		- 0.0399 ** (0.0235)		- 0.0242 (0.0230)		
GDP		0.0768 *** (0.0339)		0.0561 ** (0.0337)	- 0.0735 (0.0614)	0.3021 (0.4121)
常数项	1.0186 *** (0.0063)	- 0.0268 *** (0.1238)	1.0054 *** (0.0063)	- 0.5606 *** (0.1385)	0.2305 (0.4315)	0.3251 (1.1293)
R^2	0.5581	0.7101	0.5756	0.6993		
F 值	625.36	334.20	661.39	342.82		

注：* 表示 $p < 0.1$，** 表示 $p < 0.05$，*** 表示 $p < 0.01$；括号内的值为标准误。

表 6 – 8   **2019 年高水平数字转型经济体的分布**

高水平数字基础设施发展（INRT > 1.8152）
澳大利亚、奥地利、比利时、巴西、加拿大、法国、德国、爱尔兰、意大利、日本、马来西亚、墨西哥、荷兰、波兰、俄罗斯、沙特阿拉伯、新加坡、韩国、西班牙、瑞典、瑞士、泰国、土耳其、英国、美国、越南
高水平数字贸易竞争力（ICT > 4.1009）
澳大利亚、奥地利、比利时、巴西、加拿大、法国、印度、印度尼西亚、意大利、俄罗斯、沙特阿拉伯、西班牙、瑞士、土耳其、英国
高水平数字技术开发（PAP > 3.9341）
澳大利亚、奥地利、比利时、巴西、加拿大、中国、法国、德国、印度、印度尼西亚、意大利、日本、马来西亚、墨西哥、荷兰、波兰、俄罗斯、沙特阿拉伯、新加坡、韩国、西班牙、瑞典、瑞士、泰国、土耳其、英国、美国

在样本出口型经济体中，发达国家与发展中国家在产业结构、技术水平、碳减排阶段和数字经济成熟度等方面存在较大差异。因此，数字转型的碳排放效应在不同发展水平的国家之间有不同的表现。虽然许多出口国对互联网的利用还处于初级阶段，但企业开始在生产、管理和贸易活动中使用互联网。制造企业和服务企业生产经营模式的"互联网＋"变革也开始萌芽。因此，互联网的使用对碳全要素生产率产生了显著的积极影响。随着互联网和"互联网＋"关键技术和设备的快速发展，以及基础设施建设的逐步加强，互联网对生产经营方式的影响更加直接和广泛。由于商业模式创新不断增长，机械设备不断升级，数字化转型在生产、研发、管理等活动中的应用日益普及。数字转型在加强碳全要素生产率、节能减排方面的作用进一步增强。

6.4.4   稳健性检验

为了保证上述实证结果的稳健性，本章将样本的时间跨度划分为两个相同的子时段，以避免时间趋势的偏差效应，并依次进行回归。此外，根据区域经济合作的特点，将其分为经济合作与发展组织国家和非经济合作与发展组织国家。同时，我们根据样本国家的地理位置特征将其划分为亚太地区、欧洲地区和美洲地区。最后，用单位 GDP 的碳强度代替解释变量。表 6 - 9 中的回归结果表明，当选择 EC 和 REN 作为不同的核心解释变量时，在跨越代表数字转换的各种指标的阈值后，碳减排效应仍然显著。

表 6 - 9　　　　　　　　　　　稳健性检验结果

解释变量	(1) 2000 ~ 2009 年	(2) 2010 ~ 2019 年	(3) OECD	(4) 非 OECD	(5) 亚太区	(6) 欧洲区	(7) 美洲区	(8) 碳强度
EC_0	0.5758 *** (0.0671)		1.2552 *** (0.0329)	0.5093 *** (0.0825)	0.4731 *** (0.0588)	1.3017 *** (0.0551)		
EC_1	0.5634 *** (0.0677)		1.2338 *** (0.0327)	0.4866 *** (0.0818)	0.4552 *** (0.0591)	1.2962 *** (0.0556)		
REN_0		− 0.0111 *** (0.0006)					− 0.0157 *** (0.0013)	0.0645 (0.0085)
REN_1		− 0.0124 *** (0.0006)					− 0.0181 *** (0.0014)	− 0.0096 *** (0.0008)
阈值	INRT ≤ 1.7634	PAP ≤ 4.2870	PAP ≤ 4.2753	INRT ≤ 1.8367	INRT ≤ 1.8110	INRT ≤ 1.7389	ICT ≤ 1.6607	ICT ≤ 0.2912
	INRT > 1.7634	PAP > 4.2870	PAP > 4.2753	INRT > 1.8367	INRT > 1.8110	INRT > 1.7389	ICT > 1.6607	ICT > 0.2912
URB	0.3466 *** (0.1307)	0.1109 (0.1971)		0.1679 (0.1444)	0.4498 *** (0.1145)		− 0.5262 (0.8596)	0.9364 *** (0.1887)
PAT	0.0371 *** (0.0162)	− 0.0141 (0.0160)		0.0661 *** (0.0139)	0.0627 *** (0.0122)		− 0.0597 * (0.0425)	0.0773 *** (0.0211)
TRD	0.0103 (0.0283)	− 0.0092 (0.0351)		0.0728 ** (0.0437)	0.1126 *** (0.0289)		0.0386 (0.0640)	0.0627 (0.0478)
GDP	0.0088 (0.0532)	0.1556 *** (0.0513)		0.1099 ** (0.060)	0.0347 (0.0567)		0.0178 (0.1162)	− 1.4571 (0.0708)
常数项	− 1.2132 *** (0.2038)	0.1903 (0.2561)	− 1.8419 *** (0.0726)	− 1.4175 *** (0.2181)	− 1.5762 *** (0.1498)	− 2.1001 *** (0.4207)	2.2995 ** (1.2041)	4.5375 *** (0.2541)
变量	290	290	380	200	240	260	80	580
R^2	0.8539	0.6477	0.5656	0.8432	0.8680	0.8664	0.2781	0.6464
F 值	122.79	99.97	739.96	244.00	287.30	260.54	46.57	166.03

注：* 表示 $p < 0.1$，** 表示 $p < 0.05$，*** 表示 $p < 0.01$；括号内的值为标准误。

6.5　本章小结

基于碳中和与数字经济的研究视角，本章探讨了世界主要出口经济体碳排放的影响因素。本章选取 29 个经济体近 20 年的面板数据，构建面板阈值回归模型，实证检验了人均能源消费和可再生能源消费在碳排放规模上的影响强度。从数字经济的不同维度来看，当代表数字转型的三个指标（数字基础设施发展、数字贸易竞争力和数字技术利用）超过每个阈值时，能源消费对碳排放的促进作用降低，而可再生能源对节能减排的促进作用显著增强。针对研究结论，本章提出了主要出口国实现碳中和的政策建议和发展路径。

一是必须提高可再生能源在数字基础设施中的应用规模，并将数字基础设施的使用对气候的影响降至最低。鼓励传统产业通过数字化、物联网和新技术提高能效。企业应以技术和模式创新为驱动，推动智能化、低碳化数字基础设施建设，避免高碳经济增长。同时，应培育"互联网＋"技术创新发展新模式，推动实现碳中和目标。此外，还应推动智慧城市治理转型，加快智能传感器、智能设备和通信平台的覆盖、渗透和互联，实现先进感知和高精度智能控制，推进效率改革，降低制造资源消耗，最终增强数字技术赋权的减排效果。

二是完善数字产业可再生能源利用评价体系，努力实现能源革命与数字革命的深度融合，进一步优化能源结构。在能源消费方面，要综合运用大数据、云计算、物联网等数字技术，改变能源消费模式，提高能源效率。建议将碳中和目标与新数据中心的审批政策相关联，并审查新数字中心项目的能耗情况。从根本上考虑可再生能源电力的绿色零碳属性及其对实现碳中和目标的意义，全面检查能源燃烧总量和能源消费结构，协调数据中心的大规模扩建和绿色低碳转型。

三是提升激励机制，推动清洁能源在数字产业中的应用。通过互联网大力推广可再生能源消费新理念，帮助服务业等行业的传统消费者从"能源消费者"转变为新的"能源生产者和消费者",降低传统能源消费比重。与此同时,还要优化能源消费结构,积极推进碳减排项目。同时,还应引导资本流动,发挥公共投资的低碳杠杆作用。此外,应逐步形成项目建设标准,建立低碳数字产业目录,并通过财政和货币政策支持新能源和碳减排。政府相关部门还应设立激励基金,鼓励数字产业和企业购买清洁能源,并利用财政和税收补贴以及市场机制的协同激励效应,继续或加强对数字产业使用绿色能源的政策支持。

四是稳步推进产业结构数字化转型和精细化,刺激传统制造业技术再生,加快淘汰落后技术和生产,减轻环境负担。优化能源消费结构,减少对煤基化石能源的依赖,同时加大风能、水电、太阳能等清洁能源的开发和应用。重点吸引国际先进技术投资,特别是资源和环境领域的知识和技术密集型投资。加强环境监管,提高企业的环境污染补偿成本,从而促使企业自觉形成资源密集型、环境友好型的生态生产模式。此外,还应加强数字创新研发,提高技术支持能力。同时,重点研究开发低碳能源和碳捕获技术,催化技术创新和减排效果,扩大数字技术的支撑能力。

五是高收入发达经济体应主动帮助中低收入的发展中国家加快发展低碳经济。由于先发优势,发达国家在其领先的国际分工和国际贸易体系的帮助下成功实现了碳高峰。发展中国家在全球价值链中处于中低端和相对被动的地位,在现阶段,很难平衡碳增长和碳减排。发达经济体在享受结构成熟和开放经济红利的同时,应积极承担义务,主动帮助发展中国家加快循环低碳生产体系建设,利用现有资金和数字技术共同推动全球减排。针对不同国家禀赋的多样性和数字经济对碳排放的影响,应调整数字经济的发展步伐,打破新模式、新业态的产业壁垒和国际限制,以此来促进各国数字经济治理的协调。

第7章

数字贸易与绿色全要素生产率

气候变化影响人类社会的可持续发展，我国碳中和目标的实现，对缓解全球气候变化具有重要意义。同时，作为最大的发展中国家，中国的发展进程对全球经济有着重要的影响。要实现可持续发展，中国的首要任务是在促进经济发展的同时减少碳排放。与此同时，中国数字经济实现了跨越式发展，已成为经济稳定增长的主要动力。此外，有研究证明，数字经济在经济增长、政府管理、社会发展、工业技术、公司治理、资源利用和环境改善中发挥着重要作用。那么，在碳达峰和碳中和目标的背景下，数字经济是否促进了经济的低碳转型？如果存在这种效应，数字经济对碳排放绩效的影响机制是什么？数字经济在自身特征和空间规律上对碳排放绩效的影响有哪些差异？这些问题的答案都具有重要的理论和现实意义。

数字经济的一个重要特征是通过高效的信息传递，压缩了时空距离，提高了区域间经济活动的广度和深度。有研究表明，地方政府之间存在模仿或竞争的战略互动行为。因此，为了保持区域经济优势，地方政府很可能采取竞争措施发展数字经济，这将影响碳排放绩效。研究数字经济对碳排放绩效的影响机制，并提出相应的对策和建议，对于数字经济实现碳达峰和碳中和目标具有重要意义。第一，数字经济可以对绿色低碳发展产生乘数效应。第二，数字经济可以解决低碳发展的难题，从而对碳中和作出贡献。第三，数字经济本身需要低碳转型。因此，本章基于数字经济对碳排放绩效的影响机制，尝试构建城市层面的数字经济评价指标体系，并采用纵向和横向测度法对数字经济进行评价。通过构建 2011~2019 年中国 277 个城市面板数据，研究数字经济对碳排放绩效的影响及其机理。结果表明，数字经济显著促进了碳排放绩效，特别是通过降低能源强度、降低能源消费规模和加速城市绿化，从而减少碳排放。此外，数字经济对碳排放绩效的影响具有非线性特征，且数字经济对碳排放绩效具有空间溢出效应。在上述结论的基础上，本章提出了具体的建议，有利于优化我国的节能减排政策，对世界其他国家具有参考价值。

现代信息和通信技术（ICT）的蓬勃发展带动了以 ICT 技术和产业为载体的数字贸易。本章选择中国 30 个省份（不含西藏及港澳台地区）2002~2018 年具有代表性的 ICT 数字贸易数据，实证检验了基于 ICT 的数字贸易开放对绿色全要素生产率（GTFP）的影响。我们采用基于松弛变量的模型和全局 SBM-GML 估计方法计算省级 GTFP，并通过规模效应、技术效应和结构效应探讨数字贸易开放对 GTFP 的异质性影响。就实证结果而言，面板固定模型和面板分位数估计模型都表明了相同的结果。随着数字贸易规模的不断扩大，其规模效应对 GTFP 有显著的抑制作用，而与人力资本相关的结构效应和与技术研发（R&D）相关的技术效应对 GTFP 有显著的促进作用。面板分位数回归模型显示，相互作用的强度从低分位数到高分位数逐渐增加。进一步的稳健性检验也验证了结果的一致性和稳定性。最后，为构建高质量的数字贸易开放模式，促进 GTFP 的协调发展，本章提出了相应的实践建议。具体包括：第一，重视新一代 ICT 的渗透和衔接效应，加强企业信息化建设；第二，扩大数字贸易开放，拓宽产业合作领域；第三，推进数字贸易产业转型，加快构建数字贸易核心产业竞争力；第四，逐步推进数字贸易从依赖数量和规模向产品质量的转变。

7.1　跨境数字贸易与扩绿增效

数字经济已经引起了社会各界的广泛关注。数字经济的概念最早是由唐

（Don，1996）提出的，他认为数字经济是网络智能时代以现代信息和通信技术（ICT）为支撑的经济和社会运行的新范式。在经济全球化的背景下，中国已经深度融入全球价值链分工体系，绿色全要素生产率的提高离不开以贸易开放和数字贸易为主要载体的全球分工体系。当前，我国正处于经济转型关键期。而技术进步是实现可持续经济增长的前提，有利于中国经济向全要素生产率支持的增长模式转变（吴传清和杜宇，2018）。一个国家的技术进步取决于国内对高科技产业的研发投资和人才培养，外国创新活动也通过知识溢出发挥直接或间接作用。贸易开放和数字贸易是国家间技术转移和知识溢出的主要方式，随着对外开放规模的扩大，有利于绿色技术在一国的传播和扩散，从而实现绿色交通规划的完善和绿色经济的发展。

数字经济可以分为电子商务基础设施、电子商务流程和电子商务。这确定了数字经济的主要组成部分，但难以量化。从本质上讲，数字经济可以看作是与数字经济相关的一系列经济活动的总称（张希良等，2022）。尼克莱姆等（Knickrehm et al.，2016）认为，数字经济是指数字输入带来的数字输出。尽管如此，艾森曼和帕克（Eisenmann and Parker，2006）认为传统商业与电子信息技术的融合构成了数字经济的初始框架。尽管对数字经济的定义存在差异，但以往的研究都认为，数字经济是基于数字技术的经济。因此，参考已有研究成果，本章将数字经济定义为以数据为生产要素的一系列经济活动。经济部门的部分或全部产出来自数字技术、数字网络、数字服务或数字商业模式的经济活动，主要包括数字发展、数字创新和数字应用。

现有的关于碳排放绩效的研究大致可以分为三类。第一类是关于碳排放绩效内涵的研究（Ramanathan et al.，2017）。该研究认为碳排放绩效是能源结构、要素替代等多种因素共同作用的结果，具有明显的全要素特征。第二类是侧重于碳排放绩效的度量。主要有两种方法，即单因素法和全因子法。前者不能对决策单位进行综合评价，只能反映部分碳排放绩效。相比之下，后者基于随机前沿分析（SFA）和数据包络分析（DEA），更具有可行性。DEA 方法被广泛应用于全因子的测量。为了避免传统 DEA 模型的缺点，托恩（Tone，2000）提出了 Epsilon-Based Measure（EBM）模型。该模型综合考虑了径向和非径向的混合距离函数，因此计算结果更加真实和准确（Tone and Tsutsui，2010）。第三类是关注碳排放绩效的影响因素，如能源消耗、能源效率、产业结构变化（邵帅等，2019）和绿色技术创新（张友国和白羽洁，2021）。

信息和通信技术（ICT）的增强推动了工业的数字革命，以数据为核心的数字经济正在成为世界经济增长的重要组成部分。数字贸易作为数字经济时代发展的主要贸易形式，离不开信息技术和互联网的发展。随着新一代 ICT 的不断创新和全面应用，全球数字贸易发展迅速，成为各国推动经济增长的新动力（薄凡和庄贵阳，2022）。与此同时，对数字贸易的演变及其经济效应的研究已成为全球社会各界研究机构关注的热点问题。数字贸易已成为当前贸易发展的新趋势，在国际贸易中占据着越来越重要的地位（尹伟华，2021）。它刺激了全球经济增长的新势头，受到了世界各国的关注。加强数字贸易可以有效降低成本、提高效率、优化全球资源配置、促进服务贸易，对全球分工和竞争优势的构建产生深远影响。图 7 - 1 显示了中国的 ICT 贸易额及其占世界的比例。目前，数字经济正在进入一个快速发展的新时代，ICT 和云计算、大数据等数字技术已经融入经济领域的各个方面。依托数字经济，数字贸易也显示出旺盛的生命力和发展潜力。开放经济注重解决发展的内外联动问题，绿色增长注重解决人与自然的和谐问题。在综合考虑经济和环境效益的前提下，必须兼顾贸易开放和绿色增长。

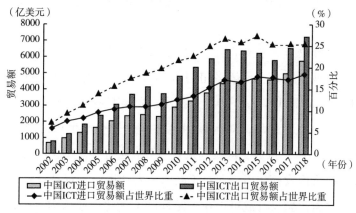

图 7 - 1　2002～2018 年我国 ICT 贸易额及其占世界的比例

注：HS 代码 8517、8525、8526、8527、8528、8529、8542。

资料来源：世界银行 WDI 数据库。

我国是仅次于美国的全球数字贸易领导者。目前，世界十大互联网巨头中有三家来自中国。中国数字贸易的发展取决于国内电子商务的崛起以及阿里巴巴和腾讯等互联网巨头的增长。当前，中国的电子商务交易量占世界的 40% 以上。总体而言，中国在数字贸易方面具有强大的发展潜力。基于此，我们需要了解贸易开放和数字贸易对中国 GTFP 的净效应是正是负，影响路径是什么，以及数字贸易与其他因素的互动是否有利于 GTFP 的改善。本章区别于现有的研究，主要贡献体现在以下几个方面：我们运用面板分位数估计方法对数字贸易对 GTFP 的作用机制进行理论分析和实证检验，以期为我国 GTFP 的完善提供新的视角，最终推动我国经济高质量开放格局的构建。本章的其余部分组织如下：第 2 节对以往的相关文献进行回顾；第 3 节建立数学模型，提出作用机理，并介绍了研究方法和数据来源；第 4 节进行实证研究并讨论结果；第 5 节总结研究结果并提出相应的政策建议。

7.2 文献述评

7.2.1 贸易开放对绿色技术创新的影响研究

关于贸易开放与绿色技术创新之间的关系，已有大量的理论和实证研究成果，但对于两者之间是否存在正、负因果关系，尚无统一的结论。一方面，曹和王（Cao and Wang, 2017）提出，贸易开放可以通过改变研发投资成本和优化人力资本比率，对区域绿色技术进步率产生积极影响。卡恩等（Khan et al., 2018）认为，从长远来看，只有中等收入国家的贸易自由化才能在节能减排方面发挥作用，而对于高收入发达国家，贸易自由化将减少二氧化碳排放总量。贸易开放可以在一定程度上优化产业结构，这有利于 GT-FP。另一方面，班德约帕德赫亚（Bandyopadhyay, 2004）研究了亚太经济合作组织（APEC）国家和地区的全球贸易政策增长机制，发现贸易开放对一国的全球贸易政策增长有负面影响。徐政等（2021）提出，贸易开放度的提高将使长江经济带仍然以牺牲环境为代价促进经济发展，这阻碍了 GTFP 的改善。以初级产品为主的贸易模式会促使许多企业通过雇佣廉价劳动力来降低生产成本，导致企业对技术创新的关注度下降，这不利于 GTFP 的增长。此外，哈辛和坎迪尔（Hassine and Kandil, 2009）提出，贸易开放可以通过调整产业结构和影响技术溢出来影响 GTFP 的变化，但无法判断它是积极的还是消极的。对于其他非线性研究，尼贝尔（Niebel, 2018）发现发达国家已经通过国家贸易将污染密集型产业转移到发展中国家，发展中国家也可以看到环境库兹涅茨曲线的存在，而造成这种现象的原因不是技术进步。随着贸易开放程度的不断提高，中国经济增长促进了二氧化碳排放量的增加，但这种增长会随着时间的推移而减弱，从一开始就呈现出倒"U"型曲线，慢慢变为正相关。

在影响机制方面，克莱沃里克等（Klevorick et al., 1995）指出，技术机会通常具有明显的行业特征，技术机会的差异对各行业技术进步的差异具有重要影响。阿米提和科宁斯（Amiti and Konings, 2007）发现，进口贸易中存在明显的"进口学习"效应。通过引进发达国家先进的生产和减排技术、机械设备和高科技中间产品，企业可以在短时间内迅速掌握先进的生产技术，提高生产效率，减少生产过程中的污染排放和能耗，从而减轻企业的环境成本负担。戈德伯格和帕维克里克（Goldberg and Pavcnik, 2007）认为，高质量中间产品的进口使进口国能够获得更多的核心技术。劳动资源密集型产业的中间产品进口阻碍了技术创新，而资本技术密集型产业的中间产品进口将促进技术创新。特别是考虑到环境约束，随着进口贸易结构的日益优化，企业将引进更多清洁技术含量高的机械设备，这将有助于丰富国内中间投入的种类，促进绿色技术的溢出和扩散。加利等（Ghali et al., 2013）选择了突尼斯和埃及的数据，验证了贸易创新降低了交易成本并导致全要素生产率（TFP）的增加。贸易创新和劳动力资源比研发投资更重要。坎恩等（Can et al., 2020）分析认为，出口对全要素生产率的影响源于出口部门生产效应的改善和对非出口部门的技术溢出。

7.2.2 ICT 和数字贸易对环境效率的影响研究

大量研究尚未就 ICT 是否促进 GTFP 达成一致结论。舒尔特等（Schulte et al.，2016）通过减少 13 个经合组织经济体中 27 个行业的电力需求，调查了关于 ICT 的统计证据，并认为 ICT 导致了更高的能源效率。巴斯蒂达等（Bastida et al.，2019）发现，在欧盟经济体中，ICT 可以刺激家庭行为的变化，并将电力效率提高 0~5%。杜卡斯等（Doukas et al.，2019）还揭示了 ICT 在提高海湾阿拉伯国家合作委员会（GCC）成员国能源效率方面的作用。同样，绿色技术创新被发现是影响能源和环境绩效的数字金融的传播路径（Shao et al.，2021）。ICT 的发展极大地影响了经济增长，并通过加强技术渗透和创新、增加需求和降低生产成本提高了能源效率和增长效率（Solarin et al.，2021）。夏尔马等（Sharma et al.，2021）研究了新兴亚洲经济体的 GDP、能源消耗、国民总收入、ICT、个人互联网使用、电力和出口，并发现了 ICT 加速经济增长的经验性证据。其他研究表明，ICT 有助于减少二氧化碳排放（Amri et al.，2019）。相反，索洛（Solow，1987）提出了生产率悖论，即计算机的大规模应用并没有带来生产率的相应提高。科拉德等（Collard et al.，2005）认为，ICT 商品的消费增加了电力消耗的强度。伯恩斯坦和马德利纳（Bernstein and Madlener，2010）在 8 个欧洲经济体的特定行业中记录了类似的发现。假设信息化没有带来 TFP 增长，其对经济增长的贡献主要体现在 ICT 资本的深化和 ICT 制造业全要素生产率的提高。同样，王和韩（Wang and Han，2016）的结论也支持 ICT 提高中国西部和中部的能源消耗强度。差异化的技术进步会导致技术进步偏差。根据技术一致性理论（陈诗一和祁毓，2022），如果技术进步偏差与要素禀赋不一致，将削弱价格效应和市场规模效应，抑制 GTFP 的推广。周等（Zhou et al.，2018）研究发现，ICT 占中国工业能源使用强度的 4.5%。

数字信息网络基础设施建设是数字经济和数字贸易兴起的基础。纳特和刘（Nath and Liu，2017）肯定了信息化和工业化的结合可以促进技术进步、产业结构升级和资源优化配置。造成这种情况的原因可能有很多，其中一个原因是，最初的数字信息网络建设本身对经济增长的拉动作用有限，可能会取代许多其他传统产业。只有在大量知识和信息的生产实现数字化，消费者习惯于通过网络获取的数字知识和信息，并将其应用于传统经济活动中，以提高传统经济活动的效率之后，数字经济和数字贸易对 GTFP 的促进作用才会逐渐显现。此外，严等（Yan et al.，2018）描述了 ICT 在促进 50 个发达和不发达经济体的能源生产率方面的作用，ICT 贸易还可以在发展中经济体之间搭建技术专长的桥梁。哥德巴赫等（Goldbach et al.，2018）提到，基于数字 ICT 的能源服务是降低能源使用强度的关键。确保能源可持续发展战略与国家可持续发展战略同步。然而，实现这些目标的关键是通过全球贸易促进技术进步和技术转让（张莉和马蔡琛，2021）。在这种情况下，数字通信技术贸易对于为可持续经济发展提供技术设施至关重要。根据艾哈迈德和勒（Ahmed and Le，2021）的研究，ICT 贸易通过减少二氧化碳排放帮助改善环境质量。目前，我国产业正处于数字化转型阶段，但产业数字化的深度仍落后于一些发达国家的水平，基于 ICT 的数字贸易对 GTFP 的贡献还没有充分体现出来。由于数据元素和数字技术不同于传统元素，当 ICT 资本投资、数据元素和数字技术形成新的生产函数时，基于 ICT 的数字贸易影响GTFP 的机制变得更加复杂。然而，这些由数字技术驱动的新功能能否真正改善企业的 GTFP 取决于多种因素。基于 ICT 的数字贸易通过输入和分配数字经济的新要素改善了全球贸易融资计划（毛保华等，2021）。相比之下，基于 ICT 的数字贸易产生的虚拟经济通过"挤出效应"对实体经济和 GTFP产生负面影响（张晓娣，2022）。

7.2.3　文献述评

本章在研究范围、理论和实证方法上与过去的文献相关。以往的文献材料为本章的研究奠定了坚实的基础，但关于数字贸易开放对 GTFP 影响的研究仍存在以下不足。第一，尽管许多学者关注数字贸易对 GTFP 增长的革命性作用，但缺乏系统的理论分析和实证检验。第二，数字技术是一种新型的生产要素，关于 ICT 数字贸易对 GTFP 的内部影响路径的研究还不够深入。第三，以往的研究只分析了中国工业或制造业的绿色发展，研究对象相对单一，不能全面反映我国绿色发展状况，结论不具有普遍适用性。第四，许多文献研究了贸易开放或数字贸易对经济增长或碳排放的影响，但对数字贸易对全球贸易政策的影响研究不足。

基于这些不足，本章旨在从以下几个方面对现有研究进行改进，以填补研究空白。首先，对于 GTFP 数据，用非径向、非角度松弛变量模型（SBM）和方向距离函数的全局 Malmquist-Luenberger（GML）指数进行区域分类测算，能够更真实、可靠地反映环境与经济增长的协调发展关系。其次，本章从理论上分析基于 ICT 的数字贸易对 GTFP 的影响机制，并基于规模效应、结构效应和技术效应，实证检验数字贸易开放度及与其他因素的相互作用对 GTFP 的影响。再次，考虑到各地区经济发展的差异，本章将进一步分析中国不同地区的数字贸易对全球贸易伙伴关系的影响。最后，本章从人力资本和研发投资的角度，利用面板分位数模型检验基于 ICT 的数字贸易对 GTFP 的影响，并结合我国各省份的区域特点，提出有针对性的数字贸易高质量发展和促进 GTFP 的对策建议。

7.3 模型构建与数据方法

7.3.1 数字贸易开放与环境效率的理论效应模型

本章基于环境污染与贸易一般均衡模型，引入其他技术因素来分析数字贸易开放度和碳排放。在此基础上，可以建立一个考虑更多技术因素的碳排放模型，得出数字贸易对环境影响的理论模型。由于规模回报率保持不变，实际产出（潜在产出除外）的生产成本以单位 C^x 表示。成本最小化公式如下：

$$C^x(r,w,\upsilon) = \min_{z,F}\{\upsilon zI + C^F(r,w)F : z^\alpha F^{1-\alpha} = 1\} \qquad (7-1)$$

其中，r 和 w 分别是资本和劳动力投入的收益；υ 是每单位二氧化碳排放的费用；z 是碳排放量；I 是环境投入水平；C^F 是企业的生产成本。环境投入与碳排放呈负相关，这意味着在污染控制方面投入更多资金将带来更显著的节能减排效果。根据供给定律，产量与产品价格正相关。

$$z = \frac{ex}{P} = \frac{E\xi_x S}{P} = \frac{\alpha\xi_x S}{\upsilon I} \qquad (7-2)$$

其中，e 是单位产出的碳排放量；P 是生产过程中产生二氧化碳的产品 X 的价格；ξ_x 是产品 X 的经济份额；S 是经济规模。在我们取两边的对数形式之后，得出：

$$\ln(z) = \ln(\alpha) + \ln(\xi_x) - \ln(S) - \ln(I) - \ln(\upsilon) \qquad (7-3)$$

其中，$\ln(S)$ 是数字贸易开放对环境的规模效应；$\ln(I)$ 和 $\ln(\upsilon)$ 是数字贸易开放对环境的技术影响；ξ_x 是数字贸易开放对环境的结构性影响。

7.3.2　产品质量异质性贸易模型

本章构建产品质量异质性贸易模型，分析产品质量的决定因素，探讨数字贸易对 GTFP 的影响。假设消费者效用是固定替代弹性的函数形式。

$$U_j = \left[\sum_j (\rho_j Q_j)^{\frac{\varphi-1}{\varphi}}\right]^{\frac{\varphi-1}{\varphi}} \qquad (7-4)$$

其中，j 是一个产品类别；ρ_j 是产品 j 质量的体现，它反映了生产技术和工艺水平；Q_j 是产品 j 的数量 j；φ 是替换弹性常数，且 $\varphi > 1$。因此，在效用最大化的前提下，市场对产品 j 的需求为：

$$Q_j = \frac{\rho_j^{\varphi-1}}{p_j^\varphi} \times \frac{M}{P} \qquad (7-5)$$

其中，M 是消费者的货币支出；p_j 是产品 j 的价格；产品价格指数为 P =

$\sum_{j}\left(\dfrac{\rho_j}{p_j}\right)^{\varphi-1}$。根据需求规律，产品价格越低，需求越大。产品质量越好，需求越大，竞争优势也越大。为了获得最大利润，最优产品质量为：

$$\rho = \left[\frac{1-a}{b}\left(\frac{\varphi-1}{\varphi}\right)^{\varphi}\left(\frac{\delta}{\varepsilon}\right)^{\varphi-1}\frac{\psi M}{\mu P}\right]^{\frac{1}{b-(1-a)(\varphi-1)}} \qquad (7-6)$$

其中，ε 和 μ 为常数；δ 是生产效率；ψ 是生产能力；a 是生产效率对质量的影响；b 是生产能力对质量的影响。贸易产品的质量关系到生产效率和产能，如果让 $\omega = b-(1-a)(\varphi-1)$，并算出一阶偏导数的公式：

$$\frac{\partial\rho}{\partial\delta} = \left[\frac{1-a}{b}\left(\frac{\varphi-1}{\varphi}\right)\left(\frac{\delta}{\varepsilon}\right)^{\varphi-1}\frac{\psi M}{\mu P}\right]^{\frac{1-\omega}{\omega}}\frac{\psi(\varphi-1)(1-a)}{\omega b\varepsilon\mu} > 0 \quad (7-7)$$

$$\frac{\partial\rho}{\partial\psi} = \left[\frac{1-a}{b}\left(\frac{\varphi-1}{\varphi}\right)\left(\frac{\delta}{\varepsilon}\right)^{\varphi-1}\frac{\psi M}{\mu P}\right]^{\frac{1-\omega}{\omega}}\frac{1-a}{\omega b\mu} > 0 \qquad (7-8)$$

数字贸易的发展带来了工业数字化与制造智能化的融合。更重要的是，生产效率和生产能力的提高提升了贸易产品的质量，最终提升了 GTFP。

7.3.3 数字贸易开放对 GTFP 影响的理论机制与研究假设

7.3.3.1 规模效应

数字贸易的开放产生了规模效应，并进一步促进了经济的快速发展，加剧了污染。由于全球化的进程和自由贸易区的不断扩大，数字贸易更加频繁和普及，在某种程度上促进了因资源限制而无法扩大生产规模的企业。但同时，它也会增加对环境的污染。由于经济的不断发展和生产规模的扩大，对环境污染产生了规模效应（黄震和谢晓敏，2021）。数字贸易规模的扩大会导致国内生产制造活动的增加，这可能会加剧污染，甚至使一些企业为了节约成本而采用落后的生产技术。这些负面效应会在一定程度上抑制企业的绿色技术创新能力。因此，我们提出第一个假设。

H7-1：数字贸易规模的快速扩张不利于 GTFP 的提升。

7.3.3.2　结构效应

在数字贸易助力经济发展的同时，消费互联网和工业互联网也在快速发展。相关产业对人力资本的需求发生了根本性的变化，促使劳动力适应市场结构的转变。数字技术及相关产业的发展为教育信息的传播提供了技术手段，有助于进一步优化劳动力的教育结构、知识结构和技能结构，为提高劳动生产率和 GTFP 增长提供了动力源泉（赵玉焕等，2022）。我们提出第二个假设。

H7 - 2：数字贸易通过提高人力资本水平促进 GTFP。

7.3.3.3　技术效应

技术效应主要体现为：通过数字贸易，低技术的发展中国家将从拥有高技术产业的发达国家中获得许多先进技术和环境污染治理经验。技术对环境的影响有两种机制：一是数字贸易的开放性促进了企业的发展和规模，提高企业生产技术和研发资金的投入，有利于提高资源利用效率；二是数字贸易可以使国家在引进外资后通过技术溢出效应获得技术进步，从而减少二氧化碳排放（孙即才和蒋庆哲，2021）。因此，我们提出第三个假设。

H7 - 3：数字贸易通过强化技术研发水平促进 GTFP。

7.3.4　计量经济学方法

固定效应（FE）模型和随机效应（RE）模型考虑个体效应。当个体效应与解释变量相关联时，如果发现随机效应模型不一致，则应选择固定效应模型进行系数估计。否则，随机效应模型更合适。通常使用豪斯曼检验来验证这两个模型的适用性。

分位数回归方法最早由科恩克和巴塞特（Koenker and Bassett，1978）提出。它根据因变量的条件分布来拟合自变量的函数关系。其回归结果对异常值的影响不敏感，因此比传统的面板均值回归具有更高的鲁棒性。分位

数回归可以提供因变量的整体信息。通过对其分位数的回归，不同的分位点对应不同的系数。因此可以分解因变量的不同分位数特征。同时，分位数回归方法可以最大限度地减少极值对估计结果的影响，从而获得更可靠、更稳健的回归估计结果。分位数线性回归模型假设条件分布 $y\,|\,x$ 的整体 q 分位数 $y_q(x)$ 是 x 的线性函数，公式可表示为：

$$y_q(x_i) = x_i'\beta_q \tag{7-9}$$

其中，β_q 为 q 分位数上的估计系数，其估计值 $\hat{\beta}_q$ 为下式的最小值：

$$\min \sum_{i:y \geqslant x_i\beta_q} q\left|y_i - x_i'\beta_q\right| + \sum_{i:y < x_i\beta_q} (1-q)\left|y_i - x_i'\beta_q\right| \tag{7-10}$$

值得注意的是，估计模型的主要问题是传统的估计方法不适合计算面板分位数模型的系数。针对这一问题，我们采用程等（Cheng et al.，2019）提出的面板分位数模型估计方法，该方法可以充分考虑参数异质性，减少异常样本点对估计结果的影响。

7.3.5　变量选择

7.3.5.1　被解释变量

绿色全要素生产率（GTFP）。传统的全要素生产率测算方法由于没有将资源消耗和污染排放的环境约束纳入投入产出指标，存在一定的局限性。基于松弛变量模型的方向距离函数（slack based model，SBM）、全局曼奎斯特－卢恩伯格（Global Malmquist Luenberger，GML）指数法可以弥补这一不足。对于 GTFP 的测量，钟等（Chung et al.，1997）提出了方向距离函数，并将 Malmquist 指数扩展到 GML 指数。该方法既可以考虑预期产量的增加，也可以考虑非合意产出的减少，SBM 方向距离函数可以解决投入产出不足即非松弛的问题。GTFP 计量模型中的变量指标包括要素投入、合意产出和非合意产出指标。我们定义包含非合意产出的 SBM 方向距离函数为：

$$\vec{S}_V^t(x^{t,k}, y^{t,k}, b^{t,k}, g^x, g^y, g^b) = \max_{s^x, s^y, s^b} \frac{\frac{1}{N} \sum_{n=1}^{N} \frac{S_n^X}{g_n^x} + \frac{1}{M+I} \left(\sum_{m=1}^{M} \frac{S_m^y}{g_m^y} + \sum_{i=1}^{I} \frac{S_i^b}{g_i^b} \right)}{2}$$

$$\text{s. t.} \quad \sum_{k=1}^{K} z_k^t x_{kn}^t + s_n^x = x_{k'n}^t, \forall n; \quad \sum_{k=1}^{K} z_k^t y_{km}^t - s_m^y = y_{k'm}^t, \forall m;$$

$$\sum_{k=1}^{K} z_k^t b_{ki}^t + s_i^b = b_{k'i}^t, \forall i; \quad \sum_{k=1}^{K} z_k^t = 1, z_k^t \geq 0, \forall k;$$

$$s_m^y \geq 0, \forall m; \quad s_i^b \geq 0, \forall i \qquad (7-11)$$

其中，g^x 为投入减少的方向向量，g^y 为预期产出增加的方向向量，g^b 为预期产出减少的方向向量；S_n^X 表示投入冗余松弛向量，S_m^y 表示预期产出不足松弛向量，S_i^b 表示不希望产出过多松弛向量。如果 $\vec{S}_V^t > 0$，则实际投入和不希望的产出大于边界投入和产出，而期望产出小于边界产出。基于 SBM 方向距离函数的 t 期至 t + 1 期 GML 产能指数可表示为：

$$\text{GML}_t^{t+1} = \left[\frac{1 + \vec{D}_o^t(x^t, y^t, z^t; g^t)}{1 + \vec{D}_0^t(x^{t+1}, y^{t+1}, z^{t+1}; g^{t+1})} \times \frac{1 + \vec{D}_0^{t+1}(x^t, y^t, z^t; g^t)}{1 + \vec{D}_0^{t+1}(x^{t+1}, y^{t+1}, z^{t+1}; g^{t+1})} \right]^{\frac{1}{2}}$$

$$(7-12)$$

$$\text{GEFF}_t^{t+1} = \frac{1 + \vec{D}_o^t(x^t, y^t, z^t; g^t)}{1 + \vec{D}_0^{t+1}(x^{t+1}, y^{t+1}, z^{t+1}; g^{t+1})} \qquad (7-13)$$

$$\text{GTECH}_t^{t+1} = \left[\frac{1 + \vec{D}_o^{t+1}(x^t, y^t, z^t; g^t)}{1 + \vec{D}_0^t(x^t, y^t, z^t; g^t)} \times \frac{1 + \vec{D}_0^{t+1}(x^{t+1}, y^{t+1}, z^{t+1}; g^{t+1})}{1 + \vec{D}_0^t(x^{t+1}, y^{t+1}, z^{t+1}; g^{t+1})} \right]^{\frac{1}{2}}$$

$$(7-14)$$

公式 $\text{GML}_t^{t+1} = \text{GEFF}_t^{t+1} \times \text{GTECH}_t^{t+1}$ 中的 GEFF_t^{t+1} 为绿色技术效率，即到生产前沿面的距离；该值大于 1 时，表明绿色技术效率在时间 t + 1 的价格相比 t 期升高；该值小于 1 时，GTECH_t^{t+1} 反映了绿色技术效率在时间 t + 1 的价格相比 t 期下降，表示生产前沿的运动，数值大于 1 表明绿色技术的进步，小于 1 则表明绿色技术的倒退。

GTFP 测量模型中的变量包括要素投入、预期产出和非合意产出指标。

要素投入指标主要包括劳动力投入、资本投入和能源投入。劳动投入按年末单位从业人数计算（单位：万人），能量输入以年耗电量表示（单位：万千瓦时），资本投入以股本计量（单位：万元）。本章使用永续盘存法来计算固定资产的资本存量，并使用霍尔和琼斯（Hall and Jones，1999）为参考基准期的资本存量的处理方法，折旧率、固定资产投资价格指数和总固定资产形成计算中国 2002～2018 年的资本存量。预期产出由地区实际 GDP 扣除2002 年的价格后计算（单位：元）。意外产量以工业"三废"（工业二氧化硫、工业废水和工业烟尘）的排放量表示，单位为万吨。

需要指出的是，由于 SBM-GML 生产率指数并不反映 GTFP，而是反映GTFP 相对于前一年的变化率，因此，必须进行相应的转换，才能用于计量经济回归。以 2002 年为基期，设 2002 年 GTFP 水平为 1，结合 GML 指数计算得到 2002～2018 年中国 30 个省份的 GTFP 指标。

7.3.5.2 核心解释变量

ICT 数字贸易（IDT）。关于数字经济与贸易的内涵和测度尚未达成共识。数字经济可以分为核心层、窄层和宽层。核心层是数字工业化的部分，包括 IT 咨询、软件智能制造电信和信息服务。狭义上包括数字服务和平台经济。广义上包括电子商务、算法经济、精准农业和工业 4.0。在此基础上，中国通信研究院从数字工业化、工业数字化、数字治理和数据价值 4 个角度解读了数字经济的内涵。但是，由于数字技术在各个产业链的广泛应用，数据量化存在很大困难。因此，一些学者从互联网发展和数字金融两个方面对数字经济进行了定义和测度。有的使用信息技术指标作为代理指标。上述测量方法对数字经济的认识是片面的。因此，本章在定义的基础上，结合国际电信联盟、中国信息通信研究院等权威机构制定的数字经济指标体系，在考虑数据可得性的基础上，选取 ICT 贸易额指代数字贸易。

有相关研究指出，数字贸易是以 ICT 技术为载体的贸易模式（Borga and Koncz-Bruner，2012）。信息和通信技术产业的发展为一国数字贸易的发展及其与各行业的融合提供了软硬件支持设施。它是数字贸易发展的重要保障和必要因素。因此，ICT产业的规模可以有效地反映一国数字贸易发展的进展和潜力。本章选取ICT服务贸易量和ICT产品贸易量作为衡量一国ICT产业规模的代理指标，其中ICT服务是计算机和电信服务的集合；ICT产品包括计算机及周边设备、通信设备、消费电子设备、电子元器件等信息技术产品。

7.3.5.3　控制变量

（1）人力资本（HC）。

人力资本的水平决定了劳动力的素质。高水平的人力资本将有效提高物质资本、技术研发等相关生产要素的使用效率，实现规模回报的增加，促进区域GTFP的持续提升。本章选取年末高校在校生人数占各地区总人口的比例作为衡量人力资本水平的指标。创新人力资本具有社会稀缺性的创造性特征，能够实现生产要素的高效结合，显著提高技术效率，并以边际收益递增和产出乘数效应带动经济增长，是促进GTFP的关键因素。

（2）研发水平（RD）。

研发投入是技术创新的基础，是经济增长不可或缺的驱动因素。技术创新对环境质量的影响更多取决于绿色技术的进步方向。只有当绿色技术的比重逐渐增加，中国才能最终改变技术进步的方向，改善环境质量。学者发现，国际研发资本技术溢出促进了国内企业知识资本存量的积累，提高了环境治理能力和资源配置效率，对绿色技术创新具有重要影响。我们采用研发支出占GDP的比例来表示该变量。

（3）基础设施（INF）。

不同类型交通基础设施对GTFP的影响有正、负之分。一方面，交通基础设施与环境污染密切相关，加剧了交通能源消耗和污染排放，阻碍了GTFP；另一方面，道路交通的改善可以在一定程度上缓解交通拥堵。随着城市道路密度的增加，交通拥堵将大大改善。车辆行驶速度的提高会降低能耗和尾气排放。本章选取各地区人均道路面积来衡量基础设施的建设水平。

（4）人口密度（PD）。

研究结论之一是人口密度与生态效率正相关。人口集聚可以带来经济集聚，促进专业分工，提高经济运行效率，提高区域生态效率。另一种观点认为，集聚程度的提高阻碍了有限的资源和空间来承载企业不断增长的生产能力。因此，可能会产生拥挤效应，抑制环境治理绩效的提升。城市人口郊区化将降低人口密度，降低单位面积碳排放量，有助于改善城市环境质量。因此，人口密度对 GTFP 的影响取决于是集聚效应起主导作用，还是拥挤效应起主导作用。

7.3.6 数据来源及特征

考虑到数据的可用性和可靠性，我们使用的样本数据涵盖了 2002～2018 年中国 30 个省份。数据来自世界银行、《中国统计年鉴》和 WDI 数据库。分析变量的描述性统计和相关矩阵如表 7-1 和表 7-2 所示。各区域 GML、GEFF、GTECH 指标及 GTFP 曲线的变化趋势如图 7-2、图 7-3 所示。"中部崛起"政策促进了中部地区 GTFP 的快速提升，增长速度在 2009 年后逐渐放缓并停滞了几年。但近年来，与东部地区的差距正在缩小。

表 7-1 变量的描述性统计

变量类型	变量名称	符号	平均值	标准差	最小值	最大值	方差
被解释变量	绿色全要素生产率	GTFP	1.4491	0.5595	0.8711	7.1952	0.3131
核心解释变量	基于 ICT 的数字贸易	IDT	18.5596	16.9162	0.8448	78.0911	286.1603
其他变量	人力资本	HC	2.2956	2.2956	0.9851	0.6763	0.9705
	研究与开发活动	RD	1.3661	1.3661	1.0548	0.1749	1.1127
	基础设施建设	INF	12.8436	12.8436	4.6104	3.9	21.2563
	人口密度	PD	2.4659	1.3445	0.1860	6.3074	1.8077

注：GTFP 数据为作者计算；IDT、HC、RD、INF、PD 数据均来自上述数据库。

表 7 - 2			变量的相关矩阵			
变量	GTFP	IDT	HC	RD	INF	PD
GTFP	1.0000					
IDT	0.1680	1.0000				
HC	0.3331	0.5353	1.0000			
RD	0.2656	0.5134	0.8424	1.0000		
INF	0.2016	0.0341	0.0883	- 0.0380	1.0000	
PD	0.1846	0.1600	0.1045	0.0110	0.0666	1.0000

注：系数表示每两个变量之间的相关程度。

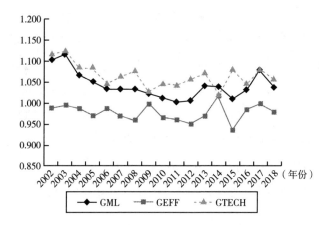

图 7 - 2　2002 ~ 2018 年绿色技术指数变化

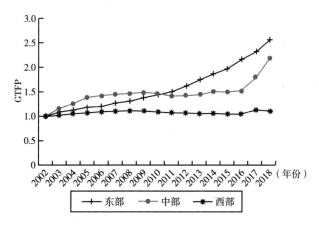

图 7 - 3　2002 ~ 2018 年各地区 GTFP 曲线

7.4 实证研究

7.4.1 全样本估计

从表 7 – 3 的全样本回归结果来看，固定效应回归结果表明，ICT 数字贸易对 GTFP 没有显著的抑制作用。分位数回归结果也支持这一发现，反映了微弱的负显著性影响（H7 – 1 得以验证），这可能与数字技术溢出效应的周期性和间隔性有关。数字贸易基本上遵循"三二一"产业的反渗透过程，基于人工智能、云计算等具有巨大应用价值的数字技术创新，近年来逐渐渗透到第二产业的价值创造过程中。人力资本在固定效应中具有显著的负向影响，而在面板分位数回归中其负向影响不显著。技术研发水平对各地区 GTFP 均有积极的促进作用。基础设施和人口密度对 GTFP 也有显著的正向影响，但基础设施对 GTFP 的影响强度由低分位数下降到高分位数，而人口密度的影响强度上升，这可能是因为中国的区域集聚经济仍在享受规模回报递增的红利。

表 7 –3　　　　　　　　　全样本估计结果

解释变量	固定效应	分位点				
		10th	25th	50th	75th	90th
IDT	− 0. 0013	− 0. 0031 **	− 0. 0025 ***	− 0. 0016	− 0. 0003	0. 0008
	(− 0. 77)	(− 1. 75)	(− 1. 99)	(− 1. 08)	(− 0. 10)	(0. 18)
HC	− 0. 0967 *	− 0. 0589	− 0. 0718	− 0. 0912	− 0. 1195	− 0. 1451
	(− 1. 45)	(− 0. 43)	(− 0. 74)	(− 0. 79)	(− 0. 50)	(− 0. 39)
RD	0. 5358 ***	0. 4921 ***	0. 5071 ***	0. 5294 ***	0. 5622 ***	0. 5918 ***
	(9. 75)	(4. 79)	(6. 92)	(6. 11)	(3. 14)	(2. 14)
INF	0. 0167 **	0. 0243 *	0. 0217 ***	0. 0178 *	0. 0121	0. 0069
	(2. 07)	(1. 62)	(2. 03)	(1. 41)	(0. 46)	(0. 17)
PD	0. 1104 ***	0. 0875 ***	0. 0953 ***	0. 1071 ***	0. 1242 ***	0. 1397 ***
	(5. 73)	(2. 70)	(4. 12)	(3. 91)	(2. 20)	(1. 60)
常数项	0. 4775 ***					
	(5. 29)					

续表

解释变量	固定效应	分位点				
		10th	25th	50th	75th	90th
R^2	0.0993					
F 值	51.21					
豪斯曼检验	27.00					
模型						

注：*表示 $p<0.1$，**表示 $p<0.05$，***表示 $p<0.01$；括号中的值是 z 统计量。

7.4.2 数字贸易与人力资本影响机制的估计

长期以来，中国基于信息通信技术的数字贸易往往是在吸收、模仿、再创新的基础上进行的。国内原有生产工艺和节能技术的发展能力相对有限。表 7-4 显示数字贸易与人力资本的互动对 GTFP 具有显著的正向促进作用。从第 25 分位点到第 90 分位点，正向效应的强度逐渐升高。因此，中国必须以人力资本为支撑条件，最大限度地发挥数字贸易在提高生产率和节约资源方面的作用。基于 ICT 的数字贸易引发的劳动力需求是多样化的。当供给侧不同类型的人力资本能够在一定程度上满足产业结构调整的需要时，可能存在数字贸易和人力资本结构共同驱动 GTFP 的提升的情况（H7-2 得以验证）。固定效应和分位数回归结果表明，数字贸易与人力资本的协同效应对绿色发展效率的提升已经显现，但这一效应仍较弱，需要进一步加强。

表 7-4 　　　　　　　　IDT 与 HC 影响机制的估计结果

解释变量	固定效应	分位点				
		10th	25th	50th	75th	90th
IDT × HC	0.0041 ***	0.0024	0.0031 *	0.0039 ***	0.0053 **	0.0062 *
	(2.22)	(0.91)	(1.52)	(2.36)	(1.99)	(4.33)
IDT	-0.0124 ***	-0.0092	-0.0103 **	-0.0121 ***	-0.0144 **	-0.0162 *
	(-2.35)	(-1.29)	(-1.90)	(-2.65)	(-2.01)	(-5.14)
HC	-0.2024 ***	-0.1184	-0.1485	-0.1918 **	-0.2529 *	-0.2998
	(-2.48)	(-0.78)	(-1.28)	(-1.98)	(-1.65)	(-0.75)

解释变量	固定效应	分位点				
		10th	25th	50th	75th	90th
RD	0.5554 ***	0.5085 ***	0.5253 ***	0.5494 ***	0.5835 ***	0.6096 ***
	(10.02)	(4.99)	(6.76)	(8.47)	(5.70)	(1.94)
INF	0.0211 ***	0.0278 **	0.0254 ***	0.0219 ***	0.0171	0.0133
	(2.55)	(1.85)	(2.22)	(2.30)	(1.13)	(4.15)
PD	0.1129 ***	0.0824 ***	0.0933 ***	0.1091 ***	0.1312 ***	0.1482 ***
	(5.87)	(2.64)	(3.91)	(5.46)	(4.17)	(3.17)

注：* 表示 $p < 0.1$，** 表示 $p < 0.05$，*** 表示 $p < 0.01$。括号中的值是 z 统计量。

7.4.3 数字贸易与科技研发之间影响机制的估计

在固定效应模型中，数字贸易对 GTFP 的影响在第 10 分位点、第 25 分位点、第 50 分位点、第 75 分位点和第 90 分位点上均显著为负，说明数字贸易规模的扩大并没有导致环境效率的提高。表 7-5 中，数字贸易与研发投资的交互项对 GTFP 有显著的正向影响，且两模型的估计结果一致。ICT 数字贸易引导下技术研发水平的提升，可以加强新兴产业的资源供给和传统产业的转型升级，巩固和提升数字贸易对 GTFP 的促进作用（H7-3 得以验证）。人力资本的影响仍然不显著。R&D 投入对 GTFP 的影响在第 10 分位点至第 90 分位点显著为正，表明存在边际增长效应，需要继续努力提高 R&D 水平对 GTFP 的促进作用。基础设施、人口密度等其他变量对 GTFP 仍保持着显著的正向影响，总体上影响强度由低分位数向高分位数逐渐增大。

表 7-5 **IDT 与 RD 之间影响机制的估计结果**

解释变量	固定效应	分位点				
		10th	25th	50th	75th	90th
IDT × RD	0.0091 ***	0.0095 ***	0.0093 ***	0.0091 ***	0.0088 ***	0.0086 *
	(4.17)	(2.76)	(3.76)	(4.22)	(2.47)	(1.60)
IDT	− 0.0143 ***	− 0.161 ***	− 0.0154 ***	− 0.0146 ***	− 0.0133 ***	− 0.0123 *
	(− 4.01)	(− 3.03)	(− 4.01)	(− 4.35)	(− 2.39)	(− 1.46)

解释变量	固定效应	分位点				
		10th	25th	50th	75th	90th
HC	-0.1147 ** (-1.75)	-0.0799 (-0.61)	-0.0941 (-0.97)	-0.1097 (-1.30)	-0.1355 (-0.96)	-0.1564 (-0.74)
RD	0.3155 *** (4.17)	0.2788 *** (3.99)	0.2938 *** (5.80)	0.3102 *** (6.99)	0.3374 * ** (4.57)	0.3594 *** (3.23)
INF	0.0254 *** (3.10)	0.0333 *** (2.05)	0.0301 *** (2.56)	0.0266 *** (2.58)	0.0207 (1.21)	0.0161 (0.62)
PD	0.1054 *** (5.55)	0.0751 *** (2.50)	0.0874 *** (4.02)	0.1011 *** (5.30)	0.1236 *** (3.90)	0.1419 *** (2.97)

注：* 表示 $p < 0.1$，** 表示 $p < 0.05$，*** 表示 $p < 0.01$。括号中的值是 z 统计量。

7.4.4　按区域分类的分样本估计

数字贸易与人力资本、研发的互动在三个子区域均表现出正向影响，且在表 7 - 6 中显著性较高。在表 7 - 6 的列（4）中，R&D 投资变量对中部地区具有显著的负向影响。这表明，研发投资可能对绿色技术进步产生双重影响。一方面，随着整体研发投入的增加，企业的绿色研发投入也会相应增加，从而实现绿色技术的进步。另一方面，中部地区的区域研发投资可能不存在绿色偏好。过多的研发投入进入非清洁生产领域，抑制了区域绿色产业的发展，不利于绿色技术的进步。其他变量中，西部地区基础设施为负，但不显著。虽然西部地区人口稀少，人均道路面积广阔，但本章并没有证据表明 GTFP 的促进作用。人口密度最集中的东部地区对 GTFP 的增强强度也最明显，中部和西部地区的增强强度依次降低。

表 7 - 6　　　　　　　　按区域分类的分样本估计结果

解释变量	(1) 东部	(2) 东部	(3) 中部	(4) 中部	(5) 西部	(6) 西部
IDT × HC	0.0123 *** (2.28)		0.0108 *** (3.87)		0.0022 *** (2.27)	
IDT × RD		0.0082 ** (1.71)		0.0199 *** (6.27)		0.0046 *** (4.02)

续表

解释变量	（1） 东部	（2） 东部	（3） 中部	（4） 中部	（5） 西部	（6） 西部
IDT	− 0.0621 *** （− 3.31）	− 0.0391 *** （− 3.07）	− 0.0279 *** （− 4.08）	− 0.0243 *** （− 6.38）	− 0.0044 （− 1.39）	− 0.0056 *** （− 2.58）
HC	− 0.7921 *** （− 3.49）	− 0.3876 *** （− 3.30）	0.0355 （0.56）	0.1831 *** （3.37）	0.1281 *** （2.92）	0.1718 *** （4.12）
RD	0.2075 ** （2.02）	− 0.0556 （− 0.34）	0.0759 （1.10）	− 0.3292 *** （− 3.54）	0.2648 *** （5.22）	0.1742 *** （3.59）
INF	0.0651 *** （4.01）	0.0609 *** （3.75）	0.0201 *** （3.00）	0.0234 *** （3.82）	− 0.0021 （− 0.40）	− 0.0021 （− 0.42）
PD	0.6977 *** （9.24）	0.6668 *** （8.78）	0.0398 *** （2.52）	0.0403 *** （2.78）	0.0337 *** （4.57）	0.0323 *** （4.55）
常数项	1.5199 *** （3.09）	0.9549 *** （2.63）	0.9396 *** （8.24）	0.9586 *** （11.10）	0.7488 *** （14.76）	0.7583 *** （15.95）
R^2	0.0242	0.0291	0.2849	0.4096	0.0321	0.0363
F 值	35.11	34.29	197.10	239.19	52.81	58.63
豪斯曼检验	17.57	35.95	2.15	6.06	29.60	29.27
模型	FE	FE	RE	RE	FE	FE

注：＊表示 $p < 0.1$，＊＊表示 $p < 0.05$，＊＊＊表示 $p < 0.01$。括号中的值是 z 统计量。

7.4.5 稳健性检验

为了保证结果的一致性，本章进行了一系列的稳健性检验。为了区分时间趋势对实证结果的影响，我们将整个时期划分为两个大致相等的时期，即 2002～2009 年和 2010～2018 年。分析结果见表 7－7 列（1）至列（4）。核心解释变量的系数符号仍然显著，符号保持不变。然后，我们用可行广义最小二乘（FGLS）代替模型回归方法，以克服数据中可能导致估计结果偏差的异方差和自相关问题。结果如列（5）和列（6）所示。由于数字贸易的虚拟特性，很难找到新的工具变量。因此，本章以 IDT 的一周期滞后 L. IDT 作为工具变量，采用两阶段最小二乘法（2SLS），并根据地理特征将整个样本数据划分为沿海省份和内陆省份。在列（7）～列（10）中报告的结果显示，数字贸易、人力资本和技术研发的交互项仍表现出显著的正向影响，其他变量的相关结果也与原模型一致，均表明回归结果稳健。

表 7－7　稳健性检验结果

变量	(1) 2002~2009年	(2) 2002~2009年	(3) 2010~2018年	(4) 2010~2018年	(5) FGLS	(6) FGLS	(7) 沿海省份	(8) 沿海省份	(9) 内陆省份	(10) 内陆省份
L.IDT	-0.0028 (-1.85)						0.5291*** (5.80)	0.7335*** (10.23)	0.5984*** (10.50)	0.8076*** (21.59)
IDT×HC			0.0064** (1.76)		0.0029*** (7.01)		0.1846*** (5.78)		0.1679*** (7.31)	
IDT×RD		0.0034* (1.60)		0.0069** (1.77)		0.0027* (1.60)		0.1441*** (4.82)		0.1653*** (6.18)
IDT	-0.0008 (-0.18)	-0.0116*** (-3.21)	-0.0174** (-1.70)	-0.0084 (-1.30)	-0.0082*** (-5.33)	-0.0033** (-1.75)				
HC	0.2335*** (4.21)	0.1476*** (3.72)	-0.0263 (-0.18)	0.1317 (0.85)			-5.5426*** (-5.20)	0.3564 (0.76)	-3.1246*** (-5.57)	0.3656 (0.77)
RD	0.3324*** (6.11)	0.2597*** (3.55)	0.2486*** (2.36)	0.1901 (0.98)			0.4655 (1.12)	-3.3066*** (-4.32)	-1.3165*** (-3.02)	-5.3927*** (-5.43)
INF	0.0057 (1.05)	0.0118*** (2.21)	0.0325*** (2.57)	0.0199 (1.21)	0.0111*** (3.34)	0.0116* (1.53)	0.1118*** (2.82)	0.0907*** (2.03)	0.1571*** (3.05)	0.1132** (1.79)
PD	0.0322*** (3.59)	0.0341*** (3.81)	0.3042*** (6.13)	0.3599*** (6.24)		0.1003*** (3.75)	0.2482 (0.56)	-0.6535 (-1.24)	0.2956** (2.15)	0.4576*** (2.71)
常数项	0.4112*** (5.17)	0.5571*** (7.60)	-0.0811 (-0.23)	-0.4534 (-1.32)	0.8618*** (3.81)	0.8262*** (3.69)	9.9844*** (5.21)	4.2823*** (3.33)	5.4182*** (4.52)	2.3599** (2.21)
R^2	0.0478	0.0499	0.0909	0.0803			0.9631	0.9503	0.9604	0.9481
F值	42.38	42.06	68.29	12.69	156.21	17.31	1349.16	1508.77	765.79	860.07
豪斯曼检验	48.11	46.98	10.75	11.96						
模型	FE	FE	RE	FE	FGLS	FGLS	2SLS	2SLS	2SLS	2SLS

注：* 表示 $p < 0.1$，** 表示 $p < 0.05$，*** 表示 $p < 0.01$。括号中的值是 z 统计量。

7.4.6　讨论

数字贸易促进了技术效率的提升，但在现阶段，中国关键核心技术环节的薄弱以及数字工业化带来的人才和资金的虹吸效应导致了数字贸易对 GT-FP 的阻碍（郭士伊等，2021）。在区域层面上，东部地区数字贸易的发展明显领先于中西部地区。人力资本与技术研发的相互作用引领了中国 GTFP 的快速增长（吴立军和田启波，2022）。在数字技术与原有生产方式耦合不足的情况下，数字贸易额的迅猛增长很可能对 GTFP 产生不利影响。在埃西莫格鲁和瑞斯特雷波（Acemoglu and Restrepo，2018）的类似研究中，过度信息化会通过资源浪费和劳动力错配的机制间接抑制 GTFP 的增长。随着区域产业间资本深化的快速发展，ICT 投资的增加导致了数字贸易规模的扩大，一些行业甚至出现了过度投资（周冯琦和尚勇敏，2022）。根据边际收益递减规律，数字技术进步的空间必然会被压缩（赵志耘和李芳，2021），这也印证了本章的研究结果。当基于 ICT 的数字贸易缺乏系统规划时，将导致信息系统的云化与业务流程的云化脱节，难以实现数字云技术在提高生产率方面的优势。相反，会增加早期投资成本，导致新 ICT 技术的边际产出和边际成本严重不对称（徐枫等，2022）。因此，研究结果与以往相关研究（王斌等，2022）一致。数字贸易对 GTFP 的促进有赖于其与人力资本和技术研发的有效结合，以充分发挥技术效应和结构效应的积极影响。在能源消费过程中，数字产品和服务可以促进企业能源利用效率和污染物治理水平的提高，同时实现数字贸易对能源消费、节能减排和环境污染物减排的作用（黄贤金等，2022）。

7.5　本章小结

7.5.1　结语

数字贸易是数字技术在经济领域的重要应用，正在成为世界经济复苏的新引擎。在贸易规模数字化快速增长、制造业智能化转型、全球价值链崛起的背景下，本章选取 2002~2018 年中国各省份 ICT 数字贸易量的面板数据，全面系统地探索数字贸易开放与绿色全要素生产率之间的逻辑关系。研究发现，数字贸易的规模效应对 GTFP 有显著的负向影响，表明盲目扩大规模是不可取的，需要科学规划。数字贸易与人力资本相结合的结构效应和与技术研发相关联的技术效应可以显著提高 GTFP，且影响强度从低分位点逐渐增加到高分位点。本章的结论为决策者提供了重要的参考。

7.5.2　政策影响

根据研究结果，本章提出相应的政策建议如下。

一是重视新一代 ICT 的渗透和连接作用，加强企业信息化建设。推进装备技术研发和创新，整合利用信息通信基础设施。加强制造业技术创新，构建绿色高效的现代工业新体系。掌握人力资本和技术研发在调节数字贸易与 GTFP 关系中的规律，并根据各地区数字贸易的实际开放情况，坚持生态优先。全面推广节能减排技术和清洁生产工艺，推进生产技术绿色化，提高各地区绿色技术水平。此外，还应大力推进对外数字贸易结构转型升级，提高资源配置效率，促进 GTFP 增长。

二是扩大数字贸易开放，拓宽产业合作领域。加快传统贸易向数字贸易转型，减少出口贸易对低附加值、高能耗、高污染产业的依赖，采用严格的环保和能耗标准，推动数字贸易产业结构升级。扩大高新技术数字进口贸易，特别是增加绿色、清洁技术进口，积极引导与技术研发的有效合作。提高企业消化、吸收和利用绿色清洁技术的能力，充分发挥数字贸易开放对促进 GTFP 提升的积极影响和净效应。

三是优化数字贸易产业结构，加快发展数字贸易核心产业。目前，中国正处于数字产业的快速发展阶段，这表明中国传统企业正在不断向数字企业转型。因此，有必要进一步优化数字化产业结构，促进 GTFP 的提升。积极推动数字技术与实体经济深度融合，创新实施"数字技术＋"发展模式。利用数字技术和数字贸易产业带动传统产业转型升级。同时，还在积极推动与数字贸易密切相关的软件与信息产业、互联网产业和数字通信产业的快速发展。构建与数字贸易产业协调发展的大型产业集群，实现数字贸易产业的集约化发展。

四是逐步推动数字贸易从依赖数量和规模向依赖产品质量转变。不断提高进出口货物的技术含量和产品附加值，帮助区域企业积极实施技术创新和自主研发。重点发展和培育新兴技术和高新技术产业。共同构建具有区域经济带动作用和国际竞争优势的数字产业生态系统，最终推动区域 GTFP 持续稳定提升。从区域角度看，东、中、西部地区数字贸易发展水平不同，东部地区数字基础设施和数字产业相对发达。因此，要更加科学地利用人力资本、技术研发、数字贸易等手段提高 GTFP。中西部地区数字贸易发展相对落后，不能有效地促进 GTFP 的提升。地方政府要优化数字产品和服务贸易结构，加强政策引导，重点发展高技术、高附加值清洁产品贸易。同时，加快区域间交通网络的形成，更好地刺激要素在区域间的流动。

7.5.3 研究启示

本章梳理了数字贸易对 GTFP 的影响机制，但仍存在一定的局限性。首先，数字贸易的计量可以构建更详细的指标体系，选择尽可能多的指标进行综合计量。但该方法的工作量较大，数据获取困难。目前，数字贸易的统计监测体系还不完善，现阶段只能收集合适的指标进行实证研究。从数据的可获得性来看，虽然 2017 年 30 省份的数据已经满足了面板数据的构建要求，但如果时间序列更长，横截面更宽，无疑会使研究更具通用性。随着时间的推移和数字贸易统计系统的不断优化，各项指标的一致性和国际可比性将得到进一步提高。其次，在处理内生问题时，我们未能找到一个更好的创造性工具变量。最后，在实证分析部分，本章采用省级小样本数据。省级数据的一个明显局限性是忽略了制造业企业的个体异质性。

虽然本章对 GTFP 通过数字贸易的增长路径进行了有益的探索，并得到了一些结论和启示，但在未来的研究中还需要进行更全面的研究。第一，进一步细化路径转换传导机制的分析，巩固相关研究的理论基础。第二，继续优化模型设计，考虑实用和动态因素，使其更加科学有效。第三，利用更具一致性和长期性的数据进行实证研究，丰富定量结论，为相关政策的制定提供实证支持。第四，随着数据库的不断完善，需要对企业数据在范围和时间上进行更深入的调查。数据越全面，研究结果就越有代表性。第五，进一步细化对数字贸易产业某一部门企业 GTFP 的研究，制定更加细致、有针对性、差异化的发展战略。

| 第8章 |

结论与展望

在碳中和愿景之下，推进节能减排是实现中国可持续发展、有效应对资源稀缺和环境承载能力有限的有效手段和必然选择。持续有效降低碳排放强度至关重要。在促进经济进一步发展的同时，要大力提升科技水平，呼唤技术创新。技术进步效应是驱动碳强度降低的最关键因素。天然气能源消耗比其他能源污染更少，有利于改善环境质量。政策制定者应推动天然气在工业和交通部门的使用，以减少碳排放。对拥有清洁技术的企业给予优惠政策，充分发挥其技术溢出效应。中国还应加大技术和创新投入，引进更先进的能源技术、煤层气和气液转化技术，推广可再生能源，以减少对化石能源的依赖，提高碳排放技术效率，进一步降低碳排放强度，减轻资源和环境压力。此外，还应推动中国产业结构进一步优化调整，形成合理的产业体系。

我国将制定有力的政策和措施，用全新的思维和战略格局，实现碳达峰和碳中和。将系统顶层设计与科学的长期规划相结合，将短期、中期、长期目标有机结合，识别最优化的转型路径。全球变暖是不争的事实，与人类生产生活活动密切相关。人类当前的决策和选择将影响气候变化的趋势。人类活动消耗了大量石油、煤炭等化石燃料，燃烧这些化石燃料会产生大量污染物和二氧化碳。碳浓度的升高加剧了温室效应，加速了全球变暖的进程。

本书通过探讨碳中和的概念，并基于多维度数据对我国碳排放现状和潜在影响因素进行了综合分析。我国在碳中和进程中仍面临的主要挑战如下：一是中国的能源消费和二氧化碳排放持续增加，而碳峰值尚未达到；二是中国的碳减排是一个艰巨的过程，因为中国从碳达峰向碳中和过渡的过渡期比发达国家短；三是中国仍依赖高碳化石能源，能源消耗高，能源利用效率低；四是中国经济发展水平较低，与欧盟、美国等发达地区相比，抵御经济风险的能力相对较弱；五是中国的低碳、零碳技术还不成熟。因此，本章的研究有助于中国向碳中和目标迈进。

8.1　进一步讨论

气候变化可以说是我们这个时代最严峻的挑战之一，要实现碳中和这一目标，最终能源使用电气化和提高可再生发电至关重要。这两个目标要求电力系统具有更大的灵活性，以实现实时平衡。随着电力和可再生能源有望在解决全球气候变化问题中发挥核心作用，这一问题很可能在未来几年引起更广泛的关注。

改革发展四十余年来，区域经济非均衡发展已成为中国经济发展的现实和必然。但非均衡发展并不意味着不平衡发展。在各省份根据自身实际情况制定不同发展模式的同时，政府要发挥作用，合理调节各区域的经济规模和发展速度，促进区域间开放、合作、互利。及时解决薄弱环节，实现各省份共同发展，全国整体提升经济水平与减少区域碳强度差异。由于一个地区更全面地减少碳排放将有利于周边地区，也有利于周边地区的地方政府更好地协调多方关系。我们可以发现，东南沿海地区的区域规模效应总体上优于中西部地区。提高外资进入壁垒，扩大引进优质外资，引导外商投资流入高端制造业和服务业，也可能对区域规模效应产生一定影响。我国应进一步推进服务业和高技术产业发展，逐步淘汰部分污染密集型产业积极转型能源结构，推动传统产业转型升级。

政府积极建立试点项目、引入市场机制，基于市场的措施可能在应对灵活性挑战方面发挥关键作用。此外，通过政府直接行动加强区域间的联系，可以释放巨大的灵活性潜力。这不仅包括对电网灵活性的投资，以提高可靠性和安全性，如智能数字基础设施，还包括减少地方保护主义的政治壁垒。由于少数国家已经承诺实现汽车碳中和目标，本书的结论和含义可能会扩展到国际视角。实现碳中和这一目标，需要从以化石燃料为基础的经济模式转变为以可再生资源为中心、以封存为补充的模式。这些可再生能源在每小时、每天和季节尺度上的可变性，要求我们认识到挑战的复杂性和寻找解决方案的迫切性。二氧化碳减排是实现碳中和的必要途径。为支持和实现双碳目标，未来中国将不遗余力地发展循环经济，聚焦高频功率的理念，致力于能源转型。实现双碳目标，需要构建完善、科学、合理的政策支持体系。我国政府密集发布碳减排政策，这些出台的政策约束，深刻影响了中国能源消费结构和强度的调整过程。要实现碳中和这一目标，需要制定碳市场的法律法规，并成立碳中和国家机构或领导小组，全面合作开发利用绿色低碳能源。此外，还应建立财税支持体系，支持联营企业和主产区向低碳转型。碳交易市场具有两大功能：激励和约束。中国将建立碳排放交易市场试点，鼓励金融机构参与。全面发展碳市场，将建设国际碳定价中心作为进一步扩大市场的交易品类。

为进一步提高经济发展质量，以更短的时间和更低的水平实现碳达峰和碳中和轨迹，决策者扭转过去的量化经济政策势在必行，不再一味关注国内生产总值及其增长率，国家计划部门可以将重点从量化经济政策转向关注经济发展质量的政策。弱化唯 GDP 至上的政策，可能导致未来中国经济在长期发展过程中质量发展的提升。具体措施有：第一，保护自然生态空间，避免毁林、不合理利用土地、破坏土地；保护生态系统的真实性、完整性、生物多样性和碳汇功能；严格保护和合理利用森林、草原、湿地等资源，科学管理森林采伐；降低火灾、虫害对森林、草原的破坏风险，减少相关碳排放。第二，逐步实现森林和草地的改善，开展优化森林质量的促进项目，编制科学的森林经营计划，规范森林经营活动；优化调整树种结构和林龄，因地制宜地种植，提高固碳率高的树木比例，延长循环周期；加强中青林抚育和退化林恢复，推进种植转化，不断提高森林质量、固碳效率和碳储量。第三，进一步扩大森林和国土绿化面积，措施包括：统筹山、河、林、田、湖、草、沙综合治理，推进植树造林、封山育林；加强退化土地治理和修复，进一步实施退耕还林等重大生态工程，深入推进大面积国土绿化；推进全民义务植树，发展森林城乡绿化，利用各种资源增加绿色生长和碳汇。

在绿色氢为中心的氢产业技术体系下，对于中国未来氢能源发展，需要强调以下两个方面：第一，要重点发展氢气的供应、储存和运输。氢源供应、储运的发展要坚持因地制宜的来源和生产方式。在建设氢气厂的过程中，要探索盈利模式，保证运营。第二，尽可能多地在各个领域利用氢能。除氢燃料电池外，氢能作为主要的二次能源载体，对碳达峰和碳中和具有更大的生产效应。因此，我们应该以欧洲、日本等发达国家为例，在氢能的发展上发现更多的应用计划。氢能是二次能源和绿色能源，且容易获取，未来将引领能源体系向可再生能源发展。氢能主要应用于燃料电池领域。目前，制氢和储氢技术仍是制约氢能大规模产业化发展的主要因素。

8.2　主要研究结论

基于这些政策，本书论证了碳达峰和碳中和的目标和科学意义。从减排潜力和路径、关键技术和政策制定 4 个部分分析中国能否实现碳达峰和碳中和。此外，总结了碳达峰与碳中和的实施路径、前景和面临的挑战。本书认为，在碳中和方面我国已经取得了一些进展。在中国，碳中和目标已被放在国家发展的重要位置，国内各省份及各行业纷纷响应国家号召，积极将碳中和纳入发展规划。目前，世界上已有众多国家提出了碳中和目标，而且这一数字正在逐步增加。碳中和正在成为不可阻挡的全球趋势。在实现碳中和的路径方面，有学者用定性的方法总结路径，也有学者用定量的方法分析某一条路径。国内、外有大量学者对碳中和的应用进行了分析，涵盖林业、建设、金融等广泛的领域。本书在总结和分析目前的研究成果后，对这些研究中存在的问题进行了回顾。

8.2.1　机遇与挑战

中国实现碳达峰和碳中和既有机遇也有挑战，前景广阔。中国经济在快速增长的同时，也面临着能源消耗和碳减排的内部压力。与此同时，中国已经成为世界第二大经济体，有资本和能力实现碳达峰和碳中和。在实现碳达峰和碳中和的道路上，中国将大力推动碳循环经济和绿色经济高速度、高质量发展，并通过提高化石燃料利用率，实现能源消费和结构转型。同时，整合创新绿色低碳技术，推进碳中和。碳达峰和碳中和目标为经济社会发展带来新的机遇和挑战。未来，理论和关键技术仍需要加强对气候变化的适应，最终支持碳达峰和碳中和。

8.2.2　实现路径研究

碳中和的实现路径研究，需要开展更多个人、企业和政府的低碳转型研究，这对实现碳中和具有重要意义。本书认为，不同的路径往往是相互联系、密不可分的。因此，在考虑到路径之间的相互作用后，应该研究多路径对实现碳中和目标的影响。未来应开展路径相关成本的研究，包括清洁能源使用成本、技术开发成本、实施成本等。此外，后续研究还需要更复杂的模型。

8.2.3　应用研究

关于碳中和应用研究，目前各个行业都提出了实现碳中和的对策。本书发，现产业之间存在高度的相关性，存在较强的协同碳减排效应。要采用相关的模型和工具，通过产业之间的合作来评估碳减排能力。而且，在一些领域，应该对碳中和的能力和潜力进行更多的定量研究，以增强对未来研究的参考意义。

8.2.4　经济发展与产业结构转型

推动高质量经济发展和产业结构的转型升级对实现碳中和的作用凸显。中国作为工业大国和制造业大国，钢铁、化工、水泥等传统工业行业碳排放较高。因此，中国要严格控制各个工业部门的标准，推动其转型升级，加快发展新兴产业（如服务业、数字经济），降低单位能源消耗量，实现经济发展与环境污染脱钩。

8.2.5　可行性路径

本书将为中国实现碳中和提供可行性路径。其一，控制碳排放、能源转型途径、节能减排途径；其二，碳捕集与封存途径、生态治理、土地绿化途径；其三，发展关键技术，如零碳利用、综合煤、新能源、碳封存技术、实现碳达峰和碳中和的关键技术途径；其四，政府制定促进碳交易市场的法律保障、针对企业的碳排放标准、针对个人和社会的针对性宣传教育。

8.2.6　提升空间

中国在经济、能源消费和基础设施方面仍有较大的提升空间。坚持节能增效理念，发展碳循环经济。在化石燃料能源阶段，能源结构的转变和优化离不开清洁能源的推动和发展。利用可再生能源和零碳技术，可以在很大程度上降低能源对化石燃料的依赖。可再生能源包括风能、太阳能、海洋和地热能，零碳技术包括氢气、新材料储能、智能能源、核能、可控核聚变等。通过国土规划和应用调控，强化生态碳储存能力，有效拓展森林、草原、湿地、海洋、土壤和永久冻土的碳储存能力。

8.3 政策建议

中国可以通过多种方式提高经济效率，重新设计结构发展战略。首先，改革开放以来，中国已经从依赖要素投入转向依赖要素效率。经济效率的提高，包括能源效率的提高，有助于将能源消费增速降为正或负，从而为中国的碳减排创造了非常有利的条件。其次，中国可以重新设计结构性发展战略，为提高经济发展质量创造有利条件。例如，中国可以通过技术进步推动可再生能源稳步发展，继续坚定不移地坚持去煤化的政策，大幅提高可再生能源的使用比例，进而努力形成绿色能源文明社会。进一步，中国应在强化制造业的过程中，不断优化产业结构，提升服务业的竞争力，通过在工业和服务业中推动可再生能源替代化石燃料能源，弱化化石能源需求的增长。中国还可以大力实施绿色发展政策，用严格的法律法规控制污染，提高环境治理水平。中国还可以调整政策，控制污染总量，使工业发展不能超过生态容量，从而减少经济发展对自然环境的破坏。

我国可以将绿色发展纳入环境保护法，制定促进绿色投资的政策。五年规划可以设定生态投资的年均增长率，确保生态资源的开发和安全。维护国家生态安全，提高森林固碳能力，是实现中国国家碳中和目标的关键。中国可以在广袤的西部地区扩大森林种植，并在这些地区更好地规划可持续的草地和水资源管理。在这一地区扩大森林面积可以帮助中国减少水土流失，然后在开阔的土地上恢复林地和草地。包括森林和草原在内的植被碳储量的大幅增加可以帮助中国实现碳中和，实现可持续性，增进人民福祉。经济发展可以帮助中国从计量经济学的角度实现碳中和，以及排放估算和中国达到峰值和零排放的年份可能不同于使用能源系统或其他建模方法。我们的分析只专注于碳排放，没有考虑其他温室气体排放。我们的研究表明，提高经济发展质量对中国实现碳中和具有标志意义，应该是中国在未来若干年的一个关键重点。

8.3.1 顶层设计方面

8.3.1.1 中国必须加快气候变化立法进程，完善基于市场的气候政策

气候立法是确保按计划实现碳中和目标的有效途径。要有效缓解温室效应，应对气候变化，实现碳中和，中国应尽快完善气候变化法律体系和相关制度建设。这可以通过明确国家的碳中和目标，制定详细的目标路线图，并严格按照计划执行来实现。将气候变化纳入社会发展工作规划中，并完善相关法律法规，有助于提高国家碳中和意识，提供制度保障。此外，应实施以市场为基础的气候政策，如碳税、补贴等经济工具，以促进长期减排。在碳排放交易市场的建立方面，基于现有的试点经验，中国已正式启动全国碳排放交易市场建设计划。与该计划相协调，中国应进一步完善碳排放交易市场体系，逐步覆盖建筑业和航运业，并加强与欧盟的沟通，推动建立全球碳排放交易市场。

8.3.1.2 中国在低碳转型过程中要重视公平问题

在推动中国社会经济体系低碳转型的过程中，碳中和和气候中和策略应考虑社会公平问题，关注绿色转型过程中对民众的任何潜在危害。此外，要解决利益分配问题，强调绿色增长与经济发展的良性互动。我国可以效仿国际经验，设立公平转型基金，防止社会转型过程中可能出现的结构性失业等问题，并开发就业再培训项目，为社会转型中较为弱势的人群提供财政援助，增强其就业能力。

8.3.1.3 中国要实现碳中和，政府应该加强国际合作

目前，已有众多国家提出了碳中和目标。我国作为世界第二大经济体和主要能源消耗国，提出碳中和目标，说明国家对绿色发展的重视，这无疑将加速全球气候治理的进程。加强国际合作，不仅可以提升我国的影响力，也

有助于各国在节能减排和低碳技术方面取长补短、加强交流。

8.3.2 节能减排方面

8.3.2.1 倡导节能增效，促进能源消费刚性节能高效

实现碳减排和双碳目标的首要任务是明确"节能是第一能源"。通过节能意识、节能结构、节能技术、节能管理等措施，推动刚性节能或强制性节能、高效节能。有效措施包括：推进国家节能行动；调整工业能源结构，淘汰高排放产业；加快节能技术装备发展，推动新一代数字技术、信息技术与能源产业深度融合，通过技术创新提高能效；完善节能增效法规，加大奖惩力度，保障节能减排管理长期稳定运行。

8.3.2.2 大力发展碳循环经济，推动绿色高质量经济发展

就中国目前的基本国情而言，着眼于未来发展，绿色循环低碳发展理念、路径是实现高质量经济发展和应对气候变化的必然选择。碳循环经济是应对气候变化的窗口，低碳循环经济是低碳经济模式与循环经济模式的有机结合。因此，碳经济、循环经济、低碳经济不能平等对待。循环经济强调材料的循环利用，低碳经济侧重于能源的最大化和替代利用。但它是循环经济发展理念的有机延伸，与低碳经济的目的相同。因此，碳减排和资源集约高效利用，发展碳循环经济，主要目的是完成碳的定期循环，保持碳源与碳汇的平衡，碳排放与碳利用。发展碳循环经济，要准确定位其性质与其他要素之间的关系。

首先，要了解碳循环经济的基本属性。碳循环是系统集成的，在空间和时间上是阶段性的，效率高，产生的碳量低。系统集成是指绿色发展框架内的集成。碳循环经济是系统集成的核心。绿色低碳社会是高效、环保利用清洁绿色能源的载体和支撑。生活在社会中的人们应遵循绿色和低碳的系统原则，从总体上构建绿色和低碳文化。其次，准确把握低碳与发展的关系。

"低碳"和"发展"不是简单的组合。相反，它们相互强化、相互支持。"低碳"与"发展"之间的关系需要合理平衡。实现经济绿色高效发展，还应加快构建绿色金融创新体系。绿色金融将在促进低碳发展、可持续发展、生态文明等方面发挥作用。"十四五"期间，中国将继续完善绿色低碳技术基础设施，以实现碳达峰和碳中和。如果及时构建碳市场，紧紧抓住绿色产业的机遇，绿色金融将可持续发展。

8.3.2.3　加快化石燃料替代，推动能源转型

中国碳排放总量大的根本原因是大量消耗以煤炭和石油为主的化石燃料能源。因此，利用化石燃料资源是应对碳中和目标、推动产业转型的必然选择。碳中和的实现将揭示化石燃料能源向化石燃料资源的重大转变。科技创新与进步是中国能源转型的驱动力，能源技术的创新与进步将直接影响产业结构、能源强度和能源价格。目前，煤炭资源利用主要是通过煤化工。但在煤化工行业的实践中，也陆续出现了成本高、效率低、排放大等问题。从长远来看，煤化工最终会被更好的资源利用技术所取代，未来煤炭资源利用的推进将依赖于高质量的利用。

8.3.2.4　推进清洁能源，优化能源结构

不可再生能源是有限资源，不能单独作为能源供应链。否则，对生态环境的永久性破坏将不可避免，甚至会引发争夺资源的战争。因此，应该大力推广和发展清洁能源。要优化当前的能源结构，降低对化石能源的依赖。可再生能源和零碳技术是化石能源消费的优秀替代品。可再生能源包括风能、太阳能、海洋和地热能，零碳技术指的是氢能、新材料储能、智能能源、核能、可控核聚变等。未来，中国将继续走生态优先、绿色低碳、智能的发展路径，能源消费结构将进一步优化。一方面，煤炭等化石燃料清洁高效利用将持续推进；另一方面，油气资源个体供应能力将进一步提高。

8.3.3 市场化减排机制方面

8.3.3.1 继续推进和完善全国性碳排放交易市场建设

全国碳排放交易市场才刚刚起步，要通过扩大行业覆盖面，包括增加交易主体类型，增加交易品种，多方位增加市场活跃度。同时，要密切关注钢铁、石化、建材、化工等重点行业的碳排放，并做好这些产业进入全国碳排放交易市场的准备，推动这些高排放产业的产业结构升级，实现绿色低碳能源消费。此外，全国市场的碳排放交易方案还有待完善。相关的碳排放交易管理条例亟待颁布，碳排放核算、报告、核查制度亟待完善，碳历史数据库亟待建立。政府在碳排放交易的整个过程中发挥了重要作用，其任务包括：前期科学审批配额、中期维护市场有序运行、建立相应的奖惩制度、有效监督、后期检查等。只有通过建立和完善一系列配套机制，才能使碳排放交易市场在经济高质量发展中发挥积极作用。由于碳交易对碳排放的空间溢出效应显著，碳排放交易市场建设需要注重区域协作，如制定目标一致的碳减排计划，建立信息共享的服务平台等。为避免以邻为壑的治理混乱局面，全国范围内碳交易市场的均衡有序发展不容忽视，区域联防联控的协同碳减排模式有待加强。

8.3.3.2 把握市场化碳排放交易的本质，强调市场与政府之间的协调作用

市场化程度高，可以显著增强碳排放交易体系对提高能源效率的作用。因此，协调好市场与政府的关系至关重要。"看不见的手"和"看得见的手"都必须用好。要发挥市场在资源配置中的决定性作用，努力形成市场和政府作用有机统一、互补、协调的格局。这将为碳排放交易的有效运行提供市场化条件，促进构建公平、开放、公正的市场。同时，进一步扩大碳交易规模。要释放碳交易的减排效应，应将更多产业纳入碳交易范围。全面实施

市场调控与政府调整相结合的碳减排战略，进一步推动全国范围内的碳交易市场建设。

8.3.3.3　碳排放交易对能效提升的影响将受到市场化程度、产业集聚等一系列因素的影响

因此，城市在制定减排政策时，不能采取"一刀切"的政策。在考虑区域实际情况的前提下，应对政策进行调整和优化。例如，在市场化程度高、产业集中度高的城市，有可能加强碳排放交易的实施，以降低单位产值能耗，提高全要素能源效率，实现碳排放交易在提高能源效率方面的最大制度红利。还要加强碳交易与清洁能源利用、能源结构和能源效率之间的修正。一方面，政府要消除高污染企业临时停产或减产等"运动治理"现象；另一方面，在全国范围内的碳排放交易市场内，政府不仅要鼓励企业发展绿色技术，提高能源效率，还要重视清洁能源资源的开发，促进能源结构转型升级。

8.3.3.4　充分释放碳排放交易带来的"波特效应"和资源优化配置效应

绿色技术创新和资源配置优化是碳排放权交易机制提高能源效率的两个有效渠道。因此，在积极推动碳排放权交易政策落实的基础上，要优化地方政府的绿色创新激励措施，促进企业绿色发展。适当增加清洁技术能力较强企业的碳排放配额，鼓励企业加大绿色研发投入，加快技术转型升级；降低清洁技术能力较弱企业的碳排放配额，迫使企业开展技术创新，同时加快资源从利用效率低的企业向利用效率高的企业流动。此外，还可以完善税收减免、补贴等政策激励，促进企业绿色发展。

提高能效始终是节能减排和高质量发展的关键。中国是全球应对环境变化影响斗争的重要参与者。同时，中国正处于新旧动能不断转换的关键时期。碳排放交易制度作为一种环境监管工具，在市场化的过程中产生了积极的影响，但这一制度在中国仍处于起步阶段。在具体实践中，中国政府是主

要的领导者和决策者，政府主管部门应着眼长远，通过精心设置激励机制，推动企业提高能效，实现节能减排和经济高质量发展的目标。

8.3.4 数字经济方面

8.3.4.1 充分发挥数字经济在提高碳排放绩效方面的红利效应

应加大对数字产业的投入，提高数字创新水平。着力加强数字高技术的应用、数字创新的输出水平、数字创新要素的投入。建议通过降低能源强度和能源消费规模、加强城市绿化等措施提高碳排放绩效。应开发新的可再生能源，取代传统的煤炭和化石能源。此外，应改进能源利用技术，提高能源效率。

8.3.4.2 在城市绿化建设中加强5G、大数据、人工智能、云计算等技术的应用，提高城市绿化水平

建议改善能源消费结构，降低能源强度和能源消费规模，提高城市绿化水平。加强区域间合作，避免恶性竞争带来的问题。区域可以整合不同的数字经济平台，打造一体化的数字经济智慧服务平台，制定统一的低碳数字技术标准，促进低碳经济。

8.3.4.3 要建立大型数字经济服务数据库，共享数据资源，加强环境信息公开，建立制约和监督机制

要实施有活力、差异化的数字经济战略。东部地区要优化能源消费结构，降低能源消费规模，加强城市绿化建设。相比之下，资源型城市应充分利用数字经济在提高碳排放绩效方面的红利优势，加强对数字建设的支持，降低能源强度，改善能源消费结构和城市绿化。非资源型城市应降低能源强度，推进城市绿化建设。此外，要完善东部地区与中西部地区的区域合作机制，促进各区域数字经济协调发展。

8.3.5　低碳技术方面

8.3.5.1　可再生能源是实现零碳排放的技术途径

如果说一个好的战略是一系列相互关联的焦点，那么零碳排放的战略焦点必须在我国碳排放达到峰值之后才会到位。与此同时，风能、太阳能等可再生能源以及生物质能成本的下降，将推动能源结构向清洁能源转型，实现碳减排。中国正经历着从以柴火为主导的可再生能源旧时代向以风能、太阳能和生物质能为主导的可再生能源新时代的转型时期。虽然我国一直在努力加大可再生能源的研发投入，但可再生能源占比仍较低。想要顺利实现碳中和的目标，需要大幅降低可再生能源成本，大幅提高可再生能源的使用比例。

8.3.5.2　以碳排放定价的方式来促进碳排放的减少，如对工业部门和居民征收碳税，建立碳排放交易市场

我国已在 2 个省份（湖北和广东）和 5 个城市（北京、上海、深圳、天津和重庆）开展区域性的碳交易试点，这些区域性碳交易试点旨在获得与运行碳市场相关的经验，并在转向全国碳市场之前找出需要解决的问题。关于中国未来碳价格的预测，已经有很多研究。中国目前虽已推出全国性的碳市场，但只包括电力行业。预计随着时间的推移，全国市场还将包括钢铁和水泥等其他工业部门。若想顺利实现碳中和的目标，就要求合理制定碳价格水平。如果我国最终将国内碳排放交易系统与全球碳排放交易系统连接起来，情况尤其如此。

8.4　研究展望

8.4.1　研究局限

气候变化是对全人类的威胁。中国制定了到 2060 年实现碳中和的长期

目标；然而，未来还有很多挑战。要实现碳中和，中国应该考虑实施一个三阶段与四步骤策略。第一阶段（2021～2030年），主要任务是达到碳峰值；第二阶段（2031～2050年），主要目标是实现快速降碳；第三阶段（2051～2060年），主要目标是实现碳中和。第二阶段可以分两步走：第一步（2031～2040年）是减碳阶段，第二步（2041～2050年）是低碳阶段。第三阶段（2051～2060年）是实现中国主要产业的零碳排放和二氧化碳净零排放，完全实现经济发展与碳排放的脱钩。

在稳步遵循战略的时候，我们应该把经济发展和环境保护同等重视，加强顶层设计，通过技术改革和创新提高能效，发展清洁能源；推进节能减排和能源转化进程，并利用负排放技术，推动经济社会低碳、零碳发展。同时，完善我国绿色金融体系，推动产业结构转型升级，完善全国碳排放交易市场，充分发挥市场在绿色资源配置中的作用，对有条件的地方实现碳达峰和碳中和提供全面支持，将加快中国向碳达峰和碳中和的运动。此外，加快气候变化立法进程，完善相关法律规范，广泛开展与国际社会的合作，将有助于确保中国碳中和目标的顺利推进。这些都有助于中国如期履行碳中和承诺，为应对全球变暖作出重要贡献。

值得指出的是，本书从理论层面分析了实现碳中和的挑战和路径。实现碳中和目标的具体措施相当广泛，一本学术著作无法全面涵盖。未来可以通过情景分析或综合评估模型来分析碳中和目标的具体实践路径。要想如期实现碳中和目标，提高能源效率、降低可再生能源成本和碳定价都是必要的，但即使综合上述策略，也是不够的。要如期实现碳中和目标，需要新的政策工具，尤其是更有力地实现从化石燃料到非化石燃料的转变。所有的碳减排策略都是以 GDP 损失为代价的，就业、投资和消费都出现了适度下降。虽然如此，更好地校准政策工具的组合将减少经济损失的成本。在这项研究中，我们建议将低能效改善和高碳价格相结合，包括碳税，而不是运动式的全面禁止。以去碳化为目标，将极大地重塑未来的能源需求结构。可再生能源需求将增加，化石能源需求特别是煤炭需求将减少。促进电动汽车行业发展和其他形式的电气化对于进一步减少化石能源需求尤为重要。在此背景下，作为一种合理的战略排序问题，应优先考虑电力部门先于终端用户实现零碳排放，将电力部门优先纳入国家的全国碳市场是有意义的。

资源型城市是碳减排的重要领域。资源型城市消耗的能源占资源型产业能源的比重较大。监管政策作为环境监管工具，在减少碳排放的同时，增强资源型城市的抗污染能力。因此，政府应继续大力推进监管政策的实施，同时完善相关监测机制，发挥监管政策在减少碳排放方面的空间溢出效应，为实现碳中和提供重要动力。同时，政府必须优先考虑资源依赖度高的城市。由于监管政策的碳减排效果随着资源依赖的增强而日益显著，政府应向这些成长成熟的资源型城市提供强有力的资金支持和政策偏好，激励企业开展创新活动，提高资源型产业的生产技术，支持资源的合理利用和优化配置。此外，在资源依赖程度较高的城市促进现代服务业等清洁产业的发展，也可以刺激产业结构的绿色转型。对于衰落型资源型城市，要加强环境治理力度，延伸产业链，提高资源产品附加值。产业要实现能源来源多元化，借助数字化、绿色技术提升城市节能减排能力。

基于区域、产业和科技投入的异质性结果，监管措施应采取差异化政策。特别是在东南部地区和财政自主、科技投入水平较高的城市，需要进一步完善监管政策的实施，优化其对碳排放的缓解效应。黑河—腾冲线西北区域，应加大基础设施投资，促进与黑河—腾冲线东南区域的经济互动，加强环境监管，提高大型污染企业的市场准入门槛。黑河—腾冲线西北区域凭借当地的自然景点和廉价劳动力，可以发展特色旅游和劳动密集型产业，在减少环境污染的同时实现长期经济增长。监管政策应提高城市财政自主权水平，优化资源配置，提高资源利用率。深化电力市场改革，推动碳市场发展，大力利用太阳能等清洁能源非常重要。还要加大科技投入，加强企业、高校、科研机构合作，强化基础创新能力。虽然本书侧重于从资源依赖的角度研究碳中和愿景对碳减排的影响，但这里的研究视角仍然比较宏观。在未来的分析中，还需要从微观角度进一步分析监管政策的实施效果及其对企业生产率的影响，从而为实现碳中和提供更详细的方法。

8.4.2　未来学术展望

我国要实现碳中和的目标意味着作为世界第二大经济体和主要能源消耗国的深刻转型，中国必须经历一场"绿色革命"。实现碳中和是一项非常艰巨的任务，因为中国目前严重依赖煤炭——碳密集程度最高的化石燃料之一。另一个挑战是时间相对较短，我国只有30余年的时间。在政策、技术和经济关系上，存在着无数的挑战，时间的限制使这些挑战变得更严峻。但也有好的一面，展望未来，中国仍然享有后发优势，目前较高的城镇化率给建设智慧城市留有巨大的空间。智慧城市将来自不同数据源的实时数据整合到一个单一的数据枢纽中，在这里分析大量数据并用于为管理和规划决策提供信息。智能城市项目不需要对旧城市进行改造，而是可以通过同时部署低碳、零碳和负碳技术，从头开始建设生态友好和节能的全新城市。作为未来设计和建设智慧城市的重中之重，实现碳中和的能效可以通过传感器技术、大数据和数据科学的结合来优化。推动产业转型，包括能源结构由化石燃料向非化石燃料转变。

如上所述，中国到2060年实现碳中和仍存在许多不确定性。当技术的进步没有按计划进行时，替代策略是必要的。在转型时期，利益冲突是不可避免的，尤其是在能源综合体中。在不久的将来，可再生能源在更难以电气化的部门的部署也存在不确定性。这些行业是那些具有高温工业流程的行业，如城市交通、火车、航运和航空等。无论如何，电气化要想成为脱碳的工具，前提是电力的来源要清洁，也就是以非化石的形式，而不是像今天中国能源结构中占主导地位的煤炭这样的化石形式。否则，作为能源综合体的净结果，人们最终可能会排放更多的二氧化碳，而不是在电气化中减少碳排放。

实现碳中和是涉及多区域、多产业的多主体协同治理的经典问题。碳中和管理理论目前在生态文明建设中需求量很大。在此背景下，有必要将碳中和纳入生态文明建设的总体框架，深入研究这一概念的理论含义，并在生态文明框架内构建碳中和管理的理论和方法论体系。构建具有中国特色的生态文明，有望为工业文明转型和实现可持续发展的世界性挑战提供科学洞见。碳达峰和碳中和愿景促进了长期性、系统性、革命性和前瞻性的低碳转型。为了更好地解决长期管理的科学问题，我们建议在这一必然的广泛而深刻的系统性变革中，优先研究以下方向：（1）研究计算绑定指标（包括碳排放总量和增长率）的方法，以帮助制订碳达峰和碳中和目标的行动计划；（2）在行业层面模拟达到排放峰值的路径，以支持行业碳峰值计划的设计；（3）研究碳税和碳排放交易制度，提高市场化工具的有效性；（4）探索产业结构优化对碳排放的影响机制，促进产业转型；（5）量化碳捕集、碳封存技术对碳中和发展的潜力和贡献。为协助多学科融合，建议建设产、学、研相结合的智库平台。组织跨学科技术创新团队，包括但不限于经济、社会、能源、地理、气象、生态、环境健康、医疗保健等领域，强化科技能力，实现碳达峰和碳中和目标。气候变化经济学的基础研究，应同时以跨学科团队的组建和国家重点实验室或研究中心的建立为支撑。同时，以实现碳达峰和碳中和为主要战略任务，以基础科学和应用科学研究为基础，建设气候经济数据库和知识库。此外，对国家和全球气候政策进行长期和持续的模拟和评估，对于为高质量发展和更好地参与全球气候治理体系提供科学决策支持至关重要。

虽然本书定量考察了数字经济对中国碳排放绩效的影响，但仍需进一步研究并加以改进。首先，本书尝试构建国际层面的数字经济指标体系，但该指标体系仍不能准确量化数字经济的发展水平。未来，在技术可行、数据可用的条件下，构建的指标体系将得到完善。其次，碳中和已经成为世界范围内的热门话题。有必要研究如何通过数字经济实现碳中和。再次，受个人能力限制，在分析中介机制时采用传统的三步法，中介变量的内生性和非线性问题有待进一步研究。最后，金融是现代经济的核心。随着全球绿色金融的突飞猛进发展，未来如何通过数字技术发展绿色金融技术，实现碳达峰和碳中和，有待进一步探讨。

本书的研究仍有纵深拓展的空间：首先，由于空间等因素的限制，我们仅以制造业为产业视角进行分解分析。在条件允许的情况下，可以用更全面、更系统的子产业来衡量产业变化，得出更准确的结论。其次，我们只将碳排放强度分解为技术、产业和区域规模三个因素。今后，我们还可以将能源结构等因素纳入模型，进一步分析碳强度的时间、空间和产业演化。未来，有必要通过分析碳中和目标的可行性、接受度、成本以及碳中和能力，利用实证数据和工具对这些研究结论进行验证。此外，还需要建立综合评价指标体系，对碳中和水平进行动态评估。关于碳中和的国际进展，现有的研究总结了一些国家和国际公司的碳中和目标。然而，关于全球碳中和趋势的研究却很少。因此，未来的研究应该进行比较分析不同国家的碳中和目标。此外，如何衡量全球碳中和能力和成本也是未来的难点之一。

参考文献

［1］薄凡，庄贵阳．"双碳"目标下低碳消费的作用机制和推进政策［J］．北京工业大学学报（社会科学版），2022，22（1）：70－82.

［2］陈诗一，祁毓．实现碳达峰、碳中和目标的技术路线、制度创新与体制保障［J］．广东社会科学，2022（2）：15－23，286.

［3］成金华，易佳慧，吴巧生．碳中和、战略性新兴产业发展与关键矿产资源管理［J］．中国人口·资源与环境，2021，31（9）：135－142.

［4］仇保兴．城市碳中和与绿色建筑［J］．城市发展研究，2021，28（7）：1－8，49.

［5］丛建辉．碳中和愿景下中国城市形态的碳排放影响效应研究——基于289个地级市的数据分析［J］．贵州社会科学，2021（9）：125－134.

［6］崔学勤，王克，邹骥．2℃和1.5℃目标对中国国家自主贡献和长期排放路径的影响［J］．中国人口·资源与环境，2016，26（12）：1－7.

［7］丁明磊，杨晓娜，赵荣钦，等．碳中和目标下的国土空间格局优化：理论框架与实践策略［J］．自然资源学报，2022，37（5）：1137－1147.

［8］董亮．"碳中和"前景下的国际气候治理与中国的政策选择［J］．外交评论（外交学院学报），2021，38（6）：132－154，8.

［9］郭朝先．2060年前碳中和引致中国经济系统根本性变革［J］．北京工业大学学报（社会科学版），2021，21（5）：64－77.

［10］郭丰，杨上广，任毅．数字经济、绿色技术创新与碳排放——来

自中国城市层面的经验证据 [J]．陕西师范大学学报（哲学社会科学版），2022，51（3）：45 – 60.

[11] 郭士伊，刘文强，赵卫东．调整产业结构降低碳排放强度的国际比较及经验启示 [J]．中国工程科学，2021，23（6）：22 – 32.

[12] 胡剑锋，杨宜男，路世昌．碳赤字型省份碳中和模式选择与生态成本比较——以辽宁省为例 [J]．经济地理，2021，41（11）：193 – 200.

[13] 黄鲁成，郭鑫，苗红，等．面向碳中和的脱碳成本控制：优化创新与政策 [J]．科学学研究，2022，40（12）：1 – 13.

[14] 黄贤金，张安录，赵荣钦，等．碳达峰、碳中和与国土空间规划实现机制 [J]．现代城市研究，2022（1）：1 – 5.

[15] 黄雨涵，丁涛，李雨婷，等．碳中和背景下能源低碳化技术综述及对新型电力系统发展的启示 [J]．中国电机工程学报，2021，41（S1）：28 – 51.

[16] 黄震，谢晓敏．碳中和愿景下的能源变革 [J]．中国科学院院刊，2021，36（9）：1010 – 1018.

[17] 焦豪．双碳目标下国有企业数字化战略变革的模式、路径及保障机制研究 [J]．北京工商大学学报（社会科学版），2022，37（3）：10 – 22.

[18] 金乐琴，吴慧颖．低碳经济转型的轨迹与路径：中日韩的比较及启示 [J]．经济学家，2013（1）：93 – 99.

[19] 金昱．国际大城市交通碳排放特征及减碳策略比较研究 [J]．国际城市规划，2022，37（2）：25 – 33.

[20] 雷超，李韬．碳中和背景下氢能利用关键技术及发展现状 [J]．发电技术，2021，42（2）：207 – 217.

[21] 李建军，刘紫桐．中国碳税制度设计：征收依据、国外借鉴与总体构想 [J]．地方财政研究，2021（7）：29 – 34.

[22] 李涛．碳达峰碳中和目标下绿色金融改革创新发展探析 [J]．金融发展研究，2021（5）：90 – 92.

[23] 李勇，高岚．中国"碳中和"目标的实现路径与模式选择 [J]．

华南农业大学学报（社会科学版），2021，20（5）：77－93.

［24］林伯强，吴微．中国现阶段经济发展中的煤炭需求［J］．中国社会科学，2018（2）：141－161，207－208.

［25］刘慧慧，雷钦礼．中国能源增强型技术进步率及要素替代弹性的测算［J］．统计研究，2016，33（2）：18－25.

［26］刘仁厚，丁明磊，王书华．欧美对中国双碳战略形成科技牵引的思考［J］．科学学研究，2023，41（1）：51－57.

［27］刘玮，万燕鸣，熊亚林，等．"双碳"目标下我国低碳清洁氢能进展与展望［J］．储能科学与技术，2022，11（2）：635－642.

［28］刘志仁．论"双碳"背景下中国碳排放管理的法治化路径［J］．法律科学（西北政法大学学报），2022，40（3）：94－104.

［29］刘自敏，申颢．有偏技术进步与中国城市碳强度下降［J］．科学学研究，2020（12）：2150－2160.

［30］毛保华，卢霞，黄俊生，等．碳中和目标下氢能源在我国运输业中的发展路径［J］．交通运输系统工程与信息，2021，21（6）：234－243.

［31］潘安．全球价值链视角下的中美贸易隐含碳研究［J］．统计研究，2018，35（1）：53－64.

［32］庞珣，何晴倩．全球价值链中的结构性权力与国际格局演变［J］．中国社会科学．2021（9）：26－46，204－205.

［33］邵帅、张可、豆建民．经济集聚的节能减排效应：理论与中国经验［J］．管理世界．2019，35（1）：36－60，226.

［34］孙即才，蒋庆哲．碳达峰碳中和视角下区域低碳经济一体化发展研究：战略意蕴与策略选择［J］．求是学刊，2021，48（5）：36－43，169.

［35］孙振清，聂文钰．碳中和目标下财政信息透明度对区域绿色创新能力的影响——基于空间溢出效应与门槛效应双重视角［J］．科技进步与对策，2021，38（24）：58－66.

［36］王斌，李玉娥，蔡岸冬，等．碳中和视角下全球农业减排固碳政策措施及对中国的启示［J］．气候变化研究进展，2022，18（1）：110－118.

［37］王文，刘锦涛．碳中和视角下中国与东盟绿色金融合作路径分析［J］．学术论坛，2021，44（6）：36－47．

［38］王永中．碳达峰、碳中和目标与中国的新能源革命［J］．人民论坛·学术前沿，2021（14）：88－96．

［39］吴传清，杜宇．偏向型技术进步对长江经济带全要素能源效率影响研究［J］．中国软科学．2018（3）：110－119．

［40］吴立军，田启波．碳中和目标下中国地区碳生态安全与生态补偿研究［J］．地理研究，2022，41（1）：149－166．

［41］吴涛，龙静云．"双碳"目标下的公民绿色责任教育［J］．学习与实践，2022（3）：29－37．

［42］吴文值，王帅，陈能军．财政激励能否降低二氧化碳排放？——基于节能减排财政综合示范城市的证据［J］．江苏社会科学，2022（1）：159－169．

［43］徐枫，王帅斌，汪亚楠．财政金融协同视角下的碳中和目标实现：内涵属性、内在机理与路径选择［J］．国际经济评论，2023（1）：1－24．

［44］徐政，左晟吉，丁守海．碳达峰、碳中和赋能高质量发展：内在逻辑与实现路径［J］．经济学家，2021（11）：62－71．

［45］许文．碳达峰、碳中和目标下征收碳税的研究［J］．税务研究，2021（8）：22－27．

［46］闫衍，袁海霞，张林，等．双碳目标约束下的中国经济增长及其风险挑战［J］．金融理论探索，2022（2）：10－18．

［47］杨博文．"资源诅咒"抑或"制度失灵"？——基于中国林业碳汇交易制度的分析［J］．中国农村观察，2021（5）：51－70．

［48］杨帆，张晶杰．碳达峰碳中和目标下我国电力行业低碳发展现状与展望［J］．环境保护，2021，49（Z2）：9－14．

［49］尹伟华．不同减排政策下碳税征收的影响及政策选择——基于碳达峰、碳中和目标的分析［J］．广东财经大学学报，2021，36（5）：16－26．

［50］于法稳，林珊．碳达峰、碳中和目标下农业绿色发展的理论阐释

及实现路径［J］. 广东社会科学，2022（2）：24－32.

［51］张莉，马蔡琛. 碳达峰、碳中和目标下的绿色税制优化研究［J］. 税务研究，2021（8）：12－17.

［52］张三峰，魏下海. 信息与通信技术是否降低了企业能源消耗——来自中国制造业企业调查数据的证据［J］. 中国工业经济，2019（2）：155－173.

［53］张希良，黄晓丹，张达，等. 碳中和目标下的能源经济转型路径与政策研究［J］. 管理世界，2022，38（1）：35－66.

［54］张晓娣. 正确认识把握我国碳达峰碳中和的系统谋划和总体部署——新发展阶段党中央双碳相关精神及思路的阐释［J］. 上海经济研究，2022（2）：14－33.

［55］张友国，白羽洁. 区域差异化"双碳"目标的实现路径［J］. 改革，2021（11）：1－18.

［56］赵玉焕，钱之凌，徐鑫. 碳达峰和碳中和背景下中国产业结构升级对碳排放的影响研究［J］. 经济问题探索，2022（3）：87－105.

［57］赵志耘，李芳. 碳中和技术经济学的理论与实践研究［J］. 中国软科学，2021（9）：1－13.

［58］郑逸璇，宋晓晖，周佳，等. 减污降碳协同增效的关键路径与政策研究［J］. 中国环境管理，2021，13（5）：45－51.

［59］仲云云，仲伟周. 我国碳排放的区域差异及驱动因素分析——基于脱钩和三层完全分解模型的实证研究［J］. 财经研究，2012，38（2）：123－133.

［60］周冯琦，尚勇敏. 碳中和目标下中国城市绿色转型的内涵特征与实现路径［J］. 社会科学，2022（1）：51－61.

［61］庄贵阳，窦晓铭，魏鸣昕. 碳达峰碳中和的学理阐释与路径分析［J］. 兰州大学学报（社会科学版），2022，50（1）：57－68.

［62］邹绍辉，刘冰. 碳中和背景下新型煤化工产业碳减排路径研究［J］. 金融与经济，2021（9）：60－67.

［63］Abadie, A., Diamond, A., Hainmueller, J. Synthetic control methods for comparative case studies: Estimating the effect of California's tobacco control program [J]. Journal of the American statistical Association, 2010, 105: 493 – 505.

[64] Acemoglu, D.; Aghion, P.; Bursztyn, L.; Hemous, D. The environment and directed technical change [J]. Am. Econ. Rev, 2012, 102, 131 – 166.

[65] Acemoglu D, Restrepo P. Artificial intelligence, automation, and work [M] //The economics of artificial intelligence: An agenda. University of Chicago Press, 2018: 197 – 236.

[66] Ahmed Z, Le H P. Linking Information Communication Technology, trade globalization index, and CO_2 emissions: evidence from advanced panel techniques [J]. Environmental Science and Pollution Research, 2021, 28 (7): 8770 – 8781.

[67] Albiman, M. M.; Suleiman, N. N.; Baka, H. O. The relationship between energy consumption, CO_2 emissions and economic growth in Tanzania [J]. Int. J. Energy Sect. Manag, 2015, 9, 361 – 375.

[68] Al Sadawi, A., Madani, B., Saboor, S., Ndiaye, M., Abu-Lebdeh, G. A comprehensive hierarchical blockchain system for carbon emission trading utilizing blockchain of things and smart contract [J]. Technological Forecasting and Social Change, 2021, 173: 121124.

[69] Alvarez-Herranz, A.; Balsalobre-Lorente, D.; Shahbaz, M.; Cantos, J. M. Energy innovation and renewable energy consumption in the correction of air pollution levels [J]. Energy Policy, 2017, 105, 386 – 397.

[70] Amiti M, Konings J. Trade liberalization, intermediate inputs, and productivity: Evidence from Indonesia [J]. American economic review, 2007, 97 (5): 1611 – 1638.

[71] Amri F, Zaied Y B, Lahouel B B. ICT, total factor productivity, and carbon dioxide emissions in Tunisia [J]. Technological Forecasting and Social

Change, 2019, 146: 212 – 217.

[72] Anderson J. "Living in a communal garden" associated with well-being while reducing urban sprawl by 40%: A mixed-methods cross-sectional study [J]. Frontiers in Public Health, 2015, 3: 173.

[73] Andersson F N G. International trade and carbon emissions: The role of Chinese institutional and policy reforms [J]. Journal of environmental management, 2018, 205: 29 – 39.

[74] An-Dong, R. F.; Sajor, E. Urban sprawl, public transport, and increasing CO_2 emissions: The case of metro Manila, Philippines [J]. Environ. Dev. Sustain, 2017, 19, 99 – 123.

[75] Ang B W, Goh T. Carbon intensity of electricity in ASEAN: Drivers, performance and outlook [J]. Energy Policy, 2016, 98: 170 – 179.

[76] Ang B W, Su B. Carbon emission intensity in electricity production: A global analysis [J]. Energy Policy, 2016, 94: 56 – 63.

[77] Antweiler W, Copeland B R, Taylor M S. Is free trade good for the environment? [J]. American economic review, 2001, 91 (4): 877 – 908.

[78] Apergis N., Can M., Gozgor G., Lau, C. K. M. Effects of export concentration on CO_2 emissions in developed countries: an empirical analysis [J]. Environmental Science and Pollution Research, 2018, 25: 14106 – 14116.

[79] Apergis, N.; Eleftheriou, S.; Payne, J. E. The relationship between international financial reporting standards, carbon emissions, and R&D expenditures: Evidence from European manufacturing firms [J]. Ecol. Econ, 2013, 88, 57 – 66.

[80] Aruga, K. Investigating the energy-environmental Kuznets Curve hypothesis for the Asia-Pacific region [J]. Sustainability, 2019, 11, 2395.

[81] Avom D, Nkengfack H, Fotio H K, et al. ICT and environmental quality in Sub-Saharan Africa: Effects and transmission channels [J]. Technological Forecasting and Social Change, 2020, 155: 120028.

［82］ Bah M M, Azam M. Investigating the relationship between electricity consumption and economic growth: Evidence from South Africa ［J］. Renewable and Sustainable Energy Reviews, 2017, 80: 531 –537.

［83］ Balsalobre-Lorente, D. ; Leitão, N. C. ; Bekun, F. V. Fresh validation of the low carbon development hypothesis under the EKC Scheme in Portugal, Italy, Greece and Spain ［J］. Energies, 2021, 14, 250.

［84］ Balsalobre-Lorente, D. ; Álvarez-Herranz, A. ; Shahbaz, M. The long-term effect of economic growth, energy innovation, energy use on environmental quality ［J］. In Energy and Environmental Strategies in the Era of Globalization; Springer: Berlin/Heidelberg, Germany, 2019: 1 –34.

［85］ Bandeira, J. M. ; Coelho, M. C. ; Sá, M. E. ; Tavares, R. ; Borrego, C. Impact of land use on urban mobility patterns, emissions and air quality in a Portuguese medium-sized city ［J］. Sci. Total Environ, 2011, 409, 1154 –1163.

［86］ Bandyopadhyay D. How financial development caused economic growth in the APEC: financial integration with FDI or privatisation without FDI ［J］. Asia-Pacific Development Journal, 2004.

［87］ Banzhaf H S, Lavery N. Can the land tax help curb urban sprawl? Evidence from growth patterns in Pennsylvania ［J］. Journal of Urban Economics, 2010, 67 (2): 169 –179.

［88］ Bariss, U. , Avenitis, E. , Junghans, G. , Blumberga, D. CO_2 emission trading effect on Baltic electricity market ［J］. Energy Procedia, 2016, 95: 58 –65.

［89］ Bastida L, Cohen J J, Kollmann A, et al. Exploring the role of ICT on household behavioural energy efficiency to mitigate global warming ［J］. Renewable and Sustainable Energy Reviews, 2019, 103: 455 –462.

［90］ Bellocchi, S. , Klöckner, K. , Manno, M. , Noussan, M. , Vellini, M. On the role of electric vehicles towards low-carbon energy systems: Italy and

Germany in comparison [J]. Applied energy, 2019, 255: 113848.

[91] Bereitschaft, B.; Debbage, K. Urban form, air pollution, and CO_2 emissions in large U. S. metropolitan areas [J]. Prof. Geogr, 2013, 65, 612 – 635.

[92] Bernstein R, Madlener R. Impact of disaggregated ICT capital on electricity intensity in European manufacturing [J]. Applied Economics Letters, 2010, 17 (17): 1691 – 1695.

[93] Bibi, A.; Zhang, X.; Umar, M. The imperativeness of biomass energy consumption to the environmental sustainability of the United States revisited [J]. Environ. Ecol. Stat, 2021.

[94] Bjerregaard, T. Industry and academia in convergence: Micro-institutional dimensions of R&D collaboration [J]. Technovation, 2010, 30, 100 – 108.

[95] Bocklet, J., Hintermayer, M., Schmidt, L., Wildgrube, T. The reformed EU ETS-intertemporal emission trading with restricted banking [J]. Energy Economics, 2019, 84: 104486.

[96] Boersen, A., Scholtens, B. The relationship between European electricity markets and emission allowance futures prices in phase II of the EU (European Union) emission trading scheme [J]. Energy, 2014, 74: 585 – 594.

[97] Bolla R, Bruschi R, Davoli F, et al. Energy efficiency in the future internet: a survey of existing approaches and trends in energy-aware fixed network infrastructures [J]. IEEE Communications Surveys & Tutorials, 2010, 13 (2): 223 – 244.

[98] Borga M, Koncz-Bruner J. Trends in digitally-enabled trade in services [J]. Bureau of Economic Analysis US Department of Commerce, 2012.

[99] Borghesi, S.; Cainelli, G.; Mazzanti, M. Linking emission trading to environmental innovation: Evidence from the Italian manufacturing industry [J]. Res. Policy, 2015, 44, 669 – 683.

[100] Boyce, W. Inequality as a cause of environmental degradation [J]. Ecological Economics, 1994, 25, 169 – 178.

[101] Brajer V, Mead R W, Xiao F. Searching for an Environmental Kuznets Curve in China's air pollution [J]. China Economic Review, 2011, 22 (3): 383 – 397.

[102] Bridge, G. , Bouzarovski, S. , Bradshaw, M. , Eyre, N. Geographies of energy transition: Space, place and the low-carbon economy [J]. Energy policy, 2013, 53: 331 – 340.

[103] Brouwers R. , Schoubben F. , Van Hulle C. The influence of carbon cost pass through on the link between carbon emission and corporate financial performance in the context of the European Union Emission Trading Scheme [J]. Business Strategy and the Environment, 2018, 27 (8): 1422 – 1436.

[104] Brueckner, J. K. Urban sprawl: Diagnosis and remedies [J]. Int. Reg. Sci. Rev, 2000, 23, 160 – 171.

[105] Burchfield M, Overman H G, Puga D, et al. Causes of sprawl: A portrait from space [J]. The Quarterly Journal of Economics, 2006, 121 (2): 587 – 633.

[106] Burgalassi, D. ; Luzzati, T. Urban spatial structure and environmental emissions: A survey of the literature and some empirical evidence for Italian NUTS 3 regions [J]. Cities, 2015, 49, 134 – 148.

[107] Cai W. , Ye P. Does carbon emission trading improve low-carbon technical efficiency? Evidence from China [J]. Sustainable Production and Consumption, 2022, 29: 46 – 56.

[108] Can M, Dogan B, Saboori B. Does trade matter for environmental degradation in developing countries? New evidence in the context of export product diversification [J]. Environmental Science and Pollution Research, 2020, 27: 14702 – 14710.

[109] Cao B, Wang S. Opening up, international trade, and green technol-

ogy progress [J]. Journal of Cleaner Production, 2017, 142: 1002 – 1012.

[110] Chaabane, A., Ramudhin, A., Paquet, M. Design of sustainable supply chains under the emission trading scheme [J]. International journal of production economics, 2012, 135: 37 – 49.

[111] Chapman A J, Itaoka K. Energy transition to a future low-carbon energy society in Japan's liberalizing electricity market: Precedents, policies and factors of successful transition [J]. Renewable and Sustainable Energy Reviews, 2018, 81: 2019 – 2027.

[112] Cheng C, Ren X, Wang Z, et al. Heterogeneous impacts of renewable energy and environmental patents on CO_2 emission-Evidence from the BRIICS [J]. Science of the total environment, 2019, 668: 1328 – 1338.

[113] Chen S, Shi A, Wang X. Carbon emission curbing effects and influencing mechanisms of China's Emission Trading Scheme: The mediating roles of technique effect, composition effect and allocation effect [J]. Journal of Cleaner Production, 2020, 264: 121700.

[114] Chen W, Lei Y. The impacts of renewable energy and technological innovation on environment-energy-growth nexus: New evidence from a panel quantile regression [J]. Renewable energy, 2018, 123: 1 – 14.

[115] Chen, W.; Lei, Y. The impacts of renewable energy and technological innovation on environment-energy-growth nexus: New evidence from a panel quantile regression [J]. Renew. Energy, 2018, 123, 1 – 14.

[116] Chen Y, Fang Z. Industrial electricity consumption, human capital investment and economic growth in Chinese cities [J]. Economic Modelling, 2018, 69: 205 – 219.

[117] Chen Z., Zhang X., Chen F. Do carbon emission trading schemes stimulate green innovation in enterprises? Evidence from China [J]. Technological Forecasting and Social Change, 2021, 168: 120744.

[118] Chung Y H, Färe R, Grosskopf S. Productivity and undesirable out-

puts: a directional distance function approach [J]. journal of Environmental Management, 1997, 51 (3): 229 – 240.

[119] Ciocoiu C N. Integrating digital economy and green economy: opportunities for sustainable development [J]. Theoretical and Empirical Researches in Urban Management, 2011, 6 (1): 33 – 43.

[120] Clark, I. P. ; Millet, D. B. ; Marshall, J. D. Air quality and urban form in U. S. urban areas: Evidence from regulatory monitors [J]. Environ. Sci. Technol. 2011, 25, 7028 – 7035.

[121] Collard F, Fève P, Portier F. Electricity consumption and ICT in the French service sector [J]. Energy Economics, 2005, 27 (3): 541 – 550.

[122] Copeland B R, Taylor M S. Trade, growth, and the environment [J]. Journal of Economic literature, 2004, 42 (1): 7 – 71.

[123] Creti, A. , Joëts, M. Multiple bubbles in the European Union emission trading scheme [J]. Energy Policy, 2017, 107: 119 – 130.

[124] Creutzig, F. ; Baiocchi, G. ; Bierkandt, R. ; Pichler, P. P. ; Seto, K. C. Global typology of Urban energy use and potentials for an urbanization mitigation wedge [J]. Proc. Natl. Acad. Sci. USA, 2015, 112, 6283 – 6288.

[125] Curtis J, Lynch M Á, Zubiate L. Carbon dioxide (CO_2) emissions from electricity: The influence of the North Atlantic Oscillation [J]. Applied energy, 2016, 161: 487 – 496.

[126] Daniels L, Coker P, Potter B. Embodied carbon dioxide of network assets in a decarbonised electricity grid [J]. Applied Energy, 2016, 180: 142 – 154.

[127] De Brauwer, C. P. -S. , Cohen, J. J. Analysing the potential of citizen-financed community renewable energy to drive Europe's low-carbon energy transition [J]. Renewable and Sustainable Energy Reviews, 2020, 133: 110300.

[128] De Ridder K, Lefebre F, Adriaensen S, et al. Simulating the impact of urban sprawl on air quality and population exposure in the German Ruhr area.

Part II: Development and evaluation of an urban growth scenario [J]. Atmospheric environment, 2008, 42 (30): 7070 – 7077.

[129] Dietz, T.; Rosa, E. A. Rethinking the environmental impacts of population, affluence and technology [J]. Hum. Ecol. Rev, 1994, 1, 277 – 300.

[130] Dong F., Dai Y., Zhang S., Zhang, X., & Long, R. Can a carbon emission trading scheme generate the Porter effect? Evidence from pilot areas in China [J]. Science of the Total Environment, 2019, 653: 565 – 577.

[131] Dong, K.; Dong, X.; Jiang, Q. How renewable energy consumption lower global CO_2 emissions? Evidence from countries with different income levels [J]. World Econ, 2020, 43, 1665 – 1698.

[132] Don T. The digital economy: Promise and peril in the age of network and intelligence [M]. Vol. 1. New York: McGraw-Hill, 1996.

[133] Doukas H, Marinakis V, Tsapelas J, et al. Intelligent energy management within the smart cities: an EU-GCC cooperation opportunity [M] // Smart Cities in the Gulf: Current State, Opportunities, and Challenges. Singapore: Springer Nature Singapore, 2018: 123 – 147.

[134] Ehrlich, P. R.; Holdren, J. P. Impact of population growth [J]. Science 1971, 171, 1212 – 1217.

[135] Eisenmann T, Parker G, Van Alstyne M W. Strategies for two-sided markets [J]. Harvard business review, 2006, 84 (10): 92.

[136] Erdogan S. Dynamic nexus between technological innovation and building sector carbon emissions in the BRICS countries [J]. Journal of Environmental Management, 2021, 293: 112780.

[137] Ermolieva, T., Ermoliev, Y., Fischer, G., Jonas, M., Makowski, M., Wagner, F. Carbon emission trading and carbon taxes under uncertainties, Greenhouse Gas Inventories [J]. Springer, 2010: 277 – 289.

[138] Ertugrul H M, Cetin M, Seker F, et al. The impact of trade openness on global carbon dioxide emissions: Evidence from the top ten emitters among

developing countries [J]. Ecological Indicators, 2016, 67: 543 –555.

[139] Esty D C, Dua A. Sustaining the Asia Pacific miracle: environmental protection and economic integration [J]. Peterson Institute Press: All Books, 1997.

[140] Ewing, R. Is Log Angeles-style sprawl desirable? [J]. J. Am. Plan. Assoc. 1997, 63, 107 –126.

[141] Ewing R, Pendall R, Chen D. Measuring sprawl and its transportation impacts [J]. Transportation research record, 2003, 1831 (1): 175 –183.

[142] Ewing, R.; Rolf, P.; Don, C. Measuring Sprawl and Its Impact [M]. Smart Growth America: Washington, DC, USA, 2004.

[143] Fallah B N, Partridge M D, Olfert M R. Urban sprawl and productivity: Evidence from US metropolitan areas [J]. Papers in regional science, 2011, 90 (3): 451 –473.

[144] Fan, C.; Tian, L.; Zhou, L. Examining the impacts of urban form on air pollutant emissions: Evidence from China. J [J]. Environ. Manag, 2018, 212, 405 –414.

[145] Fernández-Amador O, Francois J F, Tomberger P. Carbon dioxide emissions and international trade at the turn of the millennium [J]. Ecological economics, 2016, 125: 14 –26.

[146] Fourcade M, Kluttz D N. A Maussian bargain: Accumulation by gift in the digital economy [J]. Big Data & Society, 2020, 7 (1): 2053951719897092.

[147] Fukushige M, Yamawaki H. The relationship between an electricity supply ceiling and economic growth: an application of disequilibrium modeling to Taiwan [J]. Journal of Asian Economics, 2015, 36: 14 –23.

[148] Fulton W B, Pendall R, Nguyˆễn M, et al. Who sprawls most?: How growth patterns differ across the US [M]. Washington, DC: Brookings Institution, Center on Urban and Metropolitan Policy, 2001.

[149] Furuoka F. Renewable electricity consumption and economic development: New findings from the Baltic countries [J]. Renewable and Sustainable

Energy Reviews, 2017, 71: 450 - 463.

[150] Ganda, F. The non-linear influence of trade, foreign direct invest-ment, financial development, energy supply and human capital on carbon emis-sions in the BRICS [J]. Environ. Sci. Pollut. Res, 2021.

[151] Ghali S, Zitouna H, Karray Z, et al. Trade, transaction costs and TFP: Evidence from Tunisia and Egypt. [J]. Cairo: ERF Working Paper Se-ries, 2013.

[152] Ghosh, S.; Kanjilal, K. Long-term equilibrium relationship between urbanization, energy consumption and economic activity: Empirical evidence from India [J]. Energy, 2014, 66, 324 - 331.

[153] Giner B. Accounting for emission trading schemes: A still open debate [J]. Social and Environmental Accountability Journal, 2014, 34 (1): 45 -51.

[154] Glaeser, E. L.; Kahn, M. E. The greenness of cities: Carbon diox-ide emissions and urban development [J]. J. Urban Econ, 2010, 67, 404 -418.

[155] Goldbach K, Rotaru A M, Reichert S, et al. Which digital energy services improve energy efficiency? A multi-criteria investigation with European ex-perts [J]. Energy Policy, 2018, 115: 239 -248.

[156] Goldberg P K, Pavcnik N. Distributional effects of globalization in de-veloping countries [J]. Journal of economic Literature, 2007, 45 (1): 39 -82.

[157] Gozgor G. Does trade matter for carbon emissions in OECD countries? Evidence from a new trade openness measure [J]. Environmental Science and Pollution Research, 2017, 24 (36): 27813 -27821.

[158] Granell C, Havlik D, Schade S, et al. Future Internet technologies for environmental applications [J]. Environmental Modelling & Software, 2016, 78: 1 -15.

[159] Gullberg A. T., Ohlhorst D., Schreurs M. Towards a low carbon en-ergy future-Renewable energy cooperation between Germany and Norway [J]. Re-newable Energy, 2014, 68: 216 -222.

[160] Hall R E, Jones C I. Why do some countries produce so much more output per worker than others? [J]. The quarterly journal of economics, 1999, 114 (1): 83 – 116.

[161] Hamdi H, Sbia R, Shahbaz M. The nexus between electricity consumption and economic growth in Bahrain [J]. Economic Modelling, 2014, 38: 227 – 237.

[162] Hanley, E. S. , Deane, J. , Gallachóir, B. Ó. The role of hydrogen in low carbon energy futures-A review of existing perspectives [J]. Renewable and Sustainable Energy Reviews, 2018, 82: 3027 – 3045.

[163] Hansen B E. Sample splitting and threshold estimation [J]. Econometrica, 2000, 68 (3): 575 – 603.

[164] Haseeb, A. ; Xia, E. ; Baloch, M. A. ; Abbas, K. Financial development, globalization, and CO_2 emission in the presence of EKC: Evidence from BRICS countries [J]. Environ. Sci. Pollut. Res, 2018, 25, 31283 – 31296.

[165] Haseeb, M. ; Hassan, S. ; Azam, M. Rural-urban transformation, energy consumption, economic growth, and CO_2 emissions using STRIPAT model for BRICS countries [J]. Environ. Prog. Sustain. Energy, 2017, 36, 523 – 531.

[166] Hassine N B, Kandil M. Trade liberalisation, agricultural productivity and poverty in the Mediterranean region [J]. European Review of Agricultural Economics, 2009, 36 (1): 1 – 29.

[167] Heidari H, Katircioğlu S T, Saeidpour L. Economic growth, CO_2 emissions, and energy consumption in the five ASEAN countries [J]. International Journal of Electrical Power & Energy Systems, 2015, 64: 785 – 791.

[168] He, J. ; Richard, P. Environmental Kuznets curve for CO_2 in Canada [J]. Ecol. Econ, 2010, 69, 1083 – 1093.

[169] He K, Hertwich E G. The flow of embodied carbon through the economies of China, the European Union, and the United States [J]. Resources, Conservation and Recycling, 2019, 145: 190 – 198.

［170］ Hilton, F. ; Levinson, A. Factoring the Environmental Kuznets Curve: Evidence from automotive lead emissions ［J］. J. Environ. Econ. Manag, 1998, 35, 126 – 141.

［171］ Holden E, Norland I T. Three challenges for the compact city as a sustainable urban form: household consumption of energy and transport in eight residential areas in the greater Oslo region ［J］. Urban studies, 2005, 42 (12): 2145 – 2166.

［172］ Hossain M. , Farooque O. The emission trading system, risk management committee and voluntary corporate response to climate change-a CDP study ［J］. International Journal of Accounting & Information Management, 2019, 27 (2): 262 – 283.

［173］ Ibrahim, R. L. ; Ajide, K. B. The dynamic heterogeneous impacts of nonrenewable energy, trade openness, total natural resource rents, financial development and regulatory quality on environmental quality: Evidence from BRICS economies ［J］. Resour. Policy, 2021, 74, 102251.

［174］ Ionescu, L. Towards a sustainable and inclusive low-carbon economy: Why carbon taxes, and not schemes of emission trading, are a cost-effective economic instrument to curb greenhouse gas emissions ［J］. Journal of Self-Governance and Management Economics, 2019, 7: 35 – 41.

［175］ Ishii S, Tabushi S, Aramaki T, et al. Impact of future urban form on the potential to reduce greenhouse gas emissions from residential, commercial and public buildings in Utsunomiya, Japan ［J］. Energy policy, 2010, 38 (9): 4888 – 4896.

［176］ Jebli, M. B. ; Farhani, S. ; Guesmi, K. Renewable energy, CO_2 emissions and value added: Empirical evidence from countries with different income levels ［J］. Struct. Chang. Econ. Dyn, 2020, 53, 402 – 410.

［177］ Jiang J, Xie D, Ye B, et al. Research on China's cap-and-trade carbon emission trading scheme: Overview and outlook ［J］. Applied Energy, 2016,

178: 902 – 917.

[178] Ji, X.; Zhang, Y.; Mirza, N.; Umar, M.; Rizvi, S. K. A. The impact of carbon neutrality on the investment performance: Evidence from the equity mutual funds in BRICS [J]. J. Environ. Manag, 2021, 297: 113228.

[179] Johnson M P. Environmental impacts of urban sprawl: a survey of the literature and proposed research agenda [J]. Environment and planning A, 2001, 33 (4): 717 – 735.

[180] Johnstone P., Rogge K. S., Kivimaa P, et al. Exploring the re-emergence of industrial policy: Perceptions regarding low-carbon energy transitions in Germany, the United Kingdom and Denmark [J]. Energy Research & Social Science, 2021, 74: 101889.

[181] Jun, M.; Hur, J. Commuting costs of "Leap-Frog" new town development in Seoul [J]. Cities, 2001, 17: 151 – 158.

[182] Kanjilal K, Ghosh S. Environmental Kuznet's curve for India: Evidence from tests for cointegration with unknown structural breaks [J]. Energy Policy, 2013, 56: 509 – 515.

[183] Karanfil F, Li Y. Electricity consumption and economic growth: Exploring panel-specific differences [J]. Energy policy, 2015, 82: 264 – 277.

[184] Katircioglu S. Estimating the role of urban development in environment quality: Evidence from G7 countries [J]. Energy & Environment, 2022, 33 (2): 283 – 314.

[185] Kemp, R.; Never, B. Green transition, industrial policy, and economic development [J]. Oxf. Rev. Econ. Policy, 2017, 33, 66 – 84.

[186] Khan N, Baloch M A, et al. The effect of ICT on CO_2 emissions in emerging economies: does the level of income matters? [J]. Environmental Science and Pollution Research, 2018, 25: 22850 – 22860.

[187] Khaqqi, K. N., Sikorski, J. J., Hadinoto, K., Kraft, M. Incorporating seller/buyer reputation-based system in blockchain-enabled emission trading

application [J]. Applied energy, 2018, 209: 8 - 19.

[188] Kim, K. -T. , Lee, D. -J. , An, D. Real option valuation of the R&D investment in renewable energy considering the effects of the carbon emission trading market: A Korean case [J]. Energies, 2020, 13: 622.

[189] Klevorick A K, Levin R C, Nelson R R, et al. On the sources and significance of interindustry differences in technological opportunities [J]. Research policy, 1995, 24 (2): 185 - 205.

[190] Knickrehm M, Berthon B, Daugherty P. Digital disruption: The growth multiplier [J]. Accenture Strategy, 2016, 1: 1 - 11.

[191] Koenker R, Bassett Jr G. Regression quantiles [J]. Econometrica: journal of the Econometric Society, 1978: 33 - 50.

[192] Kovacikova M, Janoskova P, Kovacikova K. The impact of emissions on the environment within the digital economy [J]. Transportation Research Procedia, 2021, 55: 1090 - 1097.

[193] Krokida S I, Lambertides N, Savva C S, et al. The effects of oil price shocks on the prices of EU emission trading system and European stock returns [J]. The European Journal of Finance, 2020, 26 (1): 1 - 13.

[194] Krugman, P. Increasing returns and economic geography [J]. J. Political Econ, 1991, 99: 483 - 499.

[195] Kumar S, Managi S, Jain R K. CO2 mitigation policy for Indian thermal power sector: Potential gains from emission trading [J]. Energy Economics, 2020, 86: 104653.

[196] Latif Z, Latif S, Ximei L, et al. The dynamics of ICT, foreign direct investment, globalization and economic growth: Panel estimation robust to heterogeneity and cross-sectional dependence [J]. Telematics and informatics, 2018, 35 (2): 318 - 328.

[197] Lau L S, Choong C K, Eng Y K. Investigation of the environmental Kuznets curve for carbon emissions in Malaysia: do foreign direct investment and

trade matter? [J]. Energy policy, 2014, 68: 490 –497.

[198] Lee Y J, Kim N W, Choi K H, et al. Analysis of the informational efficiency of the EU carbon emission trading market: Asymmetric MF-DFA approach [J]. Energies, 2020, 13 (9): 2171.

[199] Leitão N C, Balsalobre-Lorente D, Cantos-Cantos J M. The impact of renewable energy and economic complexity on carbon emissions in BRICS countries under the EKC scheme [J]. Energies, 2021, 14 (16): 4908.

[200] Le, T. -H. ; Chang, Y. ; Park, D. Renewable and nonrenewable energy consumption, economic growth, and emissions: International evidence [J]. Energy J, 2020, 41: 73 –92.

[201] Levin A, Lin C F, Chu C S J. Unit root tests in panel data: asymptotic and finite-sample properties [J]. Journal of econometrics, 2002, 108 (1): 1 –24.

[202] Liddle B, Sadorsky P. How much does increasing non-fossil fuels in electricity generation reduce carbon dioxide emissions? [J]. Applied energy, 2017, 197: 212 –221.

[203] Li, L. , Dong, J. , Song, Y. Impact and acting path of carbon emission trading on carbon emission intensity of construction land: Evidence from pilot areas in China [J]. Sustainability, 2020, 12: 7843.

[204] Lin B, Jia Z. Impacts of carbon price level in carbon emission trading market [J]. Applied energy, 2019, 239: 157 –170.

[205] Lin B, Liu C. Why is electricity consumption inconsistent with economic growth in China? [J]. Energy Policy, 2016, 88: 310 –316.

[206] Lin B, Sun C. Evaluating carbon dioxide emissions in international trade of China [J]. Energy policy, 2010, 38 (1): 613 –621.

[207] Li, X. -Y. , Tang, B. -J. Incorporating the transport sector into carbon emission trading scheme: an overview and outlook [J]. Natural Hazards, 2017, 88: 683 –698.

[208] Li Y, Liu T, Song Y, et al. Could carbon emission control firms

achieve an effective financing in the carbon market? A case study of China's emission trading scheme [J]. Journal of Cleaner Production, 2021, 314: 128004.

[209] Long, X., Naminse, E. Y., Du, J., Zhuang, J. Nonrenewable energy, renewable energy, carbon dioxide emissions and economic growth in China from 1952 to 2012 [J]. Renewable and Sustainable Energy Reviews, 2015, 52: 680 – 688.

[210] Lopez L J R, Aponte G P, Garcia A R. Internet of things applied in healthcare based on open hardware with low-energy consumption [J]. Healthcare Informatics Research, 2019, 25 (3): 230 – 235.

[211] Magazzino, C. The relationship among economic growth, CO_2 emissions, and energy use in the APEC countries: A panel VAR approach. Environ [J]. Syst. Decis, 2017, 37, 353 – 366.

[212] Makido Y, Dhakal S, Yamagata Y. Relationship between urban form and CO2 emissions: Evidence from fifty Japanese cities [J]. Urban Climate, 2012, 2: 55 – 67.

[213] Marin, G., Marino, M., Pellegrin, C. The impact of the European Emission Trading Scheme on multiple measures of economic performance [J]. Environmental and Resource Economics, 2018, 71: 551 – 582.

[214] Marques A C, Fuinhas J A, Neves S A. Ordinary and Special Regimes of electricity generation in Spain: How they interact with economic activity [J]. Renewable and Sustainable Energy Reviews, 2018, 81: 1226 – 1240.

[215] Marques A, Rodrigues J, Domingos T. International trade and the geographical separation between income and enabled carbon emissions [J]. Ecological Economics, 2013, 89: 162 – 169.

[216] Mathur, S. P., Arya, A. Impact of emission trading on optimal bidding of price takers in a competitive energy market, Harmony Search and Nature Inspired Optimization Algorithms [J]. Springer, 2019: 171 – 180.

[217] Ma, Y., Wang, L., Zhang, T. Research on the dynamic linkage

among the carbon emission trading, energy and capital markets [J]. Journal of Cleaner Production, 2020, 272: 122717.

[218] Melgar-Dominguez, O. D., Pourakbari-Kasmaei, M., Lehtonen, M., Mantovani, J. R. S. An economic-environmental asset planning in electric distribution networks considering carbon emission trading and demand response [J]. Electric Power Systems Research, 2020, 181: 106202.

[219] Metre, P. C. V.; Mahler, B. J.; Furlong, E. T. Urban sprawl leaves its PAH signature [J]. Environ. Sci. Technol, 2000, 34, 4064 – 4070.

[220] Mindali O, Raveh A, Salomon I. Urban density and energy consumption: a new look at old statistics [J]. Transportation Research Part A: Policy and Practice, 2004, 38 (2): 143 – 162.

[221] Mo, J. -L., Agnolucci, P., Jiang, M. -R., Fan, Y. The impact of Chinese carbon emission trading scheme (ETS) on low carbon energy (LCE) investment [J]. Energy Policy, 2016, 89: 271 – 283.

[222] Moro A, Lonza L. Electricity carbon intensity in European Member States: Impacts on GHG emissions of electric vehicles [J]. Transportation Research Part D: Transport and Environment, 2018, 64: 5 – 14.

[223] Moyer J D, Hughes B B. ICTs: do they contribute to increased carbon emissions? [J]. Technological Forecasting and Social Change, 2012, 79 (5): 919 – 931.

[224] Mukherjee, I., Giest, S. Designing policies in uncertain contexts: Entrepreneurial capacity and the case of the European Emission Trading Scheme [J]. Public Policy and Administration, 2019, 34: 262 – 286.

[225] Nakata, T., Silva, D., Rodionov, M. Application of energy system models for designing a low-carbon society [J]. Progress in Energy and Combustion Science, 2011, 37: 462 – 502.

[226] Naranjo Tuesta Y., Crespo Soler C., Ripoll Feliu V. Carbon management accounting and financial performance: Evidence from the European Union

emission trading system [J]. Business Strategy and the Environment, 2021, 30 (2): 1270 – 1282.

[227] Nath H K, Liu L. Information and communications technology (ICT) and services trade [J]. Information Economics and Policy, 2017, 41: 81 – 87.

[228] Navamuel, E. L. ; Fernando, R. M. ; Blanca, M. C. Energy consumption and urban sprawl: Evidence for the Spanish case [J]. J. Clean. Prod, 2018, 172, 3479 – 3486.

[229] Nawaz M. A. , Hussain M. S. , Kamran H. W. , Ehsanullah, S. , Maheen, R. , & Shair, F. Trilemma association of energy consumption, carbon emission, and economic growth of BRICS and OECD regions: quantile regression estimation [J]. Environmental Science and Pollution Research, 2021, 28: 16014 – 16028.

[230] Newman P, Kenworthy J, Glazebrook G. How to create exponential decline in car use in Australian cities [J]. Australian planner, 2008, 45 (3): 17 – 19.

[231] Nguyen, D. H. , Chapman, A. , Farabi-Asl, H. Nation-wide emission trading model for economically feasible carbon reduction in Japan [J]. Applied Energy, 2019, 255: 113869.

[232] Niebel T. ICT and economic growth-Comparing developing, emerging and developed countries [J]. World development, 2018, 104: 197 – 211.

[233] Oke, A. E. , Aigbavboa, C. O. , Dlamini, S. A. Carbon Emission Trading in South African Construction Industry [J]. Energy Procedia, 2017, 142: 2371 – 2376.

[234] Pablo-Romero, M. d. P. ; De Jesús, J. Economic growth and energy consumption: The energy-environmental Kuznets curve for Latin America and the Caribbean [J]. Renew. Sustain. Energy Rev, 2016, 60, 1343 – 1350.

[235] Park Y, Meng F, Baloch M A. The effect of ICT, financial development, growth, and trade openness on CO_2 emissions: an empirical analysis [J].

Environmental Science and Pollution Research, 2018, 25: 30708 – 30719.

［236］Pata, U. K. Linking renewable energy, globalization, agriculture, CO_2 emissions and ecological footprint in BRIC countries: A sustainability perspective ［J］. Renew. Energy, 2021, 173, 197 – 208.

［237］Peng X, Tao X. Decomposition of carbon intensity in electricity production: Technological innovation and structural adjustment in China's power sector ［J］. Journal of Cleaner Production, 2018, 172: 805 – 818.

［238］Poelhekke, S.; van der Ploeg, F. Green havens and pollution havens ［J］. World Econ, 2015, 38, 1159 – 1178.

［239］Ponce de Leon Barido D, Marshall J D. Relationship between urbanization and CO_2 emissions depends on income level and policy ［J］. Environmental science & technology, 2014, 48（7）: 3632 – 3639.

［240］Pourahmad R, Assadi M M. Use of isolated autochthonous starter cultures in yogurt production ［J］. International journal of dairy technology, 2007, 60（4）: 259 – 262.

［241］Pucher, J.; Peng, Z. R.; Mittal, N.; Zhu, Y.; Korattyswaroopam, N. Urban transport trends and policies in China and India: Impacts of rapid economic growth ［J］. Transp. Rev, 2007, 27, 379 – 410.

［242］Qin, M.; Liu, X. Y. Does urban sprawl lead to urban productivity losses in China? Empirical study based on nighttime light data ［J］. J. Financ. Econ, 2015, 7: 8 – 40.

［243］Raghutla, C.; Chittedi, K. R. Financial development, energy consumption, technology, urbanization, economic output and carbon emissions nexus in BRICS countries: An empirical analysis ［J］. Manag. Environ. Qual. Int. J, 2020, 32: 290 – 307.

［244］Rahman, H. U.; Zaman, U.; Górecki, J. The Role of Energy Consumption, Economic Growth and Globalization in Environmental Degradation: Empirical Evidence from the BRICS Region ［J］. Sustainability, 2021, 13: 1924.

[245] Ramanathan R, He Q, Black A, et al. Environmental regulations, innovation and firm performance: A revisit of the Porter hypothesis [J]. Journal of Cleaner Production, 2017, 155: 79 - 92.

[246] Razzaq, A.; Wang, Y.; Chupradit, S.; Suksatan, W.; Shahzad, F. Asymmetric inter-linkages between green technology innovation and consumption-based carbon emissions in BRICS countries using quantile-on-quantile framework [J]. Technol. Soc, 2021, 66: 101656.

[247] Richmond, A. K.; Kaufmann, R. K. Is there a turning point in the relationship between income and energy use and/or carbon emissions? [J]. Ecol. Econ, 2006, 56: 176 - 189.

[248] Robalino-López, A.; Mena-Nieto, A.; García-Ramos, J. E. System dynamics modeling for renewable energy and CO2 emissions: A case study of Ecuador [J]. Energy Sustain. Dev, 2014, 20: 11 - 20.

[249] Rogge K. S., Schneider M., Hoffmann V. H. The innovation impact of the EU Emission Trading System—Findings of company case studies in the German power sector [J]. Ecological Economics, 2011, 70 (3): 513 - 523.

[250] Romer, P. M. Endogenous technological change. J. Political Econ, 1990, 98 Pt 2: S71 - S102.

[251] Sadayuki T, Arimura T H. Do regional emission trading schemes lead to carbon leakage within firms? Evidence from Japan [J]. Energy Economics, 2021, 104: 105664.

[252] Sadegheih, A. Optimal design methodologies under the carbon emission trading program using MIP, GA, SA, and TS [J]. Renewable and Sustainable Energy Reviews, 2011, 15: 504 - 513.

[253] Salahuddin M, Alam K, Ozturk I, et al. The effects of electricity consumption, economic growth, financial development and foreign direct investment on CO_2 emissions in Kuwait [J]. Renewable and sustainable energy reviews, 2018, 81: 2002 - 2010.

［254］Salahuddin M, Ali M I, Vink N, et al. The effects of urbanization and globalization on CO_2 emissions: evidence from the Sub-Saharan Africa (SSA) countries ［J］. Environmental Science and Pollution Research, 2019, 26: 2699 – 2709.

［255］Satrovic, E.; Muslija, A.; Abul, S. J. The relationship between CO_2 emissions and gross capital formation in Turkey and Kuwait. South East Eur ［J］. J. Econ. Bus, 2020, 15, 28 – 42.

［256］Schulte P, Welsch H, Rexhäuser S. ICT and the Demand for Energy: Evidence from OECD Countries ［J］. Environmental and resource economics, 2016, 63: 119 – 146.

［257］Semieniuk G, Campiglio E, Mercure J F, et al. Low-carbon transition risks for finance ［J］. Wiley Interdisciplinary Reviews: Climate Change, 2021, 12 (1): e678.

［258］Shafiei, S.; Salim, R. A. Non-renewable and renewable energy consumption and CO_2 emissions in OECD countries: A comparative analysis ［J］. Energy Policy, 2014, 66: 547 – 556.

［259］Shahbaz, M.; Shafiullah, M.; Khalid, U.; Song, M. A nonparametric analysis of energy environmental Kuznets Curve in Chinese Provinces ［J］. Energy Econ, 2020, 89: 104814.

［260］Shaikh A A, Sharma R, Karjaluoto H. Digital innovation & enterprise in the sharing economy: An action research agenda ［J］. Digital Business, 2020, 1 (1): 100002.

［261］Shao W, Yin Y, Bai X, et al. Analysis of the upgrading effect of the industrial structure of environmental regulation: evidence from 113 cities in China ［J］. Frontiers in Environmental Science, 2021, 9: 692478.

［262］Sharma G D, Rahman M M, Jain M, et al. Nexus between energy consumption, information and communications technology, and economic growth: An enquiry into emerging Asian countries ［J］. Journal of Public Affairs, 2021, 21 (2): e2172.

[263] Shen, J., Tang, P., Zeng, H. Does China's carbon emission trading reduce carbon emissions? Evidence from listed firms [J]. Energy for Sustainable Development, 2020, 59: 120 – 129.

[264] Shrestha, A., Eshpeter, S., Li, N., Li, J., Nile, J. O., Wang, G. Inclusion of forestry offsets in emission trading schemes: insights from global experts [J]. Journal of Forestry Research, 2021: 1 – 9.

[265] Solarin, S. A., Shahbaz, M. Trivariate causality between economic growth, urbanisation and electricity consumption in Angola: Cointegration and causality analysis [J]. Energy Economics, 2013, 37: 235 – 243.

[266] Solarin S A, Shahbaz M, Khan H N, et al. ICT, financial development, economic growth and electricity consumption: New evidence from Malaysia [J]. Global Business Review, 2021, 22 (4): 941 – 962.

[267] Solow R. We'd better watch out [J]. New York Times Book Review, 1987, 36.

[268] Song T, Zheng T, Lianjun T. An empirical test of the environmental Kuznets curve in China: a panel cointegration approach [J]. China Economic Review, 2008, 19 (3): 381 – 392.

[269] Stoerk, T., Dudek, D. J., Yang, J. China's national carbon emissions trading scheme: lessons from the pilot emission trading schemes, academic literature, and known policy details [J]. Climate policy, 2019, 19: 472 – 486.

[270] Stone Jr B. Urban sprawl and air quality in large US cities [J]. Journal of environmental management, 2008, 86 (4): 688 – 698.

[271] Tang K, Liu Y, Zhou D, et al. Urban carbon emission intensity under emission trading system in a developing economy: evidence from 273 Chinese cities [J]. Environmental Science and Pollution Research, 2021, 28: 5168 – 5179.

[272] Thisted, E. V., Thisted, R. V. The diffusion of carbon taxes and emission trading schemes: the emerging norm of carbon pricing [J]. Environ-

mental Politics, 2020, 29: 804 – 824.

［273］Tone K. Slacks-based measure of efficiency ［J］. European Journal of Operational Research, 2000, 130: 498 – 509.

［274］Tone K, Tsutsui M. Dynamic DEA: A slacks-based measure approach ［J］. Omega, 2010, 38 (3 – 4): 145 – 156.

［275］Turken, N.; Carrillo, J.; Verter, V. Strategic supply chain decisions under environmental regulations: When to invest in end-of-pipe and green technology ［J］. European Journal of Operational Research, 2020, 283: 601 – 613.

［276］Villoria-Sáez, P., Tam, V. W., del Río Merino, M., Arrebola, C. V., Wang, X. Effectiveness of greenhouse-gas Emission Trading Schemes implementation: a review on legislations ［J］. Journal of cleaner production, 2016, 127: 49 – 58.

［277］Vincent F Y, Maglasang R, Tsao Y C. Shelf space allocation problem under carbon tax and emission trading policies ［J］. Journal of Cleaner Production, 2018, 196: 438 – 451.

［278］Wahab S, Zhang X, Safi A, et al. Does energy productivity and technological innovation limit trade-adjusted carbon emissions? ［J］. Economic Research-Ekonomska Istraživanja, 2021, 34 (1): 1896 – 1912.

［279］Walter I, Ugelow J L. Environmental policies in developing countries ［J］. Ambio, 1979: 102 – 109.

［280］Wang D, Han B. The impact of ICT investment on energy intensity across different regions of China ［J］. Journal of renewable and sustainable energy, 2016, 8 (5).

［281］Wang J, He S, Qiu Y, et al. Investigating driving forces of aggregate carbon intensity of electricity generation in China ［J］. Energy Policy, 2018, 113: 249 – 257.

［282］Wang, M.; Li, Y.; Liao, G. Research on the Impact of Green

Technology Innovation on Energy Total Factor Productivity, Based on Provincial Data of China [J]. Front. Environ. Sci, 2021, 9: 219.

[283] Wang Q, Chen Y. Status and outlook of China's free-carbon electricity [J]. Renewable and Sustainable Energy Reviews, 2010, 14 (3): 1014 – 1025.

[284] Wang, Q.; Zhang, F. Does increasing investment in research and development promote economic growth decoupling from carbon emission growth? An empirical analysis of BRICS countries [J]. J. Clean. Prod, 2020, 252: 119853.

[285] Wen F, Zhao L, He S, et al. Asymmetric relationship between carbon emission trading market and stock market: evidences from China [J]. Energy Economics, 2020, 91: 104850.

[286] Wolfram, P.; Wiedmann, T.; Diesendorf, M. Carbon footprint scenarios for renewable electricity in Australia [J]. J. Clean. Prod, 2016, 124: 236 – 245.

[287] Woo C K, Liu Y, Luo X, et al. Consumption effects of electricity decarbonization: Evidence from California and the Pacific Northwest [J]. The Electricity Journal, 2017, 30 (10): 44 – 49.

[288] Wu, L.; Liu, S.; Liu, D.; Fang, Z.; Xu, H. Modelling and forecasting CO_2 emissions in the BRICS (Brazil, Russia, India, China, and South Africa) countries using a novel multi-variable grey model [J]. Energy, 2015, 79: 489 – 495.

[289] Wu, L., Zhu, Q. Impacts of the carbon emission trading system on china's carbon emission peak: A new data-driven approach [J]. Natural Hazards, 2021, 107: 2487 – 2515.

[290] Wu, M., Li, K. X., Xiao, Y., Yuen, K. F. Carbon Emission Trading Scheme in the shipping sector: Drivers, challenges, and impacts [J]. Marine Policy, 2022, 138: 104989.

[291] Xiang, L.; Chen, X.; Su, S.; Yin, Z. Time-Varying Impact of

Economic Growth on Carbon Emission in BRICS Countries: New Evidence From Wavelet Analysis [J]. Front. Environ. Sci, 2021, 280.

[292] Xiao D, Zheng J L. Research on the Economic Efficiency of Urban Construction Land in Wuhan Megalopolis [J]. China Real Estate, 2016, 21, 13 – 22.

[293] Xuan D, Ma X, Shang Y. Can China's policy of carbon emission trading promote carbon emission reduction? [J]. Journal of cleaner production, 2020, 270: 122383.

[294] Yan Z, Shi R, Yang Z. ICT development and sustainable energy consumption: a perspective of energy productivity [J]. Sustainability, 2018, 10 (7): 2568.

[295] Yi, K.; Tani, H.; Li, Q.; Zhang, J.; Guo, M.; Bao, Y.; Wang, X.; Li, J. Mapping and evaluating the urbanization process in Northeast China using DMSP/OLS nighttime light data [J]. Sensors, 2014, 14: 3207 – 3226.

[296] Ying, Z., Xin-gang, Z. The impact of Renewable Portfolio Standards on carbon emission trading under the background of China's electricity marketization reform [J]. Energy, 2021, 226: 120322.

[297] Yuan M, Huang Y, Shen H, et al. Effects of urban form on haze pollution in China: Spatial regression analysis based on PM2. 5 remote sensing data [J]. Applied geography, 2018, 98: 215 – 223.

[298] Zaman, K.; Abd-el Moemen, M. Energy consumption, carbon dioxide emissions and economic development: Evaluating alternative and plausible environmental hypothesis for sustainable growth. Renew. Sustain [J]. Energy Rev, 2017 (74): 1119 – 1130.

[299] Zhang, C., Wang, Q., Shi, D., Li, P., Cai, W. Scenario-based potential effects of carbon trading in China: An integrated approach [J]. Applied Energy, 2016 (182): 177 – 190.

［300］Zhang Y, Li S, Luo T, et al. The effect of emission trading policy on carbon emission reduction: Evidence from an integrated study of pilot regions in China ［J］. Journal of Cleaner Production, 2020 （265）: 121843.

［301］Zhao L. , Wen F. , Wang X. Interaction among China carbon emission trading markets: Nonlinear Granger causality and time-varying effect ［J］. Energy Economics, 2020 （91）: 104901.

［302］Zhao, X. - g. , Wu, L. , Li, A. Research on the efficiency of carbon trading market in China ［J］. Renewable and Sustainable Energy Reviews, 2017 （79）: 1 -8.

［303］Zheng M, Wang X, Meinrenken C J, et al. Economic and environmental benefits of coordinating dispatch among distributed electricity storage ［J］. Applied energy, 2018 （210）: 842 -855.

［304］Zhou, B. , Zhang, C. , Song, H. , Wang, Q. How does emission trading reduce China's carbon intensity? An exploration using a decomposition and difference-in-differences approach ［J］. Science of the total environment, 2019 （676）: 514 -523.

［305］Zhou J, Lan H, Zhao C, et al. Haze pollution levels, spatial spillover influence, and impacts of the digital economy: empirical evidence from China ［J］. Sustainability, 2021, 13 （16）: 9076.

［306］Zhou X, Zhou D, Wang Q, et al. How information and communication technology drives carbon emissions: A sector-level analysis for China ［J］. Energy Economics, 2019 （81）: 380 -392.

［307］Zhou X, Zhou D, Wang Q. How does information and communication technology affect China's energy intensity? A three-tier structural decomposition analysis ［J］. Energy, 2018 （151）: 748 -759.